高平 著

倉央嘉措

六世達賴喇嘛

ཚངས་དབྱངས་རྒྱ་མཚོ།

凡塵有菩提　明月映禪心

講述六世達賴淒婉美麗的一生

本書獲亞洲週刊評選爲年度十大小說

三百年前雪域高原上一段關於命運、政治與情感的淒美傳奇

三百年後茫茫塵世中一部贊嘆真情、純善與自由的柔婉詩篇

目錄

一　被驅逐的情侶

在西藏南部門隅地區的夏日錯，有一個名叫派嘎的小村落。正像西藏的許多小居民點一樣，偏僻和貧苦是它的最明顯不過的特徵。

雪山上吹下來的風裏夾帶著刺骨的冰針。人們只有在走進那些低矮黝黑的石板房，盤坐在燃燒著木柴或者牛糞的爐火旁的時候，才會感到些許的溫暖。

但是在扎西丹增的家裏，真正的春天已經降臨了。他的心比爐火更熱。連日來，他一直處於高度興奮的狀態，沒日沒夜地忙碌著。細糌粑、青稞酒、茯茶、酥油、風乾牛肉都已經準備好了，但他總覺得還應當幹些什麼，他經常在屋裏轉來轉去，半舉著兩隻手，而頭腦中除了緊張的喜悅外則是空白的。

扎西丹增是個見善則柔、遇惡則剛的人。由於他在寺院裏學過經典，通曉白瑪林巴密教，甚至有密宗大師之稱，他還會唱很多的酒歌，在這一帶受人喜愛。但這喜愛中所包含的，多半是感歎和同情。十多年來，他使出了全身的力氣，費盡了最大的心機，始終如一地贍養和醫治著年老病重的父母。像松柏四季不凋地守護著山嶺，風雪再猛，從不落葉；生活再苦，絕不求人。直到三年前父母雙雙去世的時候，才向姐姐借了一點錢辦理喪事。之後，家裏就剩下他一個人了。只有十里外的早已嫁出去的姐姐算是他的親屬。但他越來越不願和她來往。他曾經感到非常孤獨，屋子雖小，卻空蕩得可怕。同時他也有一種解脫感，好像多年來被無形捆綁著的雙手忽然鬆開了。這時候他才意識到要創造自己的生活。他到處給人幫工，不嫌髒累，不分遠近，有時幾個月不回來。很快，他就連本帶利地償還了所欠姐姐的債務，修繕了自己的房屋，還有了一點積蓄。現在，他居然要辦喜事了。已經四十歲了，青春方才開始，但他並不怨天尤人。有時遲開的花，倒格外芬芳吶。

正當扎西丹增陷入莫名的遐想時，「啪啦」一聲，門被踢開了。扎西丹增一驚，抬頭看，滿臉橫肉的姐姐正站在他的面前、不知道從什麼時候起，他每次見到姐姐，就立刻想起那句諺語：雞爪上刮油，羊角上剔肉。扎西丹增使勁眨了一下眼睛，像要關閉回憶的窗子，竭力使自己不再去想那條諺語。

「阿佳拉，貴體安康！」①

姐姐從嗓子眼裏哼了一聲，一屁股坐在卡墊上，與其說是大模大樣，不如說是顯示威嚴。她像房中掃了一眼說：

「聽說你要成婚了？」

「是的。」

「什麼時候？」

「快了，正月。」

「倒是吉祥的開端。」

①阿佳拉，藏語「姐姐」。「拉」是敬語。

「是的。」

「你眼裏還有沒有我這個姐姐？」

「我準備請你來喝喜酒。」

「都準備齊全了？」

「還湊合。」

「錢是哪裏來的？」

扎西丹增一聽這話，被激起了一腔怒火，滿腹心酸，他再也忍不住了：「這些年，我過的是什麼樣的窮日子你是知道的。我一沒有土地可以出租，二沒有銀錢可以放債。抓頭上，亂髮一把；抓身上，氆氌一片。瘦牛只有一頭，支差的馱子卻有九十九。我只有靠兩隻手拼命幹活。我比雞起得早，比羊睡得遲，一天忙得屁股不沾土。我為什麼不能成家立業？」他舉起了顫抖著的雙手，接著說：「有錢人的炒鍋是鐵的，窮人的炒鍋也不是泥捏的！」

「住口！」姐姐忽地站了起來，「這幾年你究竟幹了什麼。別人不知道，我可是心裏明白。大蒜是偷著吃的，蒜味兒卻當面跑出來了。我看你一定是偷……」

扎西丹增說什麼也沒料到，他的姐姐竟然毫無根據地懷疑他，而且當面說出個「偷」字來。是的，即便使用的是金子做的佛像，打在頭上也是很疼的；即便是自己親屬的侮辱，也是很難忍受的。憑著他對姐姐的了解，他斷定她此來有著不善的圖謀。

他冷靜地問道：「乾脆說吧。你想要什麼？」

姐姐臉上透出了一絲得意的暗笑，斬釘截鐵地命令道：「滾！馬上滾！遠遠地滾！永遠不要回來！」

「次旺拉姆怎麼辦？」扎西丹增問。

「那我可管不著，你去問她好了。」

「不用去問了，我來了。」次旺拉姆從容地走進門來，抓住扎西丹增的手說，「莊家不收災一年，夫妻不和災一生。我永遠聽你的。只要能和你在一起，就是喝苦水也比牛奶甜。」

對於扎西丹增的一顆苦透了的心，次旺拉姆的這番話真比純奶還甜，比甘露還清涼。

次旺拉姆是一個嬌小的、西藏的南方姑娘。由於她品德高尚，信仰虔誠，施捨大方，文雅蘊藉，後人認為她出身於名門。傳說中說：藏王松贊干布有一支失散了的後裔，有的臉上生著狗嘴，有的頭上長了角，是不吉祥的徵兆，於是被放逐到門隅地方。過去了若干代以後，其中一個名叫嘎瑪多吉的男子，娶了一個名叫阿布迪的妃子，在藏曆土狗年生了個女兒，她就是次旺拉姆。

「次旺拉姆！次旺拉姆！」一個年輕人氣喘吁吁地奔來。

「朗宗巴大哥，您請坐。」扎西丹增恭敬地迎接著。他急忙從木櫃裏抽出一條哈達舉過額頭，朝朗宗巴獻了上去。

「誰是你的大哥？你比我還大十歲呢。」朗宗巴伸出一隻手將哈達撥在一邊。但他隨即發現扎西丹增的姐姐坐在窗前望天，又一把將哈達抓過來托到她的面前，深深地躬下身去說：「阿佳拉，你倒先來了。」

這位「阿佳拉」接過哈達，反手朝上一揚，搭在朗宗巴的脖子上，算是回敬，又繼續昂頭望天。

「扎西丹增，你是決心要娶我的妹妹囉？」朗宗巴問。

「大哥，您是答應了的。」

「那時候，我考慮不周。現在，我們來談談條件。」

「哥哥！你怎麼又……」次旺拉姆急了。

「請講。」扎西丹增冷靜地說。

「你也算是一個有點學問的人，你不會不知道，」朗宗巴顯出一副更有學問的樣子繼續說：「三十三年以前，第五世達賴喇嘛就曾經下令，讓所有教派的教徒都改信黃教。達賴佛還派了自己的門生——親密的朋友梅惹喇嘛來宏揚黃教。遵照佛的旨意，我已經改信黃教了，你們家可是世代信奉紅教①的。你要想娶我妹妹，必須也改信黃教。」

「你知道，我雖然學的是密宗一派，但信奉的不也是釋迦牟尼嗎？」扎西丹增反問。

朗宗巴張口結舌了片刻之後，掏出用羊角做的鼻煙壺，在大拇指的指甲蓋上敲了敲，吸了三下鼻煙，打了一個噴嚏，這才說：「第一條你辦不到。第二條嘛，請婚酒你送過了。聘禮呢？交得起嗎？」

「多少？」扎西丹增認真地問。

朗宗巴輪換地伸屈著指頭：「一匹馬，兩頭犛牛，三隻羊。」

次旺拉姆真想哭出來。她上前拽住哥哥的袍袖，狠命地搖著：「哥哥，你為什麼說了話不算

①紅教，也稱寧瑪教派，因其僧侶衣冠皆紅，又稱紅帽派，修密宗。

數？你為什麼不講道理？就連乞丐的打狗棒還有個倒順呢，你這樣做算什麼堂堂的男子漢？」

朗宗巴將妹妹一把推開，說：「反正我不允許你嫁他！除非他答應條件。你跳？雖再跳還能跳斷了梯子！」

「水和奶攪在一起，就是用金勺子也分不開！」次旺拉姆毫不示弱。

面對這樣的哥哥姐姐，扎西丹增傷透了心。他替次旺拉姆理了理散亂的頭髮，輕輕地說：「我們走。」

次旺拉姆點了點頭，彎下腰準備去拾掇東西。她覺得已經是這個家庭的主婦了——雖然這個家在她還沒有正式得到的時候就將失去。她把一隻準備結婚時款待客人的羊腿插進糌粑口袋裏，又去搬燒茶的銅鍋。扎西丹增跨出房門，到院中去牽他的牛。一對情侶默默地忙碌著。他們知道，山上滾下來的石頭滾不回去，哥哥和姐姐的貪心收不回去。俗話說：吃肉的老虎再餓，也不會吃自己的肉。他們的哥哥姐姐卻吃到了弟弟妹妹的身上。走吧，遠遠的走吧，快快地走吧。讓他們去得意好了，樹根既然爛了，葉子必然乾枯；心腸既然壞了，不會有什麼幸福。

朗宗巴突然說：「除了你們身上穿的衣服和能夠背動的食物，其他東西一律不准帶走！」姐姐補充說：「若是能抬動，你們可以把房屋當轎子抬上。」

扎西丹增把已經牽在手裏的犛牛韁繩甩在地上，握起次旺拉姆的手，跨出了籬笆大門。

冬天的風在曠野上使勁的颳著，低矮的枯草在瑟瑟的抖動。沙礫上，四隻腳並排著，沉重而緩慢地向前移動。冷漠的陽光在灰白的亂雲中時暗時明。曠野上那一高一低的身影也忽隱忽現。行人是那樣稀少，牛羊更是罕見，整個世界都像是空蕩蕩的。偶爾有三兩個看不清的物體在前面一起一伏地朝他們靠近，那是磕著長頭到拉薩去朝聖的男女。

一對得到了自由卻失去了家園的情侶，無言地走著，走著，既覺得甜蜜，又感到茫然。昨天發生的事情，依舊像插在心上還未拔出的刀子。但是，鄉親們送別他們的情景，那些寬慰的話語，鼓勵的言詞，關切的囑咐，又大大減輕了他們的痛苦。有的人願意騰出一間小屋，讓他們住到自己的家裏；有的人拿出僅有的的幾錢銀子①送給他們作盤費；有位老人告訴他們，天冷的時候不可向北方流浪，要朝溫暖的南方走；還有的流著淚水，希望他們還能回來。唉，善良的人們啊！

他們走時是那樣堅決。傷透了心的人，是誰也留不住的。如今離家鄉漸漸地遠了，值得留戀的東西也漸漸地多了起來。就連阿媽撚毛線時用過的小木槌，村口上那塊光滑的大石頭……都成了使人依依難捨的有生命的東西。

扎西丹增不禁頻頻地回頭張望，那噙著淚水的眼睛卻再也看不到家鄉的影子了。次旺拉姆只是溫順地跟著他走，有時帶有幾分好奇地向前望一望，或者向兩邊看一看，卻不常回頭。也許她不願往火上澆油，增加他的傷感；也許她在派嘎村並沒有多少可珍惜的記憶。扎西丹增作為一個孝子，那裏有曾經溫暖過他的父母，而次旺拉姆作為孤女，卻不曾在那裏得到過兄長的溫暖。浪蕩成性、變化無常的哥哥從沒有給過她手足之愛。她真不知道自己是怎麼長到了二十一歲的。正是那種半獨立式的生活使她學會了各種農活，精通家務，不乏主見，善於思考，從不摻和某些婦女津津有味地對別人說短道長。只有一種場合她不願離去，就是當人們聚在一起誇獎扎西丹增的時候。但她從不

---

①銀子，指藏銀。一七五〇年以前，西藏沒有官鑄的貨幣，使用分量不等的銀塊計算，叫藏銀。

插嘴，只是悄悄地在心底裏結著她愛情的果子。

沉默得夠長久了，沉默得太難受了。扎西丹增終於輕聲地哼起歌來：

素白的野花聖潔，
不如酥油似雪；
酥油似雪又芳香，
不如姑娘高尚。
杜鵑花紅似火，
不如紅顏料似血；
紅顏料似血又閃光，
不如赤誠的姑娘。

次旺拉姆露出了笑容，用低得幾乎聽不見的聲音問：「唱的是我嗎？」她停下腳步，含情的雙眼向扎西丹增忽閃著。

「當然，還有誰呢？」

「是我連累了你，讓你受苦……」

「離別家鄉的苦只不過像一滴水，若是沒有了你，我的苦就像大海了。」

「那就不要再想家了。哪裏快活哪裏就是家鄉，哪個仁慈哪個就是父母。不是嗎？」

「對，我們快活起來吧！」扎西丹增無意中加快了腳步，自言自語地說：「鷹身上掉幾根毛，礙不著凌空飛翔。」

不知是第幾天，他們來到了一個平坦、富庶的地方。日後他們才知道這裏是達旺地區的拉瓦宇松（即三低窪地）。也許是那成排的楊柳和家鄉的楊柳十分相似，他們對此地產生了親切之感。在納拉山下的一個小村子裏，他們停了下來，在三塊已經燒得很黑的石頭上架起了銅鍋，次旺拉姆尋來了乾柴和牛糞開始熬茶，準備吃他們最後剩的兩碗糌粑。這時，一個六七歲的男孩子走過來，睜大眼睛望著這兩個異鄉人，絲毫沒有羞怯的神色。

扎西丹增一面用羊皮風箱扇著火，一面問他：「你叫什麼名字？」

「剛祖。」小孩高興地回答，「我阿媽說，我很小的時候，是腳先生出來的。」①

次旺拉姆抿嘴笑了。她問：「這個地方叫什麼？」

「叫鄔堅林。你們看，那邊的寺院可好看了，裏邊的酥油燈比天上的星星還多呢！你們不知道嗎？你們不是這裏的人？」

扎西丹增和次旺拉姆互相注視了一下，會意地點點頭，幾乎是齊聲回答說：「從今天起，我們就是這裏的人了！」

---

①剛祖，藏語，意為腳落地。

二 五世達賴圓寂

鄔堅林寺附近的一座小房子裏擠滿了賀喜的男女，扎西丹增和次旺拉姆的婚禮正在舉行。這原本是要在正月初辦的事，因為被迫遷居，推遲到了二月底。也好，這地方氣候暖，柳條已染上了鵝黃，心裏的春天與心外的春天完全融合了。

有名的歌舞之鄉在有人結婚的時候當然少不了歌聲，此刻，人們唱著讚新娘的歌：

美德俱全的姑娘，
像翠柏一樣的姑娘，
性情溫和、親切、善良，
就像「大自在天」的公主一樣。
獻給你這條潔白的哈達，
願你財富、人口、運氣三興旺。

在一陣歡呼聲中，次旺拉姆不好意思地向大家道謝，不停地給客人們斟著濃濃的青稞酒。讚美新郎的歌聲又唱起來……熱鬧了很久，有的人睏了，有的人醉了，這才由老年人帶頭紛紛告別。

新郎新娘送走了客人，深深地呼吸了一口混合著泥土清香的空氣，望望天空，晚霞早消失了，北斗星已經清晰可見。

就在遙遠的北方，北斗星的下面，在拉薩的正在重建著的布達拉宮裏，這時候——清康熙二十一年（藏曆水狗年，西元一六八二年）的二月二十五日，發生了一件西藏歷史上的大事：

第五世達賴喇嘛逝世了！

扎西丹增和次旺拉姆就是作一千個奇幻的夢，也絕不會想到他的逝世竟會和他們尚未出生的兒子發生那樣直接的、緊密的、重大的聯繫。有誰能預測那戲劇般的偶然，揭開未來的生活之謎呢？

五世達賴名叫阿旺·羅桑嘉措，明朝萬曆四十五年（藏曆火蛇年，西元一六一七年）九月二十三日出生於西藏山南瓊結的清瓦達孜。父名霍爾·都杜繞登，曾任過宗本職務。母名貢噶拉則，出自信奉紅教的名門貴族。萬曆四十四年的最後幾天，第四世達賴喇嘛雲丹嘉措不明不白地死在哲蚌寺以後，第巴①索南若登派人四處尋找轉世靈童時發現了他，會同四世班禪和高級僧侶、貴族、蒙古頭人把他確認為達賴五世。他十五歲被迎到哲蚌寺供養，十八歲時由班禪授了沙彌戒，二十五歲正式做了西藏的政教領袖。四十年來，做了許多重大的事業。人們都稱他為「偉大的五世」。

他從去年——藏曆鐵雞年九月六日病倒以後，就再也沒有離開過自己的臥室。老年人本來就習

---

①第巴：也譯作第西、第悉、第斯，譯為呆斯更接近原音。本義為部落首長，頭人。因其實際是總攬西藏政務的首席大臣，於是就成為達賴的代理人，已延伸為攝政、藏王之意。

慣於回憶，何況又在病中。他經常斜倚在厚厚的黃緞子包成的羊毛墊子上回想往事，一幕一幕，像掛在眼前的「唐卡」①。他想得激動的時候，就抓起漆花木櫃上的銅鈴搖幾下，讓侍者送壺酥油茶來喝幾口，強閉上眼睛，想鎮靜一會兒，休息一下。接著，那些自豪的往事又閃現在他的眼前——他下令大加擴建布達拉宮，他使其他教派都改信黃教，他到北京覲見順治皇帝，他給一些新的寺院主持開光儀式，他進行各類寺院和僧侶的大普查，他制定了財政制度，他頒布了藏族自己的民族服裝，他為整頓僧俗紀律巡視各地，他撰寫了《學習珍珠蔓》等多種著述……現在，他已經是全藏名副其實的教主了。在他的統領下，有一千八百座寺院，十萬名僧人啊，真不少哇！……他懷著自慰的心情，緩慢地扳著指頭總結自己的長處：冷靜、嚴肅、決斷、寡言、博學、寬厚……他再屈著指頭歷數自己的短處……唉，恐怕只有自己才敢這樣做。他的心亂了，只好又搖起了銅鈴。

近幾天，他的病情更加沉重起來，竟然處於昏迷狀態了。忽然，他聽到了歌聲，一會兒好像很遠，一會兒又好像很近。歌詞是什麼，他聽不清。正守護在他身旁的第巴桑結甲措卻是聽得出的。那歌中唱道：

兄弟要是有一個，
只有在家支烏拉②；

①唐卡：一種繪在布上，用錦緞裝裱起來的可以懸掛的佛畫
②烏拉：無償的差役。

兄弟要是有兩個，
一個要去當札巴①；
假若再有三弟弟，
最好趕快逃出去，
要不就在家裝啞巴。

桑結甲措聽著，皺起了眉頭。他搖動了那隻唯有達賴本人才能動用的銅鈴。侍者以為是達賴清醒過來了，驚喜地跑了進來，見是桑結甲措，立刻低下頭聽候吩咐，心裏覺得很不是滋味兒，預感到這座宮殿裏快要更換搖鈴的主宰了。

「是修築宮殿的……烏拉們在唱嗎？」桑結甲措臉色陰沉地問。他不喜歡使用烏拉這個詞，倒不僅僅因為它來自突厥語，還在於它赤裸裸的詞意是人身差役、強迫勞動。尤其用在被征來修建聖宮的人的身上，不大符合於群眾對領袖的自覺擁戴和對佛的無比虔敬。但他還是使用了。

「是的。」侍者輕聲回答，「山坡太陡，石頭很難運上來，小塊的，山羊馱；大塊的，用人背。唱唱歌能減輕勞累——偉大的五世是這樣說過的。」

「這我知道。」桑結的語氣裏並沒有責備他多嘴的意思。

「如果您怕吵鬧了佛爺，我去通知他們，不准再唱了。」

①札巴：普通僧人，還夠不上稱為喇嘛。

桑結甲措搖了搖頭。他不能這樣做。自從三十七年前的三月初五，這個巨大的工程動工以來，一直就這樣存在著不可抑止的喧嘩聲。五世是從未禁止過的。今天突然禁止人們歌唱，會不會間接地洩露出達賴的病情？但那歌詞的內容，又使他感到不快。他沉思了片刻，提起竹尖筆，蘸著濃黑的墨汁在一張紙上飛快地寫起來：

我們這夥砌牆的人，
全都像老虎一樣健壯。
砌出來的石牆啊，
也像虎身上的花紋一樣漂亮。

寫罷，交給侍者，囑咐說：「宣諭他們，五世佛爺教他們唱這首歌。」侍者接在雙手上，退了出去。在樓梯轉彎的亮處，他看了一遍，並不覺得驚奇，因為他早就熟知桑結甲措是一個學識淵博、才思敏捷的人。使他不大理解的是為什麼要隱瞞達賴的病情，使大家不能分擔這雪山壓胸一般的憂愁。

這位侍者名叫蓋丹，意思是「有福分」。是的，他自己也常以這種難得的福分而激動不已。在寬闊的藏區，有多少人一步一磕頭地磕到拉薩，卻連達賴的影子也難望到；而他，卻能夠像佛像案前的酥油燈一樣，日夜佇立在達賴的近旁。

工地上響起了新詞新歌，那聲音空前地激昂雄壯。人們遙望著白宮①上達賴五世的臥室，有的竟流下了熱淚。他們不認識文字，沒學過經典，他們堅信達賴賜唱的歌就是佛經，不要說能唱它的人，就連能聽見它的人也會逢凶化吉，幸福無涯。

此刻，達賴突然清醒了，而且竟然不太費力地坐了起來。他的炯炯有神的眼睛，一下就看到了半跪在身邊的桑結甲措，目光中除了慈祥還是慈祥。桑結甲措高興地扶住他，又有些恐懼，他擔心這是佛燈在熄滅前的一亮。

「有別人在嗎？」五世低聲問。

「沒有，連蓋丹也不在。」桑結完全會意地回答，「您……指教吧……」桑結雙手合十，幾顆淚珠滴到了自己的手上。

「我想最後一次聽聽你對蒙古人的看法。」五世又補充道，「你要說真心話，說從來不曾說過的話。」

「是。」桑結似乎未加思索就說了下去：「需要時請他們進來，不需要時請他們出去。他們在這裏待得太久了。元朝就不必說了，這四十多年，他們的影子，不，他們的靴底和馬蹄，就沒有離開過咱們的土地。什麼卻圖汗的兒子，什麼固始汗、達延汗，如今又是達賴汗，一直統操著衛藏的大權。我們有達賴，有班禪，還有第巴，要汗王做什麼？」他激動起來，哽咽了。

五世微微地點點頭，又微微地搖搖頭，說：「事情不那麼簡單，關於我們和蒙古人的關係，我看你有必要重溫一下歷史……」五世眼望著長空，似乎那就是一張大事年表。

---

①白宮：布達拉宮刷成白色的部分。當時已經建成。

「長期以來，在皇帝的管轄下，各個教派都很安定，各個地方都沒有發生過戰亂，人民生活過得也比以前好。我們和蒙古人也相處得不錯……可是後來……」五世依然望著天空，話裏充滿了嚮往和感歎，同時包含著對目前形勢的擔心和苦惱。

蓋丹報門而進，說：「敏珠林寺郎色喇嘛求見。」蓋丹已經隱約地聽到了五世說話的聲音，知道佛爺又從昏迷中醒來，就沒有拒絕為郎色通報。再說，除了有極為特殊的情況之外，敏珠林的信使是五世最喜歡接見的。

郎色喇嘛彎著腰走了進來，五十多歲的年紀有著青年人的儀態。由於山南地區地勢較低，山清水秀，十分宜人，敏珠林又是紅教主寺，所以郎色的臉色幾乎和他的袈裟一樣紅艷。郎色向五世敬獻了哈達，致了頌詞，呈上了敏珠活佛的書信。五世邊拆著黑紫色的封漆，邊問：「敏珠活佛他好嗎？」

「好，好。只是很想念您——偉大的五世。」

五世打開信紙，上面只寫著一首詩：

面前的雅魯藏布日夜東去，
像藍色的玉液那般美麗。
假若林中能落下一座大橋，
我去朝拜您像掐念珠一樣容易。

下面照例是他游龍般的簽名。

五世苦笑了，他清醒地知道，他和這位多年來書信往還、詩詞唱和的密友，快要分手了。他雖然感到心情沉重，體力不支，但也不能讓郎色空手而回。於是閉起眼睛想了一會兒，說：「桑結，我念你寫，和他一首。」

「是。」桑結回答著，拿起了紙筆。他張了張嘴，想說什麼，但當他看到五世那雙無力地下垂著的雙手時，又把話嚥了回去。

五世一字一句地緩緩地念著，聲音是顫抖的：

珍珠般的字句出自密友的書信，
百靈般的聲音來自故鄉的山林。
雪山和獅子終究是會分開的，
請到菩提樹下尋找我的夢魂。

五世在上面簽了名。郎色將和詩捧在手中，往頭頂上按了按，揣在懷裏，後退著辭別。桑結一揚手，說：「轉告敏珠活佛放心，上尊近日貴體稍有不適，過兩天就會好的。」郎色應允著走了。蓋丹也跟了出去。

「請您休息一會兒吧。」桑結懇求著，想扶病人躺下。

「不，不用，我永遠休息的日子就要到了。」五世推開他，「讓我來給你講講蒙古人和達賴喇嘛的關係吧。」

垂危的五世費力地說了下去：「明朝萬曆四年，蒙古土默特部落[1]的領袖俺答汗——就是被皇帝封為順義王的那一位，從青海寫信給三世達賴索南嘉措，約他去會面。俺答汗有三萬兵馬，又信奉黃教，不去見他是不好的。第二年的冬天，十四歲的索南嘉措從哲蚌寺動身，下一年的五月才到達青海。他們各自把自己比做當年的忽必烈和八思巴。俺達汗給索南嘉措上了尊號，叫『聖識一切瓦齊爾達喇達賴喇嘛』[2]，這就是達賴名號的由來和開端。在他以前的達賴一世——宗喀巴的弟子根敦主，達賴二世——根敦主的弟子根敦嘉措，都是後來追認的。」五世津津有味地說著，似乎完全忘記了桑結早已具有了這些常識性的知識。人老了是愛說重複話的，他也許同樣地沒有意識到這一點；即使意識到了，他認為今天的重複也仍然是必要的。何況桑結靜靜地聽著，沒有顯露絲毫的不耐煩。

「三世年輕有為，不辭辛勞，一心發展黃教，致力於搞好和皇帝、和蒙古人的關係。他隨俺答汗到了土默特；在張掖時派人向皇帝朝了貢，給首相張居正寫過信；在青海修了塔爾寺；到康區建了理塘寺。俺答汗去世以後，應約去參加了葬禮，隨後又應召晉京，在途中圓寂。那是萬曆十六年三月的事情。」五世停了一下，盡力放大了聲音：「下面你要注意，三世的轉世在哪裏呢？就在蒙

①土默特部落：此處指歸化土默特部，在今呼和浩特至包頭一帶黃河流域的土默川平原。

②聖識一切：意為超出世間，通曉一切佛學知識。瓦齊爾達喇是梵文，執金剛的意思。達賴是蒙文，海的意思，喇嘛是藏文，上人的意思。

古。達賴四世是誰呢？就是蒙古人俺答汗的曾孫——雲丹嘉措。他是怎樣入藏的呢？是蒙古軍隊護送來的。佛教的帶子，把藏、蒙兩個民族更緊地拴在了一起。」五世休息了一會兒，繼續說：「明朝末年，我們在拉薩的黃教集團，面臨著三面威脅。北面是信奉黑帽派的青海的卻圖汗，東面是信奉苯教的甘孜的白利土司頓月多吉，西面是支持紅帽派的日喀則的第悉藏巴政權。當時，一些黃教大寺的首腦，就借請固始汗的大兵來掃蕩敵手。我雖然是在蒙古人的監護下長大的，但我是不同意這樣做的。應當勸說固始汗回去，避免讓眾生流血，而且更能提高我們的威望。但是已經晚了，固始汗在六年中把上述的三方都滅了……」

五世的額頭上冒出了虛汗，他那不習慣於戴帽子的禿頂散發著蒸氣。又大又圓的眼睛無神了。痛惜的心情，垂危的病情，加上長時間的談話，使他虛弱得幾乎難以支持了。這回不用桑結來勸扶，他自己就倒臥下去了，但頭腦依然清楚，他的話也還沒有說完。

「大清順治九年，也就是我坐床以後的十年，我應召到了北京。順治皇帝在宮門外迎接了我，拉著我的手，走進宮去。我和隨從我同去的藏、蒙官員，都受到了隆重、親切的接待。我下榻的黃寺，就是皇帝專門為我修建的。兩個多月的時間裏，我享盡了大家庭的溫暖……」五世說到這裏，激動得流下了熱淚，「皇帝封我為『西天大善自在佛所領天下釋教普通瓦赤喇怛喇達賴喇嘛』①，給我金冊金印……」

「同時，也封固始汗為『遵行文義敏慧固始汗』，也是金冊金印。」桑結忍不住補充說。

①係由三世的尊號發展而來。普通意為普通通曉（佛學知識）。瓦赤喇怛喇是瓦齊爾達喇的不同譯音。

「對！」五世瞪大了圓圓的眼睛，好像一個長跑的人終於突然看到了終點，「皇帝的意思是我管教務，他管政務。明白了嗎？這就是今天要提醒你的，也就是我在六十五歲的時候最後要告訴你的——蒙古人是代表皇帝協助管理西藏的，不能把他們單純看作施主，更不能把他們看作我們的敵人。我們和他們都是佛的供養者，也都是皇帝的臣民。大的事情千萬要恭請佛的暗示和皇帝的旨意，不可私自處理。否則災禍無窮……災禍無窮啊……」

五世的聲音越來越微弱了。

桑結抽泣著：「我記下了，我記下了呀！」

五世並沒有聽見。他慢慢地、永遠地閉上了那雙又大又圓的眼睛。

桑結放聲大哭起來，哭得比作兒子的還要悲痛。但他很快地收斂住哭聲，警覺地站起來向門外走去。他四處察看，發現了正在掩面流淚的蓋丹。桑結狠推了蓋丹一下，極其嚴厲地命令說：「絕對保密！任何人不准進來！對佛起誓吧！」

蓋丹無比順從地跪了下去……

近處大殿裏做法事的鼓鈸螺號聲，遠處工地上烏拉們的歌聲，震天動地，混成一片……

三 倉央嘉措誕生

五世達賴圓寂之後的第二年——清康熙二十二年、藏曆第十一甲子①的水豬年的閏二月的前一個二月，閏一日的前一個一日（即西元一六八三年三月二十八日），在鄔堅林寺旁邊的那間小屋裏，一對十分恩愛的夫妻有了一個十分可愛的男孩兒。阿爸給他起了個乳名叫阿旺諾布。他就是後來的第六世達賴喇嘛倉央嘉措。

在某些古典小說和傳記中，當寫到一個偉大人物誕生的時候，往往有一種模式，不是天上或地下出現了什麼祥瑞的徵兆，就是父母（多半是母親）作了個奇異的夢。儘管在倉央嘉措的傳記中，也有說他在出生的時候「瑞兆多次出現，奇妙無比」。還有的人寫他剛出生落地，「大地震撼三次，突然雷聲隆隆降下花雨，枝綻花蕾，樹生葉芽，七輪朝陽同時升起，彩虹罩屋」等等，但實際上這一天的天空不僅沒有升起來七個太陽，而且連一個也沒有。北風不斷地送來濃雲，天是陰沉的。儘管還有人在他父親的名字前面加上了「日增」二字，表明是一位持明僧，密宗師，並說是日增·白瑪嶺巴的曾孫，但他畢竟只是個普通的農民。總之，這一天，在西藏的被稱為「門」的地區

---

①藏族曆法系由內地傳入，以五行加十二生屬相配（十二年一小循環，六十年一大循環）的記年法。自西元一〇二七年開始實行，至倉央嘉措誕生的一六八三年正好是第十一個六十年，故稱為第十一甲子。

（西藏人傳統習慣把南部和西部稱為「門」），一個普通的人家，出生了一個普通的孩子。最先跑來祝賀的是屠宰人那森。因為他長了一頭茂密烏黑的頭髮，所以取了這個名字。他和扎西丹增夫婦成了朋友，還是他的小兒子牽的線。那森，就是扎西丹增第一次來到鄔堅林時遇到的那個叫剛祖的男孩的父親。他很敬重扎西丹增夫婦，他們善良、誠實，有學問，又很勤勞；他更感激他們，因為屠宰人、葬屍人、鐵匠等從來被看作最下等的人，而扎西丹增夫婦對那森卻不曾有過絲毫的鄙視。

扎西丹增聽出是那森的聲音，急忙出屋迎接。那森手提著一掛牛下水，誠懇地說：「恭喜恭喜！大人和孩子都好嗎？」說著將牛下水送上，「讓她補養一下身體吧。」

扎西丹增道謝著，往懷中掏摸著。那森上前按住他的胳膊說：「你要是給錢，我就原樣提回去！」有什麼說的呢？那森的友誼是不容懷疑的，也是不能拒絕的。

「今天的活兒，我已經幹完了，如果你不忙，咱們就坐在院子裏聊一會兒。」那森說著就在一棵當柴燒的樹根上坐了下來。

「不忙，不忙。」扎西丹增連連表示說。他很願聽這位善良而爽快的人談話，何況今天添了兒子，情緒又特別好。

「說起來，我們家從達木草原遷到此地，到剛祖已經是第四代了。我自小在這裏長大，跟阿爸學會了宰牛殺羊，遠近幾個馬站的住戶，誰家沒吃過我刀下的肉？別看我平常話多，可有些話我對誰也沒有講過。人們看不起我，老爺罵我下賤。屠宰人嘛，下等人中的下等……」那森有些憤憤不平了。他接著說：「我的祖先也曾經是高貴的！唉，俗話說：沒有穗的麥子稈兒長，沒有知識的人自視高。我不願講這個，因為我是個沒有知識的人，別人會說我自高。」

「不是自高，是自尊。」扎西丹增糾正說。

「是大哥那森嗎？」屋裏傳出次旺拉姆的探問。

「是我。一是來給你道喜，二是來講講我的秘密。」那森卻隱藏了另一個秘密——剛才又被甲亞巴老爺左一個「下賤」、右一聲「奴才」地大罵了一陣，原因是他的小剛祖竟然敢同小少爺一同玩牛角。他不願向正沉浸在歡樂中的朋友訴說這種不愉快的事，他要說點值得自豪的、驚人的、有趣的故事。

「講吧，我也聽著哩。」屋裏傳出次旺拉姆的聲音。

「那我就更高興了。我放大點兒聲說，不會吵著小侄子吧？」那森認真地說著，臉偏向屋內。

「他呀，懂得什麼是吵？他只會哭，只會吵我們。」次旺拉姆的語調中含著幸福的愜意。

「那我說了。」那森果然把聲音提高了一倍，「八百多年以前，我的祖先是一位信仰佛教的名人，可惜名字沒傳下來，只好叫他『祖先』吧。祖先真了不起！那時候，信奉苯教的大臣們把朗達瑪扶上了國王的寶座……」

「吐蕃王朝的最後一位國王。」扎西丹增隨著說。

「對對。」那森接著講：「他下令廢除佛教，把大昭寺、小昭寺、桑鳶寺……全都封閉了。還把喇嘛喝酒的畫掛在大昭寺外面的牆上叫人們看，叫人們說佛教徒的壞話。國王還宣布說：一切的佛教徒，要麼改信苯教，要麼就在結婚、當兵、當獵人三條當中選擇一條。膽敢拒絕的就判處死刑。有些人還真是一心信佛，朗達瑪也真地把他們殺了。眼看西藏的佛教叫他滅得差不多了，不少人都改信了苯教。有什麼辦法呢？白氆氌已經染上了顏色，你再說喜歡白的有什麼用？就在這緊要關頭，有個人來到了拉薩。他騎著一匹用木炭刷黑了的白馬，戴一頂黑帽子，穿的是白裏子的黑袍子，從外表看，連人帶馬全是烏黑的。他把馬拴在拉薩河邊，袖子裏藏上弓箭，大搖大擺地進了城。走到大昭寺門口，正碰上朗達瑪國王和大臣們在觀看唐蕃會盟碑，他裝作拜叩國王的樣子，一溜躬身擠到國王的跟前，在跪著磕頭的時候從袖子裏摸出弓箭來。嘿，誰也沒有發現他這個動作！接著他站起身來，對準國王的心窩『碰』地一箭！國王應聲倒地，手腳不分地掙扎著。周圍的人亂成了一窩蜂，還弄不清是怎麼一回事呢！這個人乘機跑到河邊，騎馬泅水，上了南岸。你再看他，帽子一扔，袍子一翻，馬身上的木炭叫河水一沖，連人帶馬都是雪白的了。」那森故意停頓下來，想聽聽反映，看他講得怎麼樣。

扎西丹增只是微微地笑著。

「後來呢？他跑掉了嗎？」屋內響起了次旺拉姆焦灼的聲音。

「你聽啊。」那森接著講，「國王的大隊兵馬到處抓捕兇手，山嶺上，村子裏，都搜遍了，就是沒有找見那個穿黑袍騎黑馬的人。他們又搜寺院，搜到葉巴寺的時候，有人報告說有個喇嘛藏在山洞裏。國王的兵馬圍住了洞口，看來看去，沒有腳印，也沒有什麼人活動的痕跡。剛準備撤走，有個小頭目說：『慢著，讓我進去看看！』他左手舉著火把，右手提著鋼刀，一直走到山洞的最裏頭，果然，有個喇嘛在閉目靜坐，專心修行。搜查者靠近他的身邊，他理也不理，一動不動。這個小頭目也是有心術的，他把手捂在喇嘛的胸口上，只覺得那心臟怦怦怦跳得又重又快。他斷定刺殺國王的兇手就是這位假裝修行的僧人！他二話沒說，回身出洞，朝眾人大喊了一聲……」

「那森，你快講啊！」屋裏，次旺拉姆命令式地喊開了。

「小頭目朝眾人大喊一聲：『洞裏連一隻貓頭鷹都沒有，撤！』後來，這位刺殺了滅佛的國王的喇嘛就雲遊四方去了。你們知道他是誰嗎？」那森神秘地問。

「我知道，他叫拉隆．白季多吉。」扎西丹增回答。

「唔呀呀！你可真是個有學問的人！我的阿爸和祖父，都說不上他的名字。」接著，那森自豪地說：「他就是我的祖先哪！後來，他怎麼到了達木草原，怎麼又結了婚，就說不清了。」那森有些沮喪地垂下了頭，近於自語地道：「信仰是會改變的……信教不信教，信這個教還是信那個教，都是達官貴人們定出來的，老百姓不過是一盤石磨，誰來推都得轉啊……」

「哇……哇……」剛出生的孩子阿旺諾布醒來了，哭聲是那樣響亮。

不久，阿旺諾布就害了病，臉面有點浮腫，眼睛難以睜開。他的阿爸阿媽請人打卦問卜，算卦人松塔爾和吉提兩人的占卜內容是一致的，都說是孩子中了邪，但是不要緊，有高貴的護法神在護衛。他們建議應當給孩子命名阿旺嘉措。還要用淨水，特別要用十五的月亮落山以前、飛禽走獸尚未飲用的河水洗濯，才不致使孩子夭折。他的阿爸阿媽果然都照著做了。

阿旺嘉措長到三歲的時候，他的聰明和漂亮已經有了名氣。男女老少都喜歡他，可以說是由大家輪流抱著、吻著、逗著、餵著長起來的。阿爸還教他認了不少字，他的記憶力好得驚人。他的貪玩和好動也使父母大傷腦筋。

有一次，阿爸教他一首民歌。阿爸認真地念了一遍，發現他根本心不在焉，似乎一個字也沒有聽進去，還手舞足蹈地在摹仿喇嘛跳神，只管做自己的遊戲。

扎西丹增生氣了，忍不住訓斥他說：「你怎麼這樣不愛學習？」

阿旺嘉措反問：「阿爸，你說什麼？我怎麼不愛學習了？」

「我教你念民歌，你聽都不聽，只顧玩耍！」

「玩著也能學呀。」

「學習要像學習的樣子，要靜心地聽人教，不然就記不住。」

「我不信。」

「不信？剛才我念的是什麼？你背一遍。」

「背就背。」阿旺嘉措大聲背起來：

山腰雲杉如傘，
卻被白雪阻攔；
深谷油松挺直，
卻被藤蔓死纏。

他背得一字不錯，而且念得比阿爸的聲調和節奏更富於音樂性，好像詞的內容他也完全理解了似的。

扎西丹增又驚又喜。黃昏時分，次旺拉姆趕牛回來，剛進家門，扎西丹增就把這件事告訴了妻子，讓她分享這種小家庭所獨有的快樂。但他對別的人卻從不提起，他一貫討厭那些專愛向眾人誇耀自己孩子的人——雖然現在他終於理解了他們的心情。

也是在這一年，阿旺嘉措的家中忽然來了一位借宿的香客，說是要去印度朝佛，路經此地。扎西丹增夫婦是懂得行路人的孤苦的，出門在外，少不了好心人的幫助。他們十分熱情地接待了他，連自己平常捨不得吃的風乾牛肉也撕成條條，放在盤子裏端了出來。

「聽說你們有個又聰明又漂亮的男孩子。」香客像是在尋找表示恭維和感謝的話題，「我一進村就聽說了。好心人總是會有好報的。願你們吉祥如意，富貴平安。」

「多謝多謝。孩子還不算笨，只是過於頑皮。」扎西丹增謙和地說。

「幾歲了？」

「三歲。」次旺拉姆回答。「他的生日大，應當說四歲了吧？」她好像在徵詢丈夫的同意。

「啊啊。」扎西丹增避開妻子深情的目光，無所謂地答應著，十分莊重地給客人添酥油茶。

飯後。香客又問：「公子哪裏去了？可以見一見嗎？」

「準是又和剛祖玩烏朵①去了。」次旺拉姆望了望將要落山的太陽，「該回家來了。」

「你們忙去吧，我要做一會兒法事。」香客從皮口袋裏掏出一個十分精緻的黃澄澄的銅鈴，在額頭上觸了一下，輕放在木櫃上，手掐著念珠，半閉起眼睛，口中念念有詞，神態十分安詳。

---

①烏朵，放牧牛羊時用的拋擲土石塊的毛繩，中間有塊皮子，橢圓形，有人能用它打中百餘丈遠的目標。

扎西丹增夫婦剛要退出去，阿旺嘉措跑了進來，小皮袍上沾滿了塵土，鬈曲的頭髮上沾著碎草，臉蛋兒紅紅的，像染了一層夕陽的光澤。他本來就不認生，見香客對自己善意地笑著，膽子更大了，上前抓住那隻銅鈴，好奇地看了看，叮叮噹噹地搖開了。那清脆悅耳的聲音，比風吹鄔堅林寺殿角上的鐵馬好聽多了。他搖得那樣興奮，他從來沒有玩過這樣貴重的玩具。他愛不釋手了。

阿爸和阿媽幾乎同時上前按住他的手，呵斥他，讓他把銅鈴放回原處，並且向香客道歉。

香客不僅一點兒也不介意，反而滿面笑容地連聲說：「不要緊，不要緊……真是聰明極了！聰明極了！啊……萬分地對不起，這銅鈴乃是我家祖傳的法器，不然，我一定送給他。我想，將來我們定有重見的機緣，那時候，我一定送一隻和這一模一樣的銅鈴給……尊府。」

扎西丹增夫婦越發不好意思起來。自己的孩子不懂規矩，惹了麻煩，客人反而這樣客氣，這樣寬宏大量。他們連聲說：「不不，可不能這樣……請你原諒孩子……」

阿旺嘉措意識到自己犯了過錯，低下頭，轉身走了。

這一夜，香客輾轉反側，沒有合眼。第二天一清早就向主人告別。使人意外的是，這香客竟然拿出許多銀錢，而且帶著懇求的意思請主人一定收下。

扎西丹增再三推辭：「就算是我收你的飯錢，再收你的房錢，外加上再收你給孩子買一個最貴的玩具的錢，連你給的零頭也用不完！」扎西丹增急了，他不是貪財的人，絕不願占任何人的任何便宜。何況和這位香客無親無故，素不相識，初次交往，這麼大一個數目的銀錢，叫人怎麼能接受呢？

香客也急了，執意說：「開弓沒有回頭箭，朋友要交就交到底。你們家並不寬裕，而我的錢是足夠用的。」

主人還是斷不肯收：「你到印度朝佛，來回路途很長，用錢的日子還多……」次旺拉姆誠心地替香客盤算著，謝絕著。

「實話告訴你們吧，」香客說，「昨天夜裏，佛在夢中給了我一個啟示，要我這樣做。二位該不會讓我違抗佛旨吧？」

主人為難了。是的，這個理由比什麼都正當，都充足，都不好反駁。雙方靜默了一會兒，扎西丹增說：「既然是佛的啟示，你就把錢留下好了。不論什麼時候你都可以來取。」

「不不，這是給你們的，我絕不會再來取它。」

「你再不來了？」阿旺嘉措不知什麼時候睡醒了，從墊子上坐起來問。

「來，來，會再來的。」香客說著，走上前去，半坐半跪地偎在墊子上，和藹無比地回答：「我怎麼能不再來呢？還有銅鈴的事呢，是不是？說不定我還要帶你到拉薩去，看看布達拉宮，大昭寺，一千年前栽種的唐柳……對了，還有可能看到偉大的五世達賴呢！」

「他哪能有這樣大的福氣？」次旺拉姆笑了笑：「他還能見到達賴？這我們可是想都沒敢想啊……」

香客出了村子，走向通往印度的大道。但他並沒有真的去印度朝佛，在走出一段路程之後，又從小路繞了回來。他找了個能隱約望見鄔堅林那間小屋的角落，朝著小屋磕了頭，飛也似地朝拉薩奔去了。

在拉薩，桑結甲措正等待著他帶回的重要消息。這位香客本是桑結甲措派出的密使，是一個較早地進入了五世達賴的隨員行列的喇嘛，他的名字叫斯倫多吉。此次離開拉薩布達拉宮南行來到門隅地區，對外宣稱是為了藏區的幸福去朝聖，實際上是來秘密尋訪五世達賴的轉世靈童。他找到的靈童就是這個叫阿旺嘉措的孩子——未來的第六世達賴喇嘛倉央嘉措。

這真是，樹還沒有長起來，砍樹的斧頭卻早已準備好了。

四 絕密的決定

七月的拉薩，中午前後，露天地裏的氣溫還是相當高的。被稱為「日光城」的拉薩，太陽光像銀箭一樣直射下來，又亮又燙，簡直使人覺得西藏的天上有兩個太陽。

混雜著特種氣味的塵土，松枝和酥油燃燒的煙霧，在空氣中時濃時淡地攪拌著。即使是雙目失明的人，嗅一嗅也會知道這兒是拉薩。

在市中心的大昭寺門前，在近郊的布達拉和甲坡日①腳下，在環繞著拉薩的「林廓」路上，在西面的哲蚌寺，北面的沙拉寺，東面的甘丹寺……，到處是磕頭拜佛的人群。他們的整個身軀在地面上不停地起伏著，有時像一道疾流，有時像一片海浪，卻沒有喧嚷，只是默默地重複著、萌生著、加深著自己的信仰。年年，月月，天天，總是呈現出相似的景象。各式各樣的佛像，各式各樣的男女，各式各樣的祈求，各式各樣的許諾……交織著，彙集著，構成了拉薩特有的生活旋律。

在行人密集的八廓街頭，在東西的通道——琉璃橋旁，被刑罰和疾病致殘的人和乞丐，成排地坐著或者臥著，使勁地拍著巴掌，嘴裏不住地喊：「老爺們，古吉古吉！太太們，古吉古吉！」②比

---

①甲坡日，即藥山王，與布達拉咫尺相對。

②古吉古吉，藏語，勞累您，求求您，請高抬貴手的意思。

貴族官員的馬蹄聲和鞭聲還要響。

高原的天氣變化得特別迅猛，風和日麗的正午，突然一陣狂風拔地而起，烏雲像山後的伏兵撲了過來，刺眼的閃電，炸裂的雷，帶雹的雨，一起向古城展開了進攻。整個拉薩河谷像一個巨大的音筒，從西到東，每個角落，每座牆壁，每塊岩石，都發出震耳的回聲。一處處林卡裏的垂柳，像興奮得發狂的女妖，披散開長髮讓風雨盡情地梳洗。所有戶外的人都躲避了，連多得驚人的野狗也一隻都不見了。只有最虔誠的拜佛者在原地一動不動地伏臥著。

在布達拉宮第十三層的一個落地窗的視窗，陣陣的閃電映現出一個扁扁的腦袋輪廓，他就是第巴桑結甲措。他久久地望著煙雨中的山巒，思考著，等待著。

清朝順治十年（藏曆水蛇年），桑結甲措出生在拉薩北郊大貴族仲麥巴的家中。父親叫阿蘇，母親叫布赤甲茂。他的叔叔就是赫赫有名的第二任第巴仲麥巴·陳列甲措。桑結甲措自小就受到他的特殊疼愛、關照和教養。八歲那年，桑結被送進布達拉宮，又幸運地得到五世達賴的直接培育。年復一年，憑藉著十分優越的條件，他對佛學、文學、詩學、天文、曆算、醫藥、歷史，地理……甚至梵文，無所不學，成了一個青年學者。在他二十三歲那年，第三任第巴羅桑圖道辭職了。五世達賴想指定他接任第巴的職務，但是由於政教各界的頭面人物對他還缺乏應有的了解和信任，尤其是沒有能夠取得代表皇帝管理西藏的蒙古人達賴汗的同意，桑結甲措只好以「自己年紀太輕，閱歷不夠」為理由，謝絕了這一任命。五世達賴也只好另外推舉一位名叫羅桑金巴的寺院總管來擔任第四任第巴。三年以後，羅桑金巴又辭了職，五世達賴專門頒發了一份文告，向三大寺的僧眾詳細介紹桑結甲措的品德、學識和能力，為他製造輿論，為他求得支持。五世達賴還在文告上按下兩隻手印，用工筆書寫後貼在布達拉宮正門的南牆上。達賴汗終於含著疑慮和警惕的眼神點了頭。桑結甲措在他二十六歲的時候當了第巴。這是康熙十八年的事了。

從那以後，直到五世達賴圓寂的前三年裏，桑結甲措實際上掌握了政教大權。因為一來，五世老了，身體不佳，二來，五世也想多給桑結一些鍛鍊的機會，所以一般的事務自己就不大管了。

現在，五世達賴圓寂後又已三年了。這三年，是他有生以來最感棘手和頭疼的時期，也是他最感興奮和自豪的時期。五世的去世帶來了政治氣候的突變，就像眼前拉薩的這場雷雨。他清楚地知道，在他一生中的一個新的季節來到了。他像一個不失時機的播種者，果斷地播下了自己選好的種子。當然，他撒種的手是顫抖的，但他沒有別的選擇。他只能期望未來能有個好的收穫。他不敢設想會產生與自己的意志相違的結果，因為他播下的既不是青稞、豌豆，也不是圓根蘿蔔，而是自己的前程和西藏的命運。對於自己的才幹，他是有足夠的自信的，他已經意識到了自己有一副喜馬拉雅般的肩膀，他的扁頭裏盛滿了超人的智慧。同時，在他的視覺中總也消失不掉兩個巨大的影子——康熙皇帝和蒙古汗王；然而還有兩個影子離他更近，更難消逝，那就是達賴喇嘛和他本人。

五世達賴在布達拉宮逝世的當天，桑結立刻想到的是布達拉宮外面的形勢。他以政治家特有的冷靜，站在時間與空間的交叉點上分析一切。也許是五世達賴同他的最後談話提醒了他，在考慮這些重大問題的時候，首先要想到的是蒙古人。

當時，西藏地方政權討伐西部拉達克部落的戰爭還沒有結束，達賴汗的弟弟甘丹才旺正統率著拉薩的軍隊督師在外，如果讓他們知道五世達賴去世的消息，會給戰局帶來不利的影響。誰知道這位帶兵的蒙古人會對西藏的未來想些什麼，會針對他桑結甲措做些什麼呢？同時，散布在西北廣大地區和駐紮在西藏的蒙古各部落之間的關係複雜，首領們明爭暗鬥，形勢變幻莫測，達賴喇嘛作為他們共同信奉的教主，在他們中間又有著很大的影響和崇高的威信。如果他桑結甲措的頭上消失了達賴喇嘛分贈給的光環，那就既失掉了擺脫達賴汗的資本，也失掉了必要時向其他蒙古部落求援的王牌。

他必須正視這個現實：蒙古汗王是皇帝親自封賜的，是比他桑結甲措更有權威、更受信任的。能夠和汗王爭比高低的只有偉大的五世一人。再者，黃教的勢力還需要繼續得到鞏固和加強，不可因為五世的去世受到削弱。還有，各個貴族世家出於自身的利益，必然力爭讓達賴轉世到自己的家中，難保不在西藏內部引起政局的混亂……

桑結甲措想來想去，產生了一種幻覺，他看到無數隻粗壯有力的大手從四面八方向他伸來，按他的頭，挖他的眼，掀他的座椅，把他從布達拉宮的頂端推了下來，他像一隻死麻雀一樣墜向地面……他驚恐萬分，頓時冒了一身冷汗，整個胸腔空虛了，像一座半棵草也不長的、堆滿了冰塊的死寂的山谷。

當他從幻覺中恢復過來以後，得出了一個肯定的結論：如果老老實實地宣布五世達賴圓寂的消息，那麼他的權力必定由削弱而不穩，由不穩而失去。至高的皇帝和至尊的佛祖都難以降臨到他的身邊來支持他，祖護他。那時候，他就會成為無翅之鳥、無蹄之馬、無水之魚、無佛之寺、無指之手、無刃之刀……什麼貴族世家，什麼叔侄第巴，什麼達賴親信，什麼才幹學識，就都成了死虎的爪子。對他來說，生命還有什麼意義呢？

於是，桑結甲措迅速地、果斷地做出了決定：對五世的去世嚴守秘密。為了掩蓋教主的消失，他發布了一項聲明：第五世達賴喇嘛從現在起進行無限期的修行，靜居在高閣，不接見來人，一切事務均由第巴負責處理。

這個絕密的決定，除了桑結本人之外，只有則省窮噶①的極少數人知道。不用說，沒有人肯付出捨掉身家性命和死後不得升天的慘重代價，去洩露這個秘密。

桑結甲措的預見性和辦事的周密性，使他緊接著做出了第二個絕密的決定，即派人暗中去尋訪五世達賴的替身——轉世靈童。這樣，如果皇帝和藏蒙人民一旦知道了五世去世的真情，他就能夠立即推出一位新的達賴，使自己的手中有一張新的王牌——六世達賴。至於其他原委，到時候再去解釋。

尋找轉世靈童的地點，他也是頗費了一番思慮的，最後他選中了門隅，因為這個南部地方比較偏僻，形勢也比較安定，不管發生什麼事變，比起那些敏感的是非之地來容易保密。另外，那裏的人們大多信奉紅教，誕生一個黃教教主出來，會有利於黃教勢力的擴大與統一，而這個勢力現在是、將來也應當是由他來掌握的。

……

大雨突然停了，漫天的烏雲像擁擠的馬群，被無數條無形的鞭子抽打著，狂亂地驚逃四散了。翠藍的天空像被洗得一塵不染的玻璃，遠方的雷聲小心地、輕輕地哼著，怕把它震裂似的。布達拉宮的上空搭起了一道彎彎的彩橋，每個人都以為吉祥的虹會給自己帶來吉祥的生活。這時，達賴的

---

①則省窮噶，達賴侍從室。

佛堂裏又響起了鈴鼓聲，信徒們湧到宮下，傾聽著，跪拜著，祈求偉大的五世賜福。

一匹快馬朝著布達拉宮飛奔而來。騎在馬上的人就是那個「香客」斯倫多吉——布達拉宮那介扎倉的喇嘛。馬和人的周身都滴著水，分不清是汗是雨。

站在窗口的桑結甲措，嚴峻的臉上閃過了笑容。他舒了口氣，稍感疲乏地坐了下來，好像他的胸中也下了一場雷雨，斯倫多吉歸來的身影使它放晴了。

斯倫多吉向桑結彙報了找到五世達賴轉世靈童的經過，將銅鈴放回原處，用五個手指恭敬地指著，發誓般地強調說：「第巴閣下，千真萬確，絕對不錯，他一眼就認出了這是他自己用過的東西，抓住就搖。而且，這位尊者具備了三十二吉相、八十隨好①，令人一見即飽眼福。」

「太好了！我完全相信了。」桑結甲措滿意地雙手合十，「不過，你給他家留下那麼多錢，卻是一種愚蠢的行為。」

「我想，靈童是需要財富來保護的。」斯倫多吉解釋說。他對靈童的敬愛是真誠的。

桑結甲措皺皺眉頭，冷峻地說：「最好的保護是完全不理會他，不要讓當地人，包括他的父母，感覺出這個叫阿旺嘉措的孩子與拉薩方面有任何的關係。」桑結見對方還有些不大理解的樣子，又補充說，「小地方的人固然遲鈍無知，但也往往少見多怪，從這方面講，反倒容易引起猜測。況且那個地方的門巴人頭腦簡單，易於傳謠。」

「可是，對這位佛爺的替身，要特別地加以關照才好。」斯倫多吉站起來請求。

---

①三十二吉相，八十隨好：皆指佛的妙貌。

「這，我將來自有安排。」桑結說著，示意對方坐下，「現在，我們先來談談對你的安排。」桑結著意地強調了這句話裏的「你」字。

「對我？」斯倫多吉的眼神裏流露出莫名的惶恐，心裏產生了不祥的預感。

「偉大的五世圓寂以來，我們雖然都還沒有聽到什麼風言風語，但他既然被認為依舊健在，如果長久地不露一面，恐怕不大妥當。」桑結甲措慢條斯理地說著，亮出了已經深思熟慮過的第三個絕密的決定，「我還要給你一個秘密使命——在一些重大的公開場合，比如大人物的拜見，盛大的宗教儀式，由你來裝扮……也就是說，你，就是活著的五世達賴。」

對方一聽，撲通一聲伏臥在地，恐慌得渾身發抖，說不出半句話來。

「你只要遠遠地、高高地坐著就行了，不需要說什麼話。當然，有時候要做一點人們熟悉的、莊重而又可親的五世的習慣動作。你曾經跟隨五世多年，對你來說，這是不難做到的。」桑結甲措指了指五世的衣櫃，「袈裟、用具，都在那裏邊。」

對方依舊不敢抬頭。這是他絕然想像不到的使命，完全是一種褻瀆佛爺的行徑，而且對他來說是一個天大的難題。扮演五世達賴，他既不敢，也不一定就會。他演過藏戲，扮演過尊貴的國王一類的人物，但那是戴著面具進行的，誰都知道那是在演戲呀。如今，他將要扮演的是一位事實上雖已去世，而在人們的心目中依然活著的神聖的偉人，這個人還沒有被編到戲中；「演出」的場地是這樣大，「情節」的發展是這樣難以預料，沒有可戴的面具，沒有壯膽的鼓鈸，也沒有人會當戲來看。他行嗎？他像嗎？到時候露了馬腳可怎麼辦？自己昏倒了怎麼辦？佛爺降罪怎麼辦？最後的結局到底怎樣……到底是一種什麼力量把他撂到這座險峻的崖頂上呢？到底是一種什麼力量把他投進再也無法爬上來的無底的深淵呢?諺語說:毛驢往哪邊走,是由棍子驅使的;馬匹往哪邊走,是由嚼子支配的。這棍子,這嚼子,是誰呢?是第巴桑結甲措嗎?好像是,又好像不是……

桑結甲措上前扶他起來,不無同情地說:「這樣做的原因你已經明白了,也是萬不得已呀。我自己何嘗不也是在遵從佛的旨意?佛祖蓮花生講過:『我們這一生的情景,是前一生行為的結果,任何辦法都不能改變這種安排。』」桑結甲措在引述蓮花生的這兩句語錄時,速度放慢了一倍,一個字一個字,像釘子一樣揳進他的心窩,不容反駁正如不能拔出。

桑結又說:「你自幼受戒為僧,不就是為了安排來世嗎?再說,達賴佛的替身——那位轉世靈童阿旺嘉措,是你找到的,佛爺會把你看作最親近的弟子,隨時在暗中保護你。為了佛教,為了靈童,為了西藏,為了眾生,你將立下更大的功勳,做出歷史上極少有人做到的事情,這是其他任何人都尋找不到的機會。反之……」桑結甲措沉吟了一會兒,仰起了扁頭,以執政者應有的嚴厲聲調繼續說,「如果你拒不接受,不能領悟這個大道理……二十九日[①]就要到了!」

斯倫多吉喇嘛呆癡地望著桑結,一雙眼睛再也不會轉動了,酷似雕塑藝人製作出來的泥人。他的頭上冒著熱氣,大顆的汗珠從鼻尖滴落下來。宮中是陰涼的,裏面永遠沒有夏天,但他感到這位第巴就是無法遮擋的烈日,離他太近了……他要被烤焦了……

可憐的喇嘛退出之後,桑結甲措一絲不苟地梳洗完畢,換了一件繡花的黃緞藏袍,準備去主持商議地方政務。屆時將要討論布達拉宮紅宮部分的經費籌措事宜。工程是這樣巨大,事項是這樣浩

①二十九日,藏俗為驅鬼送魔的日子。

繁，這在西藏的確是空前艱難的建設項目。

原先，布達拉山上只剩有一座宮殿的廢墟，宮殿名叫尺孜瑪布，是吐蕃王朝的第七位藏王松贊干布在西元六三六年為迎娶尼泊爾公主修建的；至於西元六四一年為迎娶文成公主修建的那九百九十九間房子，早都在雷電、火災、兵亂中蕩然無存了。當年，五世達賴的更為宏偉的重建計畫，可以說是白手起家的壯舉。桑結甲措早就下了決心，即使僅僅為了紀念五世，也要把它最後完成。

布達拉乃是佛教用語普陀羅的轉音，意思是觀音菩薩的住處。五世達賴下令修復以來，每天有七千多個農牧民在工地支差，那血、汗、筋、骨和木、石、土、泥匯成的壯烈景象，恐怕只有在山南瓊結修建一系列藏王墓時的場面可以相比。修到第八年上，五世達賴從哲蚌寺移居到這裏；修到第十二年上，白宮落成了。如今，紅宮的繼續完成，當然就落到了桑結甲措的肩上。至於人力和財力，他是不能吝惜的。

蓋丹報門進來，催促說：「第巴閣下，陣雨過去了，時間不早了，馬也備好了，請起駕吧。」

「知道了。」桑結往懷裏揣著文件，叫住了正要退出的蓋丹，小聲地問，「聽到什麼風聲沒有？」

「您是說……」

「關於五世……」

「噢，沒有，不會有的。」蓋丹微微一笑，為了讓第巴放心，彙報說，「達賴的各種飲食照常按時間送進去，一切都安排得和他活著的時候一樣。有幾次，官員們在議事廳開會，聽到五世的佛堂裏響著鈴鼓，都感到無比的幸福。」

「千萬大意不得。要盡量多一些耳目。」桑結說罷，跨出房門，一回身，咔嚓一聲扣上了特製的大鎖。

林卡①裏，刀槍林立，歌聲悠揚。一位剽悍的蒙古王子盤坐在厚厚的羊毛墊子上，一面飲酒，一面欣賞藏族歌舞。

草坪上積蓄著閃亮的雨水，一個跳舞的姑娘在旋轉的時候滑倒了，疼得捂住臉半天爬不起身。王子拍著雙膝哈哈大笑。陪同觀看的大臣們、將軍們、衛士們也都跟著大笑。摔傷了的姑娘疼得流出了眼淚，他們也笑出了眼淚。歌聲不間斷地繼續著。

遠遠地，一小隊人馬在大路上走過，似乎誰也沒有聽到那林卡中的笑聲和歌聲，誰也不朝林卡望上一眼。他們既不加快也不放慢前行的步伐，無動於衷地、甚至是傲慢地走著。踏在碎石上的馬蹄聲，好像在重複著一句話：不屑一顧，不屑一顧，不屑一顧……

蒙古王子卻望見了這隊人馬。也許是習慣於威武的人，本能地忌恨別人的威武，他的還沒有結束狂笑的臉上又呈現出盛怒。他忍不住問身邊的大臣：「那是什麼人？」

大臣手搭涼棚望了一會，肯定地回答說：「王子閣下，那是第巴桑結甲措。」

「這樣大搖大擺地從我面前經過，故意示威嗎？」他把空酒碗朝地上一丟。

「不會是這個意思，一定是又去出席什麼會議。」另一位大臣說，「第巴是個大忙人，也很能

①林卡，即園林。

幹，西藏的各個辦事機構裏都有他的座位。他的施政才幹應當說是無懈可擊的。」

「夠了！」王子不想聽這種介紹，「他們顯然是欺侮我還沒有登上汗位。如果今天坐在這裏的是我的祖父固始汗，我的伯父達延汗，我的父親達賴汗，他桑結甲措是不敢如此無禮的。將來有一天我被稱為汗王的時候，他大概就要來躬身施禮了！」

「王子，您不要想得太多，第巴不一定知道您在這裏。」一位將軍說。

「好吧，我欣賞你作出的這種估計。希望他們永遠尊重我們。繼續看演出吧。」

王子表面上恢復了常態，但他心中的不快——應當說是對於桑結的敵意——卻無論怎樣也無法消除。

他就是未來的拉藏汗。在他繼承了汗位以後，果然把這種敵意釋放出來，加劇了和第巴桑結之間的摩擦……

事情的原由是這樣的：幾年以前，有一個名叫才旺甲茂的貴族少女，曾經和桑結甲措相愛，在正式議婚的時候，桑結提出，等他當上了第巴以後再舉行婚禮。他是有信心可以很快當上第巴的，因為五世達賴已經給了他這樣的保證，但這在當時是不便公開的。女方的家長以為是遭到了拒絕，受到了羞辱，心裏憋著很大的火氣。恰巧在這個時候，達賴汗為自己的王子向才旺甲茂家求婚，女方的家長還有什麼不同意呢？讓女兒嫁給蒙古的王子，不是比嫁給第巴的侄子更體面嗎？就這樣，才旺甲茂成了達賴汗王子的妻子——雖然據記載，她並不是他唯一的一個。岳父岳母的羞辱，也就從此轉換為兩個正式的和非正式的女婿之間的羞辱。桑結甲措總覺得是王子乘機奪走了自己的情人，而王子則總覺得自己的一個妻子是桑結甲措丟棄的「次品」。雙方都認為是一件令人難堪的、有傷體面的事情。將來，一旦「愛情的嫉恨在政治的磨盤裏加了水」，它的悲劇性就會擴大十倍。這樣的事在歷史上不是沒有先例的。

桑結甲措和他的隨從早已走遠了，不見蹤影了，王子的眼前卻老是晃動著第巴坐在高頭大馬上的形象。

「達賴老了，快七十歲了；班禪還年輕，才二十歲出頭。這個第巴的扁頭真會成為西藏的最高峰嗎？走著瞧吧，走著瞧吧……」王子心中暗自想著，又大口大口地喝起酒來。他不知道人們為什麼又在哄笑，他竟沒有發現，又有一位跳舞的姑娘仰面朝天地滑倒在地上。當然，他更沒有發現，由於桑結甲措匿報，五世達賴還健在的消息，早已經就是假的了。

五　童年的悲歡

山上，杜鵑花開了；地上，青草長高了；天上，雲朵更白了。在西藏，春天的翅膀總是先在門隅地區展開的。

三頭大牛和一頭小牛向村外緩慢、安詳地移動著，後面跟著放牧人——六歲的阿旺嘉措。

嘹亮的歌聲在暖風中飄蕩著：

牛啊，我吆喝著牛兒走啊，
叫聲牛啊，快快地走吧，
吆喝的聲音響徹山岡。
我從未唱過心愛的歌，
吆喝的聲音就是我的歌唱。

牛啊，我吆喝著牛兒走啊，
叫聲牛啊，快快地走吧，
吆喝著牛兒來到沙灘上。

我瞧著它踩出的蹄印，
多麼好看的圖樣！
……
我和牛兒永不分離，
我多麼喜歡牛叫聲啊！
啊，哞哞哞哞……

突然，從樹後跳出一頭沒有長角的「小牛」來，還「哞哞」地叫著。阿旺嘉措先是一愣，接著也高興地跳起來：「剛祖！你學得真像！」

「我阿爸是幹什麼的，你忘了？」剛祖歎了一口氣，「學得再像有什麼用？哪有你的歌唱得好聽啊！誰教你的？」

「阿媽教我的。」

「我就沒人教。」剛祖又歎了一口氣，「我阿爸再也不唱歌了，當然也就不願教我了。」

「為什麼？」

「人家說他音不準，還像牛叫。」

「伯伯那森可是個好人。」阿旺嘉措感到有些不平了，人們不應該說那種讓伯伯難過的話。

「你不懂。低賤的好人，不如高貴的惡人。」

「我不信。高貴的惡人，不如低賤的好人。」

「我比你大得多，聽得多，見得多。我五歲的時候你才出生呢。」剛祖學著長者的口吻，一本正經地把阿旺嘉措拉到跟前，「我等你半天了，有件非常重大的事要告訴你。」

「什麼事？快說呀。」

「我問你的話，你可要真心回答。」

「一定真心！」阿旺嘉措毫不猶豫。

「從現在起，我阿爸要教我殺牛宰羊了。我已經長大了，已經不只是屠宰人的兒子了，我自己也要成為屠宰人了。明白了嗎？」剛祖撿起一塊石子，朝遠處狠狠地一擲。一群麻雀從灌木叢中飛了起來。

「我明白了。這不是很好嗎？你既然長大了，當然要學會幹活。」

「你能像你阿爸對我阿爸那樣地對待我嗎？」

「當然了！」

「唉，你不懂，人家說：宰殺牲畜的人最低賤，不准和人同坐，不准使用別人的東西。」

「我不管！有人說：『肉和骨頭上不能灑稀飯』，我就要在肉和骨頭上灑稀飯！我就要和屠宰人交朋友！沒有人宰羊，人吃羊肉的時候怎麼辦呢？不是和狼一樣了嗎？」

剛祖笑了，張開兩臂說：「好！我們永遠是朋友！」

「永遠！」阿旺嘉措也張開了兩臂。

兩人緊緊地抱在一起，搖著，蹦著，摔倒了，在柔軟的草地上打起滾來。小牛犢迷惑地望著他們，撒了個歡兒，跳向母牛的身邊。

兩人坐在地上喘息了一陣。阿旺嘉措望著天空中雙雙飛舞的不知名的小鳥說：「剛祖，我給你背一首歌吧，算是我對你發的誓，好嗎？」

「太好了！我要牢牢地記住它。」剛祖眨眨眼，十分認真地聽著。

阿旺嘉措朗誦道：

我們永在一起，
親親愛愛地相依，
要像潔白的哈達，
經緯密織不離。

「不對。」剛祖說。

「對！」阿旺嘉措不服地辯駁。

「錯了。」

「一字不錯！」

「不是句子背錯了，是……」剛祖把嘴湊近阿旺嘉措的耳朵，帶有幾分神秘地壓低了聲音，「這是男人給女人唱的。」

「……」

就在這一年，阿旺嘉措的阿爸，由於自小勞累過度，開始經常地吐血了。吃過寺院裏討來的香灰，喝過供奉在佛前的聖水，總不見有一點好轉。扎西丹增支撐著虛弱的身體，照樣裏裏外外地幹活，只把幾頭牛交給了兒子去放。咳嗽，盜汗，發燒，胸悶，石頭壓身一般的疲憊……越來越頻繁地向他圍攻著。他還是經常裝作沒事兒的樣子，盡可能更多地說笑。次旺拉姆也只在暗中偷偷地流淚。他們都不願把悲傷傳染給對方，更不願去刺痛天真活潑而又懂事過早的兒子。但它像一根繃得太緊的繩子，終於快要斷了。

扎西丹增把沉重的頭靠在牆上，吃力地呼吸著，含情地端詳著年輕美麗的妻子，竭力在心中搜索還需要說的話。他的思路像遠山的雲霧，模糊而迷亂，妻子的容貌卻像眼前的明月，清晰而嫵媚。他認識她快十年了，老了一點兒嗎？不，她是長大了。他永遠不會忘記第一次見到次旺拉姆的情景……一個少女，穿著翠綠的上衣，站在翠綠的柳林裏，低著頭，在編織自己的小辮兒。遠處，一個小姑娘喊著：「次旺拉姆，你來。」她沒有回答，只是望了望喊她的小姑娘，搖了搖頭，依舊繼續編織著小辮兒。扎西丹增完全是偶然地、幾乎是在一瞬間發現了她，同時也發現自己已經站到了她的身後。僅僅看到她的側面，他就震驚了！啊，那麼美！她不是人，是妖精，是仙女，或者是什麼法術變出來的。他從來沒有想像過自己最喜歡什麼樣的姑娘，但他此時此刻完全知道了，突然明白了，十分肯定了：就是她！就是她這個樣子。這就是自己最喜歡的那種女子。她的一切，包括每一根頭髮，都好像是專門為自己生長的，她無論如何不應該、也不能歸別的男子所有。扎西丹增那陣子不知為什麼竟然變成了一個大膽的見面熟的人，上前搭話說：「你叫次旺拉姆？」少女轉過身來，驚詫地反問：「你怎麼知道我的名字？」她歪著頭，望著這陌生的男子，既不故作忸怩，也不假裝羞澀。扎西丹增老實地回答說：「剛才我聽見有人叫你。」少女的臉上立刻消失了疑惑的神色，逕自走去了。扎西丹增沒有機會自我介紹，整夜裏懊悔不已。俗話說：山和山不相遇，人和人總相逢。第二天，他們又見面了。沒有料到的是他竟會叫錯了人家的名字，把次旺拉姆叫成了次旦拉姆，天知道是怎麼搞的！他謙卑地請求原諒，對方毫不介意地說：「這沒關係。」他還是長久地不肯原諒自己……以後的事，他的記憶當然也是非常深刻的，甜蜜的，但像是春夏的繁花，太多了，太艷了，失去了可數的層次。

……

他終於想起了要說的話。

「次旺拉姆，那個香客留下的錢，一個也不要動用，不管等到哪年哪月，一定歸還原主。」

「嗯，我記住了，我一定……我們一定這樣做。」次旺拉姆忍住淚水，點著頭。

「這總是我的一塊心病啊……去印度朝佛，三年也該回來了……不，不是贓銀，那就會有人來追捕、查找……不，不是佈施，那就該獻到寺院裏去……」

「他也許是個黃教喇嘛吧？自己不能娶妻，才特別喜歡咱們的這個孩子。」

「快去把孩子叫來！」扎西丹增覺得一大口血湧了上來，趕緊從懷裏掏出厚紙板一樣的氆氌手帕捂住了嘴。

次旺拉姆立刻朝村外飛跑。她一邊跑著，一邊聽到有一個滾雷般的聲音跟在她的腦後：你的丈夫，最愛你的人，你最愛的人，就要走了，遠遠地走了，永遠地走了，再也不回來了……她覺得自己不存在了，跑著的不是她，而是另一個和她一樣的女人。她可憐這個女人，害怕這個女人，這個女人一定是發瘋了……

她感到這女人又變成了她自己，是她自己拉住了兒子，並把兒子送到了丈夫的跟前。

扎西丹增掙扎著坐起來，撫著兒子的頭，上氣不接下氣地說：「阿爸沒有給你留下……財富……記住……用珠寶裝飾……自己，不如用知識……豐富……自……」他用盡最後的力氣，一手抓住兒子，一手抓住妻子，突然，手一鬆，倒了下去，閉上了被美和醜填滿了的眼睛。

次旺拉姆抱住他的雙肩，搖啊，搖啊，又狠命地捶打他，像是要把一個睡得太熟的人捶醒。她相信丈夫還會有疼的感覺，還會醒來的。

阿旺嘉措沒有看到阿爸再次醒來，阿媽卻昏過去了。她的頭伏在丈夫的胸前，像是雙雙入睡了。

阿旺嘉措覺得腳下的地塌陷了，房裏的柱子倒了。他又覺得自己像一塊石頭，一下子從山頂跌落到深深的谷底，撞成了粉末。他嚎啕大哭，他從來還沒有這樣聲嘶力竭地哭過。

那森一頭撞進門來，跪在扎西丹增的身旁，撕扯著自己蓬亂的頭髮，用一種令人聽來心肝碎裂的哭喊責備著死者：「你呀你，你為什麼不讓我替你去呀……」

扎西丹增在世的時候，如果說次旺拉姆的身上還有不少女兒性的話，現在她的身上就只有母性了。她在短短的時間裏，從一個年輕的妻子變成了一個中年的母親。她把對丈夫的愛全部加在了兒子的身上，使阿旺嘉措得到了雙倍的慈祥。

阿旺嘉措也好像突然長大了許多，好像去什麼地方學了幾年回來，變得那樣有思想，會猜測、體貼阿媽的心情。

他沉浸在母愛之海的最深處，像一條誰也不來侵害的小魚。那浩瀚的、無私的海水，洗去了他失去阿爸的傷痛。

幾乎是每個夜晚，冬天在爐火邊，夏天在星月下，他聽阿媽講各種故事和傳說，聽阿媽唱無窮無盡的民歌。那明快的語言，貼切的比喻，鏗鏘的節奏，使他著迷；那樸實、真誠、深厚的情思，使他感動。他知道，這些語言和感情的珍珠，不是阿媽自己創造的，而是千千萬萬的人在心中培植的，一代又一代在嘴上流傳的，他們和阿媽是一樣的，是一體的，無法區別，也用不著區別。阿媽唱的這些美妙的、有韻的詩句，在村裏村外不是也經常響著嗎？在遊蕩著牛羊的山坡上，在打青稞的榩枷聲中，在拍阿嘎①的房頂上，在打土牆的工地上，在背石頭的差民的行列裏，在節日的壩子上……到處都飛翔著它們的旋律。對於民歌，他的記憶力像是釘在木頭裏的釘子；他的理解力像是投進了茶水的鹽巴。他對它們像對阿媽一樣親，對家鄉一樣愛，對雪山一樣敬仰。

又是三年過去了。阿旺嘉措長到了九歲。他幹過的活兒像他得到的歡樂一樣多，他得到的歡樂像他記下的詩歌一樣多。

有一天，村裏來了一位年長的喇嘛，他的年齡、氣度和談吐，很快引起了人們的信任和尊敬。他宣稱：遵照佛的旨意，要在錯那宗的全境招收一批兒童進寺院學經，地點是波拉②山口的巴桑寺。在學經者的名單上，就有阿旺嘉措。

波拉在村子的北方，路程不算很遠，只是一路上坡，風景也由秀美轉為壯麗。人們經常提起那

---

①阿嘎，一種覆蓋房頂和地面的土，拍平晾乾後猶如水泥。

②波拉，也譯作棒山。

個有名的地方。阿旺嘉措對它也有過朦朧的嚮往。

這個消息無疑是重大的，而且來得突然。次旺拉姆的心緒很亂，許久說不出一句話來。阿旺嘉措的心裏也是寒暖交加。他的好奇心和求知欲，吸引著他想去一個新的地方，看一些沒有看見過的東西，接觸一下另外的世界。即使是幸福的生活，太平穩了，老是一個樣子，也有些乏味。但他又捨不得離開母親，離開還保留著阿爸的影子和聲音的小屋。還有常來找他玩耍的剛祖，甚至那夕陽餘暉中的炊煙，長大了的小牛……怎樣決定才好呢？迎接他的又是什麼呢？老喇嘛選中了他，是值得自豪的喜事呢，還是隱藏著不測的變故呢？他沒有能力做出判斷，只有聽從阿媽和那森伯伯的意見。

這位年長的喇嘛，原來並不屬於巴桑寺。他是第巴桑結甲措特意派來的六位經師之一。桑結把他們派到巴桑寺來，是為了讓阿旺嘉措接受作為達賴喇嘛所必須接受的訓練。他們都是精通佛學的學者，其中各個教派的都有。桑結甲措顯然出於對五世達賴的尊重，繼承了他在世時採取過的做法。那時候，五世達賴雖是格魯巴①的主宰，卻頂住了不少人的非議，在布達拉宮裏和其他的大寺院裏保留了幾名別的教派的著名喇嘛。他說，多了解一些不同教派的情況，總比什麼都不懂或者只有單方面的知識要好一些。

這六位經師在從拉薩出發以前，桑結甲措代表已不存在的五世達賴曉諭他們：到達錯那以後，不要說是來自拉薩，只說是來自後藏的幾個寺院，為了發展佛教，進行學術交流，培養新一代的喇

①格魯巴，黃教教派。

嘛，以備再建寺院。至於阿旺嘉措，不過是有人向他推薦過的一個比較聰明的孩子而已。桑結甲措向他們強調說，這樣做並沒有什麼隱秘之處，只是避免引起涉及政治方面的猜測，產生不必要的麻煩，發展佛教確實是唯一的目的。

經師們請第巴向五世達賴轉奉至高至誠的敬仰之心和不折不扣的順從之意，懷著滿腔的宗教熱情，來到了錯那宗的波拉。他們受到了巴桑寺上上下下的歡迎，對於招收兒童學經的想法給了很大的支持。淹沒在大串名單中的阿旺嘉措，是不會引起任何人的特別注意的。這些情況，阿旺嘉措和他的母親當然更是一無所知。

讓我們回到他們母子的小屋中來吧。

「阿媽，你說，我去不去？」阿旺嘉措接著表示說：「我聽阿媽的話。」

「我們都應當聽佛的指引。既然是佛的旨意，要賜福給你，是要遵從的，是要感激的。」次旺拉姆的柔和的語調裏充滿了虔誠，「你說呢？」她把兒子看作大人一樣，認真徵詢著他的意見。

「阿爸囑咐我說：用珠寶裝飾自己，不如用知識豐富自己。我想學知識……識字的人在寺院裏，書籍也在寺院裏……」

「說得對。我想，你阿爸還在的話，也會讓你去的。」

「家裏就剩你一個人了，誰幫你幹活兒呢？你會想我的。」

「好孩子，你只要不老想著我就好了，學經的人應當只想著佛，只想著來世，只想著眾生的苦難。將來，如果你能受戒，當了正式僧人，就更不能惦記家了。」

「這裏的僧人，不是也可以在家裏幹活嗎？」

「他們信紅教。誰知道以後你會信什麼教派呢？」

「我要信能夠在家幫你幹活兒的教派。我不能不管阿媽。」

「好兒子！阿媽還不老，身體也很好。再說，伯伯那森和剛祖會來幫忙的。」次旺拉姆的眼裏閃著淚花，把兒子緊緊摟在懷裏，「你聰明，懂事早，記性好，又有了這樣的機會，一定能超過你阿爸，成為一個更有學問的人。去吧，去吧……」

「阿媽，你不要哭。我一定常來看你！不要哭了阿媽……」

第二天黎明時分，阿旺嘉措背著一個不大的皮口袋作為行囊，跟在老喇嘛的馬後，出了村子，緩緩地向北走去。

走了很遠，他又一次回過頭來，望見阿媽站在一道不高的卵石牆上，上身微微地向前傾斜著，霞光從側方射來，把她的白色上衣染成了粉紅色。她一動不動地立在那裏，像一尊白度母仙女的塑像。

他喊了一聲「阿媽……」聲音低得只有他自己才能聽到。他揚起手，朝阿媽揮動著。次旺拉姆也高高地揚起了手臂……啊，她不是一尊仙女的塑像，她是一位活生生的母親！

沿著向北延伸的馬蹄印痕，他向後倒退著跟進。他望見阿媽用雙手捂住了臉面……

他萬萬沒有想到，那就是阿媽留在他眼中的最後的身影！

……

不知從什麼地方飄來了他最熟悉的歌聲——家鄉的歌聲：

深谷裏堆積的白雪，
是巍峨的高山的裝扮。
莫融化呀，請你再留三年。

深谷裏美麗的鮮花，
是秀美的深谷的裝扮，
莫凋謝呀，請再盛開三年。

家鄉的俊美的少年，
是阿媽心中的溫暖，
莫離開呀，希望常聚不散。

歌聲像是從山上響起來的，又像是從雲中飄下來的。悠揚中含著悒鬱，深沉中透出悲涼。他聽著，聽著，鼻子一陣發酸，對於聽這首歌，他還從來沒有如此動情。

他的純真的幼小心靈，曾經幻想過自己能變成一隻生著花翅膀的小鳥，飛離家鄉，飛向天外，去看看遠方的世界，高高的群山那邊，一定有許多美好而奇妙的東西。現在，他果真要到大山的那邊去了，就像在夢境中一樣，他感到整個的身心都輕飄飄的。他的腳步卻是沉重的，他的小靴子在地面上發出嚓嚓的聲音，每走一步都像是從泥土中拔出一棵小樹。

他畢竟還是個孩子，又是第一次離開自己的阿媽，自己的家鄉，離開他熟悉了的一切。這一切都是實實在在的，含著感情的，卻逐漸地留在了身後，而在遠方等待著他的，不管怎樣想像，總是那樣模糊，那樣虛幻。

他不由得回過身去，再望鄔堅林，那個小村莊也已經變得模糊起來。他瞪大了眼睛，極力地尋覓，再也看不到阿媽的身影了。

十一月的山風，從北方迎面吹來，把他的臉吹得冰涼。他的眼睛也模糊了，連路也看不清了，只覺得臉上有什麼蟲子在爬，滾燙，滾燙……

他只能跟隨著老喇嘛催動的馬蹄繼續向北方走去。北方啊，北方，北方到底有些什麼呢？

路上，他碰上了背著滿桶水的人，在勒邦湖畔又遇上了舉行婚嫁儀式的送迎隊伍。他記得阿媽說過，對於出門人，這都是吉祥的預兆。

六　逃不走的冒充者

曾經扮演香客的喇嘛斯倫多吉，不只一次地在布達拉宮裏成功地扮演著五世達賴的角色。酥油燈發出的微弱的黃光，照不透大殿裏的幽暗。各色各樣的佛像、唐卡、經幡和哈達，矗立著，垂掛著，構成了一座奇異的、月夜中的原始森林。

他只是影子一般地坐在高高的佛臺上，短暫地出現一下，或主持一下儀式，或遠遠地接受各地高僧和蒙古貴族的朝拜。有誰敢於未受召喚就擅自近前來呢？又有誰敢於長久地仰面審視他呢？

但是這位「五世達賴」幾年來不再大聲講話，不再在人們的近距離中出現，則難免引起有心人的思慮。他們不理解這種變化，猜疑著布達拉宮裏是不是發生了什麼事情？當然，他們是不敢流露，不敢詢問，更不敢議論的。

疑問在他們心中年復一年的存在著，就像一個越長越大的腫瘤，既無法割掉，也無法使它消隱。他們時常暗地裏思謀著證實或者消除這種疑問的良策，千方百計地想進行各種隱蔽的試探。

敏珠活佛就是決意要進行這種試探的一個。他考慮成熟以後，又像以前那樣寫了一首詩交給郎色，囑咐他一定親自呈送五世達賴過目，並求和詩。詩是這樣寫的：

星星，月亮，太陽，

都比不上您的明亮，
世上能和您相比的，
只有您自己的光芒。

五天以後，郎色來到了布達拉宮，照例先稟報達賴侍從室，蓋丹請他先去歇息，用餐，以爭取時間去做「接見」的安排。

蓋丹知道，郎色不只一次地見過五世達賴，是很容易辨認出真假來的。經過了一番布置後，他通知郎色說：「佛爺正在做法事，但又很想立刻接見你，所以你只能在大殿的門外遙拜他，領受他的祝福。」

「是，是。」郎色當然唯佛命是從了。

對著大殿正中高高的佛台，郎色行過叩拜禮。只見達賴向他做了個賜福的手勢，示意讓他退去。

郎色急忙從懷裏掏出那首詩來，對身邊的蓋丹說：「敏珠活佛又帶來一首詩，請轉呈佛爺，求佛爺賜寫和詩。」

「這……好好，請稍候。」蓋丹答應著，將詩呈上了佛台，以恭請佛命的姿勢，卻又是下達命令的語氣低聲說：「立即和他一首，讓他快走！」

斯倫多吉這個那介扎倉的喇嘛並非沒有學問，甚至也流覽過《修辭論詩鏡》一類的書。今天的事雖然來得有點突然，出乎意外，但他覺得並沒有多大困難——詩嘛，寫幾句美妙的言辭就是；和詩嘛，他寫來幾句我回他幾句就是了。至於詩中所注的「求同喻」三字，就不必認真理會了。他的內心一直是很痛苦的，他早已厭倦了這種木偶式的生活。倒是今天有了一點不同，他不但能冒充達賴的形體，還能代替達賴作詩。他認為，達賴有真假，詩卻是會寫的人寫出來的都差不多。他略為思索了一下，就把和詩寫好了。

郎色回到敏珠林寺院，向敏珠活佛作了彙報，交了和詩，回家去了。

敏珠活佛在聽郎色講述進宮經過的時候，雖然一言不發，半句不問，內心卻增添了更多的疑竇。根據上次郎色講述的情景，五世的身體顯然由於年老、生病而虛弱了，為什麼現在又變得如此健壯，動作反倒敏捷了呢？又為什麼要在遠處接見郎色呢？……為什麼不向郎色問幾句關於我的話呢？……

當他展開達賴的和詩讀下去的時候，他發懵了。每個字都像黃蜂螫在他的頭上：

我的朋友呀，
你像一座直立在雲霧之上的山，
你像泉水清又甜，
流進寬廣無邊的普渡眾生的大海。

「不，這不是五世達賴寫的！字是有些像，但不無模仿的痕跡。」敏珠活佛逐一地判斷著：「我的詩用的是『最勝喻』，他用的卻是一般的『物喻』；我明明注著『求同喻』三字呀……五世達賴可不是這樣粗心的人。再說，格律也完全不合。這絕不是五世的水平！他，他……不是達賴！不是！」

驚恐，悲憤，羞辱，焦急……使敏珠活佛覺得身上的袈裟著了火。但他能做什麼呢？他敢說什麼呢？四周的一切，一切的人們，不都和平常一樣嗎？

他痛苦地閉緊了眼睛……在他的頭頂上，升起了第巴的大得可怕的身軀。權力是可以掩蓋真相的，如果要揭示真相，就需有更大的權力。他，一個普通的活佛是無能為力的。但是讓智者去扮演傻子也是非常困難的。他決心不再和這位「達賴」有任何詩文來往，不再和布達拉宮發生任何關係了。

他隨即離開寺院，到一個山洞中單獨修行去了。

敏珠活佛的舉動，又引起了郎色的懷疑，他反覆琢磨著敏珠活佛情緒反常的原因，回憶對比著五世達賴幾次接見他的情景，總覺得這一次和以往很不一樣。難道五世達賴不是那個名叫羅桑嘉措的偉大人物了？為什麼不是他了呢？那又會是誰呢？他恨不得立刻再登上布達拉宮去弄個明白。但是轉念一想，不行啊，如果真的同他所懷疑的一樣，第巴也好，蓋丹也好，絕不會讓他透出真相。他們一旦識破他的意圖之後，定會立時把他殺死在宮中的。

郎色正在沒有主意的時候，小喇嘛東賽走了進來。東賽剛入寺受戒不久，不大熟悉規矩，可倒也機靈。敏珠活佛給他起了個法名，他總覺得不大悅耳，想請活佛另外再起一個。今天又來催問這件事了。

郎色腦子一轉，計上心來，把東賽叫到內室，對他說：「活佛短期之內不回寺院。我給你出個主意，一定能叫你得到一個最好的法名。」

「什麼主意？快告訴我，我一定照你說的去做。」

「真的？」

「當然了。『不見，上山看；不懂，問老人』嘛。您是長者，應當向您請教。」

「好！」郎色把聲音壓得很低，說：「到布達拉宮去，求偉大的五世賜你個法名。」

「啊？」東賽吃驚了，「那不是上天摘月亮嗎？哪有那麼高的梯子？」

「何用看得那樣難呢？」

「要是不難，我早就到拉薩去了，誰不想見到達賴呀？更不用說由他親自給起法名了！」

「小聲點兒。」郎色提醒他，「如果你到了布達拉宮，說你是西藏的一個普普通通的小喇嘛，當然不會受到達賴的接見。你若說是從遙遠的地方來的呢？比如從蒙古，從甘肅，從青海，雲南……經歷了千辛萬苦，只為求一個法名，看一眼達賴，不然，寧願自焚在宮牆之外。這般講法，就不一樣了。五世是一位熱愛各地教徒的人，他自己曾經為了傳教而跋涉萬里……這你大概也有過耳聞吧？」

「對！好辦法。俗話說，人急了求神，神急了說謊。我為什麼不可以這樣去說呢？」

「不對，這不是說謊，而是誇張。誇張是為了打動他人。世界上有許多事就是靠誇張辦成的。」郎色糾正著。然後，冷靜地說：「計謀可以問別人，決策還得靠自己。可不可行，你定吧。」

「這有什麼不可行的？」東賽感激地說，「大不了我的福分淺，見不上達賴，回來就是了。」

年輕人追求新奇、愛好冒險的火苗兒，在東賽的胸中越竄越高了。

「那你就悄悄地走，悄悄地回。見上見不上，對誰都不要講。記住：口牢，如鐵屋保身；口鬆，如亂紙招風！」

「我知道。您放心好了。」

……

東賽來到布達拉宮，照郎色所教的那樣，日夜跪在宮門口，苦苦懇求達賴接見，賜他法名。蓋丹只得請示第巴。

桑結甲措分析了東賽的年齡和來處，斷定他不曾見過五世。而且，隨後他還能到外地教徒中去自動宣傳達賴健在的消息，不是可以起一些有益的作用嗎？於是，答應了他的要求。

如願以償的東賽，非常高興地回到敏珠林，悄悄地讓郎色分享他難得的幸福。

郎色聽說他見到了五世達賴，急著想問個明白，卻故意操著不緊不慢的聲調說：「從前，我也見過偉大的五世，只是沒有看得太清，佛光耀眼啊……你離他很近嗎？」

「不遠。」

「你真有這麼大的福分？」

「一點兒不假，我起誓」

「不必了。你說說，五世是什麼樣子吧。」

「說實話，倒不是佛光耀眼，而是酥油燈太暗，佛爺的容貌我也說不上來。只見他戴著一頂黃色的帽子……」

「啊！禿頂的特徵被遮蓋了。」郎色心裏說。

「帽檐低得幾乎蒙住了眼睛。」

「啊！大圓眼睛的特徵也被遮蓋了。」郎色心裏說。

「就這些。」東賽再也描繪不出什麼來了。

「這就夠了！」郎色心裏說。

東賽見郎色不再問什麼，也不再說什麼，便拜謝道：「全靠了您的指點呀。」

郎色還了禮：「對我最好的感謝就是對誰也不要提起這件事。」

東賽拍拍心口說：「對善聽話的人，只需講一次就行了，對會跑的馬，只要揚一鞭就行了。」

「我相信你。」郎色笑著，把東賽送出門去。再沒問他法名的事兒。

晴朗的夜空。月亮升起來了，遠方的雪峰像閃著寒光的刀劍。郎色打了個寒噤，耳邊響起了兩句諺語：不把尖尖的舌頭管好，會使圓圓的腦袋搬家。

五世達賴的裝扮者痛苦難熬了。他不甘心再這樣冒充下去。他越來越感到自己像是飛上天的魚，潛入海底的鳥……是如此不倫不類，無法生活。尤其可怕的是，每當晚間獨自睡下的時候，就看見五世睜大了圓眼對他怒視著，嚇得他蒙起頭不敢出氣，好像護法神的大棒隨時都會狠狠地打到他的頭上。

他經常發現不吉祥的徵兆，天上一朵烏雲飄過，腳下一隻螞蟻死亡，牆縫一棵小草枯萎，佛前一盞油燈熄滅，都使他沮喪不已。

「……如果有朝一日這事被識破，皇帝怪罪下來，或者第巴失了勢，我會有好結果嗎？誰能替我辯解？誰能提供保護？若是大風吹倒了房子，還會饒過門窗？佛呀，該怎麼辦呢？……」

他的肉體雖然沒有受到折磨，他的精神卻日漸萎靡了，甚至到了崩潰的邊緣。他感到自己的處境比被扔進蠍子洞還可怕，還要不堪忍受。他不敢呻吟，更不能喊叫。過久的重壓，極度的抑鬱，使他時常意識到自己有發瘋的可能。

他害怕這一天真會到來——他會跑到宮頂上，向著全西藏大聲宣布：「我不是五世達賴！偉大的五世早已圓寂了！我是在執行第巴桑結甲措的秘密使命，我是個冒充者呀！五世達賴的真身已經轉世多年了，是我尋到的，就在山南門隅，名叫阿旺嘉措。你們快去迎他吧！」然後，縱身一跳，像一隻被利箭射穿的烏鴉，垂直地、迅速地栽下去，掠過十三層門窗，栽到地面上，粉身碎骨，血肉模糊，被餓狗叼走……

逃！逃出去！找一個很遠很遠的隱居之處，自由地呼吸十年、二十年，平靜地死去。誰也不知道他，不議論他，不懲罰他，不監視他，不強迫他，不利用他，不主宰他……這幾年來他才知道：世上最不自由的倒不是那些戴著枷鎖的囚犯，而是他這個肩負著「光榮使命」的「功臣」。

他果真行動起來，脫掉了袈裟，換了一套俗裝，溜出房去。東面、南面、北面的三座大門，他是出不去的，在那裏必然會遭到衛兵和喇嘛的盤詰，接著就會是扣押和審問。只有跳過西面的石牆，竄到修築紅宮的工地上，混在雜亂的差民中，裝作背石頭的人下山去。

他剛要縱身爬牆，就被一聲怒吼嚇軟了雙腿。

「什麼人？」一個護宮的喇嘛赤裸著右臂，提著一根頂端包著鐵皮的木棒，出現在他的背後。

「我……我是那介扎倉的……」他忘記了自己已經換掉了僧裝。

「大膽的賊人，竟敢冒充喇嘛，敗壞我佛門的聲譽！」另一個護宮喇嘛也逼上前來。

「把贓物交出來！」

「沒有贓物，我沒有偷，我不是從外面進來的……」他喃喃地辯解著。

「搜！」

從頭到腳，連頭髮在內都搜遍了，也沒有搜到任何東西。值幾個錢的，只有纏在他手腕上的一串念珠。

這時候，蓋丹也發現他不在房中，急忙帶了幾個心腹四處查找，正好在這裏碰到。他揮了揮手，讓護宮喇嘛退去，說了聲：「把他交給我去處置好了。」

斯倫多吉乖乖地跟著蓋丹走了。

從一間黑得什麼也看不清的房子裏，傳出了啪啪的聲音雜著從咬住的嘴裏憋出來的呻吟。逃跑者在挨著鞭打。他看不清打他的人是誰，他也不需要知道是誰。他是個既不擅長報恩，也不忍心報復的人。

打他的人只知道是在懲罰一個竊取佛品的小偷兒，並且掌握著一條指示：案情不算太重，不必打得過狠，給一次適當的教訓就行了，以免有損於佛的仁慈。

不一會兒，黑屋裏又恢復了死寂。

蓋丹拿著五世達賴的袈裟，推門進來，歎息著：「唉，再接過去吧。你不是早就明白了嗎？何必去跳苦海？佛的安排只有佛才能改變哪！」

「我受不了，我……寧願早死。」他哭了。

「那也要等到佛來召見你的時候嘛。走吧，第巴要見你。」

斯倫多吉又乖乖地跟著蓋丹走了。

桑結甲措用空前嚴峻的目光逼視著他，久久地不說一句話。他像被置於不熄的電光之下，不敢抬頭。他知道第巴的脾氣：高興時像觀音菩薩，發怒時像馬頭金剛。此刻，他清楚地認識到，冒充達賴的罪過是第巴逼著犯的，將來或許有人能夠諒解他；企圖逃走的罪過可是自己犯的，眼前的第巴是絕不肯寬恕他的。他只有等待著死，不論怎麼處死他都行。用毒藥，用鋼刀，用繩子勒，用石頭砸，用皮口袋裝起來扔到河裏……都比在這座金碧輝煌的大牢獄中冒充賜福他人的主宰要好。他閉起眼睛，同樣久久地不說一句話。

「碗砸爛了個人吃虧，鍋敲破了大家倒楣。」是桑結甲措的聲音。

等他睜開眼睛的時候，第巴已不知何時離開這裏了。

兩顆大得罕見的松耳石①擺在他的面前。

「這是第巴送給你的。」蓋丹說著，把松耳石捧給他。

「……」

他木然地接在手上，似乎是在替別的什麼人代收這貴重的禮物。

---

①松耳石，西藏人最喜愛的綠色寶石，可用來製成頭飾、手飾等。

七 初戀

阿旺嘉措在巴桑寺學經已經四年了。他的聰敏和好學，深受經師們的稱讚。除了愛嫉妒的人以外，誰都喜歡他。如果說他也有不專心的時候，那只是因為想念他的阿媽。

每到臨近過年的日子，他就向寺院提出，請假回家，但總是不被允許。四年中他請過四次假，被拒絕了四次。經師們四次拒絕他的理由是各不相同的，而且都使他很難反駁。

第一次，經師說：「你剛剛出來一年，還沒有學到多少東西，現在就往家跑，是很不合適的。一鍋水還沒有燒熱，離燒開還遠得很呢，你就急著掀鍋蓋嗎？」

第二次，經師說：「據我們知道，你的阿媽很健康。她的生活自會受到寺院的關照。你是個孩子，回去一趟又有什麼用呢？還是安心學習吧。知識要在年輕的時候求，良田要在秋天的時候耕啊。」

第三次，經師說：「你年紀還小，路不好認，來回怕要多日，誤了學經，佛爺是會降罪於我的。再者，天冷路滑，出了事情如何得了？派人護送會苦累他人，你又於心何忍？還是不回去吧。弄不好，牛糞沒有撿到，筐子也丟了。」

第四次，經師說：「學經之人，是不應當戀家的。釋迦牟尼佛在他當王子的時候，曾經割股餵鴿，捨身飼虎，他一心想的是大慈大悲，至善至美，並沒有想把自己的身子留下來，只去孝敬自己的父母。你是個很有佛緣的人，登上了巍峨的雪山，就不能再留戀腳底的平川了！」

一個大雪紛飛的日子，阿旺嘉措坐在寺院的窗口默誦著《薩迦格言》①：

天下的國王是很多的，
奉法愛民的卻很少；
天上的神仙是很多的，
像日月一樣無私的卻很少。

他想接下去再默誦另外一首，精力卻無法集中了。他想，世上最深厚、最無私的愛，恐怕只有母愛吧？天上的神仙，地上的國王，都不能和他的阿媽相比。他遙望著風雪瀰漫的南天，回味著在阿媽身邊度過的童年……

那是在阿爸死後的第二年，有一天，在放牛回來的路上……他聽那森伯伯講過，西藏古代有七個有名的大將，個個都最會騎馬，最會打仗，最會射箭，最會指揮，還能和野驢賽跑，同野牛搏鬥。這，引得他也想試試，竟然和自家的小牛摔起跤來。小牛沒有被他摔倒，他自己卻重重地跌倒了。由於全身的重量都壓在左手腕上，雖然當時不覺得怎樣疼，但回家不久手腕就開始紅腫了，越腫越厲害，和胳膊一樣粗了，疼得連糌粑碗也端不起來。阿媽並沒有訓斥他，緊鎖著眉頭，好像比

①《薩迦格言》，薩迦班智達貢噶堅參的格言詩，共九大章，四百五十七首。

他還要疼痛。每天，阿媽替他抓好了糌粑，一塊一塊地遞到他的右手上；每夜，當他在昏睡中覺得手腕又酸又疼的時候，醒來一看，總是阿媽坐在他的身邊，輕輕地揉著他那紅腫的手腕，揉啊，揉啊，睡眼惺忪地堅持著給他揉啊……阿媽幹了一整天的活，又睡得很晚，能不睏嗎？可每夜都起來給他揉一回，就像按時給嬰兒餵奶一樣。直到他的手腕消腫了，又能端碗了，阿媽才不再在夜間起來。他真後悔，自己為什麼要逞能呢？為什麼要和牛去搏鬥呢？他又不是什麼大將，他還是個小孩子，怎麼能鬥得過牛呢？他更悔恨的是，在那些夜晚為什麼不勸阿媽去睡，反而不吭一聲地只顧享受著母愛的甜蜜呢？再見面時，一定要向阿媽道歉才對！

咣噹一響，房門大開，驚散了他會見阿媽的憧憬。一個人撲了進來，眉毛、鬍子上掛滿了冰凌，嘴裏急促地噴著熱氣，張著兩手，上下打量著阿旺嘉措。

「伯伯那森！」

「阿旺諾布！」那森叫著他的乳名，像獅子一樣吼了一聲，一把將他摟在懷裏，光板皮袍上的雪花在他的臉上嗞嗞地融化著，溢出了家鄉特有的那種氣味。

不等他問話，那森就說開了：「你阿媽知道你想多學些知識，才沒有回去看她。她想你呀，怎麼能不想呢？我常常見她站在村外的石牆上，望著向北的小路發呆。我對她說過好幾回：『我陪你去看兒子吧。』她總是苦笑一下，搖搖頭說：『讓他好好學吧，別去打擾了。』她的話越來越少，身體越來越瘦了。她沒有病，什麼病也沒有，只是感到孤獨啊！她像一棵傷了根的樹，慢慢地，葉子黃了，枝子乾了……」

「伯伯那森，我要去看阿媽，我馬上就跟你回去，不准假我也要走！」

「不不，學吧，更努力地學吧……用不著回去了……事情，我已經都料理完了……孩子啊！」那森哭出聲來，痛苦地蜷曲著身子。

「阿媽怎麼了?你說明白呀！」阿旺嘉措死死地抓著他的衣襟。

「她，死了，她是孤獨死的……她升天了，升到天上就不孤獨，那裏有你的阿爸……」

阿旺嘉措爬到窗臺上，張開兩臂伸向窗外，臉色變得比雪還白，腮邊的肌肉急速地抽搐。他久久地凝望著，凝望著風捲雪舞的長空。他，沒有哭。

大喜不笑，大悲無淚。他已經像是個快要成年的男子了。

他的胸中燃起了仇恨的火苗，這火苗被風雪颳得更大更旺了。他恨這座寺院，恨那些經師，連波拉雪山也恨！是它們用石壁隔斷了阿媽的慈愛，用經書遮蔽了家鄉的田野……

阿媽孤獨地死了。在她緊閉的眼睛裏，永久地留下了九歲的兒子跟著老喇嘛遠去的身影。兒子憂鬱地活著。在他難閉的眼睛裏，永久地留下了阿媽揚著手目送他走向北方的身影。

北方，北方！走向北方的路是一條悲劇的路。然而，他又怎會知道這條路才是剛剛開始啊！

經師們發現，對於阿旺嘉措，再也無法盡完自己的責任了。他們受不住他那含著怨恨的目光，也可憐他那死盯著通往家鄉的小路的神態。打卦的結果表明，阿旺嘉措受到了魔鬼的纏繞，應當把他送到一個新地方去。

就這樣，在他十四歲的那年，在初春的一天，他被轉移到了錯那宗①的貢巴寺。

---

①宗，相當於縣。

錯那在波拉東北方向，路程也不遠，但它繁華多了——如果它能當得起繁華這個字眼的話。在當時的西藏，所謂的繁華，只不過有幾百或幾十間比較集中地排列在一起的房子，並且有幾家小商販和幾個手工業者的小鋪面，最多再有一兩個賣青稞酒的女人，這在阿旺嘉措的眼裏，已經是一座很大的城市了，不，簡直是個新奇的、自由的海洋。

阿旺嘉措在這裏繼續學習著。貢巴寺的藏書遠比巴桑寺豐富，種類也更多。

那時的西藏，是沒有任何學校的。要識字，要讀書，只有去當喇嘛。喇嘛寺壟斷了也保存了所有形諸於文字的文化。從這個意義上講，喇嘛寺既是學校，又是圖書館和藝術博物館。

在這裏，阿旺嘉措閱讀了第巴桑結甲措有關星相學的著名論著《白琉璃》，五世達賴的傳記《土古拉》第一卷，紅蚌巴所著的《詩鏡注釋》、《除垢經》、《釋迦百行傳》，《般若波羅蜜多經》的略本《八千頌》，阿底峽所著的《旅途紀事》，蓮花生所著的《五部遺教》，以及《大般若波羅蜜多經》的一、二卷等等。

他最感興趣的是詩歌——雖然專著不多，大都夾雜在其他著述裏面；其次是哲學，歷史；再其次才是佛經。他最感頭疼的是曆算，覺得公式和數字是一種枯燥煩人的東西，引不起任何馳騁的想像和靈活的思考。

他逐漸感到鑽在書堆裏也是一種幸福，是很少有人能夠得到的一種享受。這裏，就是他的家了，但有時也還是想起鄔堅林來，想起那個出生了他、又給了他童年的地方。那遠處的和已經不復存在的親人，凝聚成一顆親近、尊敬、懷戀、感激、隱痛的五色石，像海底的珊瑚礁，沉積在他的心中。他愛那裏的人們，在那個小村莊的內外，所有的腳印（只有打罵過伯伯那森的老爺甲亞巴的除外），都刻下了善良、淳樸、天真、熱誠這些人類中最美好的符號。從這裏到那邊，對於一隻蒼鷹或一隻白鴿來說，也許一展翅膀就能飛到；而對於他來說，已有千山萬水之遙了。

當他心懷惆悵的時候，就到街上走走。雖然絕大多數的人生活得清苦，但他覺得這些為今生今世奔波的男女，比那些為來世靜坐的僧人要愉快得多，有生氣得多。在佛經上排列著的說教，畢竟刻板而縹緲；在家庭中流動著的東西，才是清新而實在的。但它們各有著自己的意義，自己的價值，就像冷峻同熱情、寡欲同追求一樣。他想，這兩條各自奔流的河，不能匯合在一起嗎？如果它們始終不能匯合在一起，他將涉過哪條河去獲得人生的真諦呢？他迷惘了，他意識到自己還不具有選擇的能力……。

這一天，他又來到街上，遇見了一支紅教喇嘛迎親的隊伍。這種場景，他在幼年的時候不是沒有見過。今天，他卻有了一種與以往大不相同的感覺，他從這位喇嘛身上看到了一種類似詩意的東西。你瞧，那兩條河不是匯合在一起了嗎？這條充滿熱情和追求的河流上漂著一位新娘，真像是漂著一朵蓮花。新娘的腰間，繫著嶄新的邦典①，像是鮮艷的彩虹。他第一次發現：女性的美竟有這樣不可抗拒的魅力。是的，這位新娘是美的，她對生活的選擇也是美的。她不是把自己許給一尊端坐不動的塑像，而是許給一個會說會笑的男人。阿旺嘉措第一次產生了明顯的羨慕之情。但他想不清楚，是羨慕這位新娘呢？還是羨慕那個能夠娶到這樣一位新娘的喇嘛？

迎親的隊伍過去了。他忽然發現，在對面一家小雜貨店鋪的門口，站著一位少女，眼神裏流露

①邦典，藏族婦女喜愛的彩裙，織有橫紋圖案，繫在袍子的前腰上。

出同他一樣的羨慕的光亮。使他驚奇的是，這少女比新娘還要美麗得多，俊俏的臉面潔白而透紅，嘴角上掛著羞澀的微笑，那苗條的腰身因為身體有點偏瘦而顯得更加輕盈。她斜倚在門邊，像一尊佛像中的傑作……不，所有的佛像都比她略胖一些，而且總含有男性的特徵。他忽然想起了蓮花生三尊像——蓮花生是佛教密宗的祖師，他的塑像往往是由三尊組合在一起的，中間是蓮花生，左右兩旁各有一位女人，一位是他的印度女人，一位是他的西藏女人。阿旺嘉措認定這兩位女人的美好和長處的綜合，也勝不過眼前這個活生生的少女。燃燒著生命力之火的人一旦被變作冷冰冰的偶像，就失去了那種不必依靠想像就足以動人的魅力。阿旺嘉措的心中立刻閃出一個強烈的念頭：如果她是我的新娘，世上的一切人就都不值得羨慕了。但又一想，不會，這不可能，哪有這麼巧，這麼幸運，這麼如意的事呢？還是走開吧，回寺院去吧，回到那條冷峻的河流中去吧……然而，他的身子卻一動沒動。

少女不好意思地低下了頭，似乎思考了一個瞬間，轉身溜進了小店。

他失望了，第一次這麼失望。但他還是不甘心離去，他想牢牢地記住這個地點，這個小店，記清楚門和窗戶的樣式，還有周圍的一切標誌。為的是下次再來時不會認錯，為的是在這裏還會看到住在裏面的少女……

他用心觀察著，默記著，肯定下次再來時絕對不會有一丁點兒差誤了，卻還是不想離開店門。他打量著這座小店：低矮、破舊，大部分空間被一塊擺著各種土產的木板佔據了，剩餘的地方，最多只能坐下兩個人。他幾次想過去買點兒什麼，作為珍貴的紀念，但又不見有人出來。其實他本來什麼也不想買，木板上也沒有他需要的東西，他是怕再也無緣得見這位少女。

這時，從通向內院的小門裏響起了腳步聲，像春風吹斜了一根柳條兒似地，少女閃了出來。她一眼就看到了少年，友好地望著他笑了笑。那雙在情感之爐裏煉出的眼睛像是在說：我就猜到你還在這裏，你會等我出來的，我才不傻呢，看得出你對我的讚賞是真誠的……

她背著一個不大的背斗，手裏拿著鐮刀，新紮了一條邦典，雖然不及剛才新娘子的那一條鮮豔，色調卻更為柔和悅目。她對著小店的布門簾內喊：「姨母，我割草去了。」

「不是還有嗎？兩隻小兔子能吃多少？」簾內傳出一個老婦人的聲音。

「不嘛，姨母，草不多了。」少女用眼角的餘光瞥了阿旺嘉措一下，似乎在說：你等著好了，不會讓你失望的。接著，帶有幾分撒嬌地大聲說：「今天天氣好，明天我整天都替你看鋪子。好姨母，我走了。」

「別走得太遠，早點兒回來。」屋裏的姨母答應了她。

少女水蛇般地游走了。

阿旺嘉措呆呆地立在原地，不知怎樣才好。她到什麼地方去了呢？什麼時候回來呢？她怎麼不問自己一句什麼話呢？唉，自己也笨得出奇，為什麼不對她說要買一樣東西呢？隨便買件什麼都行，只要是她的手拿過的東西，即使是一粒石子，也抵得一顆珍珠啊！

少女走出去幾十步了，才慢慢回轉身來。阿旺嘉措發現她是在尋找自己。少女猛然回頭，加速了腳步。

「啊，她生氣了，生誰的氣呢？」阿旺嘉措自語著，「咳，還能生誰的氣呢？我真傻！不，不是傻，是膽子太小了。男子漢是不應當膽小的……」

當少女再次回頭的時候，看見那個英俊的少年跟著自己來了。郊外。到處是墨綠的草地和茂密的灌木。肥胖的土拔鼠吱吱地叫著，從這個洞口鑽出來，又跑進那個洞口，頑皮得可愛。

英俊的少年和美麗的少女各自坐在一塊大些的圓石上，相隔著五六步的距離。四周十分幽靜，什麼聲音也沒有。他倆深深地勾著頭，誰也不敢大膽地看誰，誰也不知道應該先說一句什麼話。

在這裏，既沒有街市的行人，也沒有店鋪的姨母，他們完全可以自由地交談，卻沒有力量推倒立在他們中間的無形的高牆。純真的愛情，總是伴隨著崇敬的；崇敬又往往帶來卑怯。只有在這種時候，人類才最能感到自身語言的貧乏，一切智慧似乎都毫無用處。

長時間的「無聲勝有聲」，使雙方都不堪忍受了。

他們的心已經貼得很近很近，他們想出來的要說的話，卻又繞得很遠很遠。

「你叫什麼名字？」到底是男子漢先開口了。

「我叫仁增汪姆。你呢？」少女接著問他。

「我叫阿旺嘉措，是喇嘛給起的。原先是叫阿旺諾布的。你……多少歲了？」

「十六啦！你呢？」

「十四。比你小兩歲。」阿旺嘉措立刻後悔了，後一句注釋有什麼必要？難道人家連這麼簡單的算術都不知道嗎？

「你覺得，剛才的新娘子好看嗎？」少女終於注視他了。

「好看，像一朵蓮花。」

「蓮花？」少女有些嫉妒了。

「不過，你比她更好看。」

「胡說。」少女瞪大了疑惑的眼睛。

「真的！」阿旺嘉措十分委屈地說。

「就算是真的吧。」少女安慰他，其實是她自己得到了安慰。

又是沉默。只有被撂在地上的空背斗，在原野的風中微微地搖晃著。

「我可是一朵沒有根的蓮花呀！」少女歎息著。

「為什麼呢？」

「你願意知道嗎？」

「當然願意。」

「我的阿媽，在我還不會說話的時候就死了。我阿爸後來也被拉到拉薩西邊很遠很遠的地方打仗去了。」少女拔了一棵草，用食指和拇指輕輕地捋著，「走以前，把我送到了這裏。我姨母家裏沒有別的人，我就成了她的女兒了。」

「你原來的家在什麼地方？」

「瓊結。」

「瓊結?那地方很有名，是吐蕃王的家鄉。那裏有九座藏王墓，是嗎?」

「是的，我小時候站在高處數過，中間兩座，東面三座，西面四座，都像小山一樣……那裏可真美呀!後邊是丕惹山，前邊是雅隆河，河川裏長著那麼多的樹，那麼多青稞……宮殿和寺院，就好像用什麼東西黏在陡峭的懸崖上。」

「可惜我沒有去過。那就是古代的跋布川啊！」

「是嗎？我不知道古代叫什麼。你比我小，學問可比我大得多。」

「我是從書上看來的，你可是親眼見到的，你才更有學問呢。」

「你真會說話。」

在大約半里遠的大路上，一個騎馬趕路的青年人唱起了在當地十分流行的情歌：

在碧波蕩漾的河面，
我還是第一次放下小船。
風兒呀，我請求你，
千萬別將我的小船掀翻。

在美好的初戀階段，
我還是第一次嘗到甘甜。
戀人呀，我請求你，
千萬別把我的愛情折斷。

他倆聽著，互相望著，又趕緊低下頭。這首歌具有無法估量的神力，一下子把隔在他們中間的那道無形的高牆推倒了。雙方都在期待著對方從廢墟上跨過來，但是誰也沒有這最後的勇氣。又是沉默，更長久、更難耐的沉默。

「我該割草去了。」少女站了起來，但卻沒有走開。

「我替你割。」阿旺嘉措急忙說。

「你，會嗎？」

「會，我在家常幹。」

「你家裏，還有誰？」

「一個人也沒有了。」

「和我一樣啊……」少女歎息了一聲，提起鐮刀向野草深處走去。

「讓我來吧。」阿旺嘉措小跑了幾步，追上去奪鐮刀，卻抓在了少女的手上。鐮刀悄然無聲地落在草叢裏，他們握著的手竟沒有鬆開……天知道是誰吻了誰。

當他們在擁抱中分開的時候，仁增汪姆的臉上泛著朝霞。她沒有喝醉過，她心想：喝醉了酒的人大概就是這個樣子吧，輕飄飄地，站也站不穩了，好像腳下正發生著地震。阿旺嘉措上前扶住她，她輕輕推開，向四周瞥了瞥：「你先走。」

阿旺嘉措像聽從將軍命令的士兵，前頭走了，不同的是並不是勇往直前，而是不斷地回頭望著……

仁增汪姆回到姨母家的門口，正碰上姨母站起身送一位顧客。這位顧客自稱是從五十里外來的，只不過為了買一根縫皮子的針。這種針是從英國經由印度運到這裏來的。那時候的西藏連一根鐵釘還生產不出呢。

「怎麼割了這麼一點兒？」姨母問。

「我不大舒服。」仁增汪姆第一次說謊了。

「喲，我說不要出去吧！唉，是不是著了山風？快去休息，我給你熬酥油茶。」姨母說著，伸手摸她的前額，疼愛地說：「有些發燒了，臉也燒紅了。唉，到底是個孩子，不聽話。」她一邊替仁增汪姆卸下只裝有兩三把草的背斗，一邊繼續嘮叨著：「記住吧，老牛的肉有嚼頭，老人的話有聽頭。再說，我是你阿媽的親姐姐，如今也就是你的阿媽了。大事小事都聽我的，不會吃虧受罪。」

仁增汪姆果真進到內屋躺下來。她既沒有病痛，也不覺得疲累，相反，她興奮極了，渾身上下到處都張著強弓，每一支箭都能射中幸福的靶子。

她的姨母卻想不到這一層，真的為她的「病」操心起來。眼看快到老年了，善心的菩薩給她送來了這麼大一個女兒，像是從九天之上直掉到她的手心，能不全心地疼愛嗎？

姨母名叫改桑①，和那時的許多藏族姑娘一樣，年輕的時候也曾經驕傲於有著好幾個情人，可惜總是不能生育，在男子的心中失去了價值。金子變成了銅，只好嫁給了一個又矮又胖、十分無知而又專愛巴結頭面人物的小商人。這個小商人重利不重情，要錢不要命，在去日喀則販貨的途中被強盜殺害了，連屍首也沒有找回來。

①改桑，意為「好時光」。人們慣寫為「格桑」，是用了四川語系的讀音。

在前藏和後藏的分界處，有一座大山叫岡巴拉，大山的北面是雅魯藏布，南面是羊卓雍湖，是通往江孜、日喀則、亞東等地的交通要道。山路上經常有強盜出沒，以至有這樣一句俗話在流傳：英雄好漢，岡巴拉見。改桑的丈夫就喪生在那裏，被扔進了深深的山谷。她並不怎樣悲傷，但也不想改嫁，只憑著從丈夫那裏得到的一點經商知識，靠小雜貨鋪維持生活。不幸使她善良，孤獨使她專斷，特殊的經歷造成了這特殊的性格。凡是幫她販貨的人，既吃不了她的虧，也占不了額外的便宜。二十多年中，使她能站得住腳的不是才能，而是品行。因為她只是想生活下去而已，並不奢望發財——正像別人也不可能在她身上發財一樣。

正當她吹火熬茶的時候，仁增汪姆起來了，跑到姨母身邊，帶著淘氣的神情說：「我好了，姨母，明天你想去幹什麼就去吧，出去一整天也行，我來看鋪子。」

「你呀，你今天是怎麼啦？」

仁增汪姆抿著嘴笑了。改桑也笑了。

阿旺嘉措並沒有回寺院去，他在曠野上大步走著，無目的地走著。樹林、河岸、草叢、石堆……一處又一處，每一片樹葉，每一棵小草，每一朵野花，每一片白雲，每一層波浪，每一隻小鳥；總之，天上地下的一切，都變得可愛了許多，都對他含情地微笑。大自然多麼美！人世間多麼美！是它們本來就美呢，還是仁增汪姆使它們變美的？一定是仁增汪姆使它們變美的！怪不得諺語說「雅隆林木廣，瓊結人漂亮」。仁增汪姆一定是漂亮的瓊結人中最漂亮的一個。她走到哪裏，哪裏就會變美，就像是朝曦、晚霞、彩虹、太陽、月亮、星星變美了天空一樣。

這位瓊結少女真的就這樣屬於他了嗎？他們能永遠在一起嗎？明天她在家嗎？每天都可以去找

她嗎?……

阿旺嘉措想作詩了，第一次想作詩了。他雖然很愛詩，卻從來還沒有想要當一個詩人；現在也沒想，他只是想寫出激蕩在他內心的強烈感情而已。

在人類所有的感情中，唯有那強烈的部分能夠化為詩句；在強烈的感情中，唯有愛和憎最強烈。此時，強烈的愛使阿旺嘉措產生了作詩的欲望。他在初戀的熱情中孕育著他的處女作……

當他踏上歸途的時候，夕陽已經墜下了西山。暮色中，遠處的貢巴寺只剩下一個隱約的輪廓。

八 處女作

阿旺嘉措回到寺中，同伴們都已經睡了。他摸到了火鐮，一邊默念著腹稿中的詩句，一邊打火點燈。顫抖的手怎麼也不聽使喚，一連打了五六下。有一下還打在了手指上，才把帶硝的草紙打著。他吹出了火苗，點燃了酥油燈，把紙墊在一冊《甘珠爾》①經上，刷刷地寫起來。

寫了幾句之後，便突然停了筆。他覺得這樣寫，感情倒是表達出來了，但是句子太散，太長，讀起來和平常人們說話沒有什麼區別；排列起來也不好看，像一隻不合腳的大靴子。詩要有詩體呀，就像仁增汪姆一樣，既有真摯的情意，又有美麗的外形，內外一致才是完美的。

那麼用什麼體呢？他想起了西藏古代文學中有一種六言四行體，但它每三個字一頓，一句才兩頓，用起來又像穿一隻太緊的靴子。他想到了那成百上千首的民歌，其中的「諧體」不是每一句可以三頓嗎？群眾不是非常喜歡它嗎？他又想起一位經師說過，內地的古代漢文詩中，有一種叫「三臺詞」的，也是六言四行三頓，好，就這樣定了。於是他重又像從砂粒中淘金一般，選擇最精確的語言，寫下了他第一首詩篇：

---

①《甘珠爾》：藏文《大藏經》分《甘珠爾》和《丹珠爾》兩部分，《甘珠爾》意為佛語部，包括顯密經律，共一千一百零八種。《丹珠爾》為論部，主要是對經律的闡明和注疏，共三千四百六十一種。

心中愛慕的人兒，
若能百年偕老，
就像大海深處，
撈來奇珍異寶。

當他寫到最後一個字的最後一筆時，興奮地用力一戳，幾乎把紙戳破。他非常滿意自己的詩作，十分自信確有詩才。他回頭望了望，想找一位同屋的朋友來欣賞一番，但他們全都睡熟了。這時他才發現，同伴為他留下的晚飯——小半鍋土巴①，就放在他的身邊，他一摸，早就涼了。他不想吃，熾熱的愛情使他忘記了饑餓。

他吹熄了燈，躺下來休息，卻一點兒也不睏。他大睜著眼睛，詳詳細細地回憶著白天的奇遇，回味著那種種甜蜜的情節。

一道月光從東窗射了進來，正照在他的胸前，觸發了他的靈感。他一骨碌坐起來，披上衣服，顧不得去打火點燈，藉著月光又寫下一首。字跡有些凌亂，筆劃也有重疊，但是還能認清。

從那東方的山岡，

①土巴，拌有野菜或肉的糌粑麵糊。

升起了皎潔的月亮；
含母愛的姑娘臉龐，
浮現在我的心上。

月亮越升越高，室內越來越亮，阿旺嘉措目不轉睛地望著圓月，它的光正像仁增汪姆的目光一樣溫柔，毫不刺眼，隨你看多久都行，絕不會生你的氣的。

「我要為她祝福，我要為她祝福，我要為她……」阿旺嘉措心裏這樣念叨著，從襯衣上撕下一條布來，又藉著月光寫滿了為仁增汪姆祈福的文字。呆了很久很久，月光轉出了臥室，他才把布條揣在懷裏，像嬰兒一樣微笑著睡去。

第二天，阿旺嘉措上完了課，複誦了一段《西藏王統世系明鑒》①，急忙向街市走去。他故意從遠路繞行，為的是找一個僻靜的地方，掛起那條為仁增汪姆祈福的幡兒。

他來到一棵不大不小的柳樹跟前。他想，應當把福幡掛到樹梢上去，那裏風大，搖擺得快，能為仁增汪姆多祈福一萬次，十萬次。但那樹身的周圍栽滿了帶硬刺的乾棘枝，顯然是防備羊群來啃樹皮。他決心把圍檻拆除出一個缺口，爬上樹去。為了仁增汪姆，就是刺破了手，跌破了頭，也心甘情願。當他正要動手的時候，望見在不太遠的地方有一個放羊的男孩子，長得比他高些，正警惕地盯著這個方向，看樣子這棵樹是他家的財產。阿旺嘉措不好意思了，但是就這樣走掉的話，豈不

---

①《西藏五統世系明鑒》，薩迦僧人索南堅參著，西元一三八八年成書。

被人懷疑是想幹什麼壞事而沒有得逞嗎？乾脆照原來的打算把福幡掛上去好了。

掛完了福幡，又把乾棘枝重新栽好，在朝街市走去的路上，又一首詩吟成了：

為愛人祈福的幡，
在樹梢迎風懸掛。
看守柳樹的阿哥呀，
請別拿石頭打它。

他在一家較大的商店門前停下了腳步，心想，今天是第一次去看望自己的情人，一定得買件東西送她。即使為了那一吻，為了報答她的情意，就是送一座金山也應該。他摸了摸懷中，銀子都在，數目還不小哩。在波拉巴桑寺的時候，那森冒著風雪來看他，告訴他家中的房子已經鎖好了，租種的五克①地也退了，三頭牛賣的錢，一部分佈施了寺院，一部分交了阿媽的死亡稅，一部分用在了喪葬上。剩下的一小部分全都帶來交給了他。他進了商店，邊看邊想，拿不定主意，因為他還不知道仁增汪姆最喜歡什麼或者最需要什麼。最後，選擇了一個鑲銀的松耳石頭飾。餘下的錢，大概還夠買一雙靴子。

他毫不費力地找到了那個小店鋪。仁增汪姆正坐在門內，半個身子探到街上張望著，好像料定

---

①克，計量單位，一克地為能下種子十四公斤左右的土地。

他準會出現似的。

仁增汪姆高興地站了起來，把他請進內室。昨天那幅垂著的布門簾，不知什麼時候已被撩開來斜掛在門邊。阿旺嘉措往室內掃了一眼，似乎比鋪面還小還黑。他感到惋惜和不平，這樣美麗的姑娘竟住在如此不美的地方！她應當坐在彩雲上，坐在蓮花中，坐在宮殿裏才對。

阿旺嘉措用懇求的語調說：「我很想送你一件紀念品，不知道買得對不對。請你不要生氣，我沒有別的意思……」說著，雙手捧出松耳石，「請你一定收下！不然，我……」

「我明白你的意思。」仁增汪姆沒有讓他為難，雙手接了過去，「我很喜歡，它比什麼都珍貴，因為……是你送我的。」

阿旺嘉措放心了，殷勤地說：「來，我給你戴上。」

「不行啊。」仁增汪姆立刻從頭上取了下來。

「怕人看見？」

「姨母會問：『這麼貴重的東西，從哪裏來的？』」仁增汪姆學著姨母的腔調。

「就說我送你的呀。」

「你？你是誰？她認得你嗎？她喜歡你嗎？說不定還要罵你呢！」仁增汪姆提心吊膽地說，「她管我管得可嚴啦。」

是啊，一個女人，從小到老都是受人管的。誰都在管她，父母和一切長輩，丈夫和一切同輩，子女和一切晚輩，還有不成文的法律，令人生畏的佛命……而且管得那樣嚴厲，那樣不公正，以致扭曲了她們的性格，使她們的血液中流動著自卑、虛榮、狹隘、脆弱、做作……這些並非女性所應有的東西。消除了這些東西該多麼好！當然，變成了潑婦也是可怕的。他喜歡仁增汪姆，就是因為她最具有女性的美，又沒有一般女性的弱點，她含蓄而又大膽，大膽而又細心。

「你為什麼把門簾撩開呢？」阿旺嘉措問。

「你說呢？」

「該不是怕看不到外面，有人會偷拿貨攤上的東西吧？」

「當然不是。」

「那，放下來好嗎？」

「不好。」仁增汪姆搖搖頭，又加了一句：「反而不好。」她調皮地擠了擠眼兒，「姨母去迎商旅的馬幫去了，說不上什麼時候就會回來……」

隔壁傳來了六弦琴的聲音。那指法是純熟的，那優美的曲調是阿旺嘉措早已熟悉的。音樂這個東西，有點像酒，越陳越好，越熟悉越親切，越能醉人。

在琴聲的伴奏下，響起了蒼老渾厚的歌聲：

山桃花開得很美麗，
成群的鸚鵡壓彎了樹枝。
姑娘你是否願跟我去？
那裏是春光明媚的淨地。

「唱歌的是誰呀？」阿旺嘉措懷著敬慕探問。

「名叫次旦堆古①，是個熱巴②，也是邦古③，怪可憐的。」

「詩、音樂，怎麼和不幸、乞討聯在一起了呢？」阿旺嘉措忿忿不平地自語道。琴聲和歌聲都斷了。

「明天，你能再出來嗎？」仁增汪姆擔心姨母就要回來了，只好另外約一個見面的時間。

「能。」阿旺嘉措不加思索地說。

「我們到別的地方去好嗎？」

「當然好。除了寺院，哪裏都好。」

「誰去你的寺院？」仁增汪姆扭動了一下身子。

「你說吧，去什麼地方？」

「你沒聽見老熱巴的歌嗎？」

「山桃花盛開的地方？」

「對，南面的山谷，」

「行。什麼時間？」

①次旦堆古，即駝背次旦。

②熱巴，藏語：歌手。

③邦古，藏語：乞丐。

「中午。」仁增汪姆說著，端起半盆清水，走到店門外，左右望了望，見沒有姨母的身影，假裝著潑髒水，回頭招呼阿旺嘉措：「快走吧。」

阿旺嘉措讚賞她這個聰明的舉動，領會了她的謹慎的用心，乖乖地、迅速地擠出了房門。當她擦過仁增汪姆身邊的瞬間，聽見了一種像蜜蜂翅膀發出的聲音：「絕對秘密！」。他深深地點了下頭，像領到了最高的獎賞，興高采烈地朝寺院大步走去，似乎前面不是擺滿了佛像的寺院，而已經是開滿了桃花的山谷。

山桃花的花瓣兒被幾隻鸚鵡踩落下來，落在阿旺嘉措和仁增汪姆的身上。

「你能對我發個誓嗎？」阿旺嘉措生怕失去了她的恩愛。

「我對神山發誓，你到哪裏，我就追到哪裏！」仁增汪姆的眼睛裏閃著淚花。

兩人久久地依偎著。陽光下，樹木的影子飛快地移動著，從北邊轉到了東邊。

「我給你念一首詩好嗎？」

「詩？我怕是聽不懂吧？」仁增汪姆說，「我不認得字呀。」

「你會懂的。」

「佛經裏的嗎？」

「我作的。」

「你會作詩？」

「會。」

「誰教你的？」

「你！」

「我？」仁增汪姆以為他是在開玩笑，「我自己還不會，怎麼教你呢？」

「詩不是文字寫成的，是情意點燃的；你點燃了我，我就會作詩了。」阿旺嘉措對於自己這幾句臨時想出的回答，暗自滿意。

「我不信。你現在再作一首試試。」仁增汪姆拂去了落在臉上的花瓣兒，因為臉蛋兒被它搔癢了。

阿旺嘉措想了一下，輕聲地念給她聽：

我和情人幽會，
在南谷的密林深處。
沒有一人知曉，
除了巧嘴的鸚鵡。
饒舌的鸚鵡啊，
可別向外面洩露！

「懂吧？」阿旺嘉措念完以後，偏著頭故意問。

「不但懂，還挺有意思呢。」

「你說得很好，好極了！」

「什麼好極了？我說什麼了？」

「就剛才那兩句話呀。詩，不讓人懂不好，懂了沒有意思也不好。汪姆，你真聰明！」

「我又不會作詩，哪有你聰明呀？」

「不，其實你很會作詩，只是你寫不出來，自己感覺不到罷了。你就是詩，詩就是你，還用作嗎？」

「我……我有什麼好的……」仁增汪姆微閉起雙眼，斜倚在阿旺嘉措的懷裏，品味著不准鸚鵡洩露的甜蜜。

「汪姆，你就這樣閉著眼睛，什麼也不要想，專心一意地聽我再念兩首詩，都是我寫給你的。」

仁增汪姆那雙瞪大的眼睛，閃出受寵若驚的亮光，但立刻又緊閉起來，專心地聽著。

阿旺嘉措把昨晚寫的兩首詩傾吐給情人。仁增汪姆讚賞著，想像著……阿旺嘉措，詩，愛情，春天……融合成了濃烈的青稞酒。她，醉了。

過了些天，改桑又出去忙進貨的事了，仍然由仁增汪姆照看小店。依著阿旺嘉措的請求，他們一起去拜訪那位老熱巴——駝背老人次旦堆古。

次旦老人見阿旺嘉措像對阿爸一樣地尊敬他，像對老師一樣地請教他，虛心向他學習曲譜，學習彈琴，淚水便順著花白的鬍鬚流下來，滴濕了琴弦。

「我是流浪了大半輩子的乞丐，是人們瞧不起的下等人。唉，命苦啊！」次旦不再是只向琴弦寄情了，而像是對親人訴說著，「我是一心敬佛的人。我聽說拉薩的白噶寺被改為屠宰場，血淋淋的皮子蓋在佛像上，牛羊的內臟掛在佛像的手臂上。我嚇壞了，對那些滅佛的人詛咒了三天。」

「那是歷史上的事了，是在藏王赤松德贊年幼的時候，由信奉苯教的大臣幹的。」阿旺嘉措向老人解釋說。

「你知道？你說得可對？」次旦驚疑了：這位少年真有這樣的學問？

「這是西藏史書《巴協》①上寫的。」

「噢……」次旦接著說，「我愛佛、敬佛，可總是改變不了今生的貧苦。酥油堆成山，沒有我嘗的份兒；奶子流成河，沒有我喝的份兒。漫山遍野的牛羊，沒有我的一根毛；大倉小倉的青稞，沒有我的一碗糌粑。江河的水清了又渾，渾了又清；我身上的傷痕裂了又好，好了又裂。山高多白雪，人窮多不幸啊！你們不嫌我窮苦，不嫌我下賤，一進門就獻給我一條哈達，你們的心像這哈達一樣潔白呀……」

「多麼感傷的控訴！」阿旺嘉措心裏說，「多麼動人的語言！為什麼這些話沒有人刻出來印成書呢？」他看了仁增汪姆一眼，仁增汪姆已經抽泣起來。

「阿爸次旦！」阿旺嘉措是絕不會叫他次旦堆古的，這樣的人最需要的是尊重、同情和安慰，「俗話說：有馬的騎馬，沒有馬的人也不會騎狗。是的，我們雖然沒有馬，詩和音樂不就是可以供我們馳騁的駿馬嗎？」

---

①《巴協》，秘密敘述之意。秘明珠著。

「對、對、對，聰明善良的年輕人，我用雙腳走了數不清的路，今天才知道我也有一匹駿馬！」老人感激地說著，向阿旺嘉措俯身致敬。

阿旺嘉措連忙還禮說：「不敢當……阿爸次旦，有幾首詩，您能把它彈唱出來嗎？」阿旺嘉措摸了摸次旦懷抱著的六弦琴。

「琴是破舊了，新曲還是能彈的。」老人說著，撥出一個合弦，咳了一聲，清了清喉嚨，「不過，還要看它合不合格律，牛鞍子是不能安在馬背上的。」

「你先念給他聽聽。」仁增汪姆出了個主意。

阿旺嘉措背誦了他的四首處女作。次旦興奮極了，不停地發出嘖嘖讚歎，拍了一下大腿說：「能唱！你們聽著！」

次旦眨巴著眼睛，調好琴弦，移動了一下身子，使自己坐得更舒服一點，便一首接一首地彈唱起來。他的記憶力本來就好，阿旺嘉措的詩又十分上口、易記，他竟一句也沒有唱錯。曲和詞結合得那樣順暢、恰當、自然。旋律的優美，感情的深沉，使一對年輕人的心靈融化了。詩，一旦和音樂結合，它的韻味，是紙上的文字和口中的朗讀都比不過的。

起初，仁增汪姆還經常探出頭去望一望，兼顧著她的小店鋪，後來聽得入神了，索性不再管那鋪子。她從來不曾想到，世界上能有一個這樣可愛的人為她寫了這樣美好的詩，又在她的面前歌唱出來。她記得看藏戲的時候，曾經羨慕過被歌頌、受愛戴的公主，但那是由別人扮演的；而此時，她仁增汪姆卻是真真實實地坐在這裏被愛戀著，讚頌著。她像是在做著一個見不得人的夢，羞紅了雙頰。

改桑由於進貨遇到了麻煩，很不舒心，帶著一身的疲累和滿腔的焦躁回到家中，一屁股坐到墊子上，繼續生那個趕馬幫的商人的氣。聽到隔壁響起了六弦琴，更加煩躁起來。「又彈，又彈，窮開心。這個次旦堆古！」她嘟囔著，真想跑過去呵斥他一頓。漸漸地，她聽清了那些新鮮的詞句，都是她從未聽到過的，也絕不是那個一輩子沒有娶得起老婆的老頭兒能夠編得出來的。多麼感人的歌呀！簡直是在哀悼她早已失去的青春，又像在召喚她對於當姑娘時候的回憶。人生是這樣短暫，歌卻是不凋的松柏……老鄰居的彈唱，她本來已經聽膩了，今天倒像是第一次聽出味道來，還引出了不同往常的思緒……

琴聲停了。這時她才發現，仁增汪姆不在家中。再朝貨攤巡視，啊？少了一雙靴子。是賣掉了嗎？我的不安分的小店員哪裏去了呢？她大概不會走遠……對，一定是到隔壁聽唱去了！是啊，這麼好的歌，真應當坐守在琴邊去聽。不過，也不能扔下店鋪不管啊！

「仁增汪姆！仁增汪姆！」改桑從小店裏探出身子，朝隔壁的小木板房裏喊。

「哎！我在這裏。」仁增汪姆從現實的夢中驚醒，慌忙答應著跑了過來，親切地叫著：「姨母，您回來了？您累了吧？」

「是有點累。真像是春天的老牛，臥下就不想起來。」改桑捶著後腰，接著問：「聽歌去了？」

「嗯。」仁增汪姆不再作任何解釋，靜等姨母的責備。

「好歌呀！」改桑沒有責備她，雖然她不該擅離職守，更不該去聽那種並不適合少女聽的東西。這一次改桑格外寬厚，許是覺得不能因為自己再也享受不到青春的歡樂，就嫉恨晚輩去享受歡樂的青春吧？

「剛才賣掉了一雙靴子？」「靴子？」仁增汪姆慌忙用眼睛在貨攤上數著。

「不是少了一雙嗎？」

「是……是的……是少了一雙……」

「哪裏去了？」

「我……」

「我買了。」阿旺嘉措站在小店門口，紅著臉說。

改桑打量著這位突然出現的英俊少年，作為老婦，她心中萌動著母愛，作為店主，卻不能不對於這樣一位「顧客」產生懷疑。

她禮貌地朝阿旺嘉措點頭笑了笑，轉過臉來問仁增汪姆：「錢呢？」

「錢……」仁增汪姆不知怎樣回答才好。

「噢，對不起，改桑阿媽，」阿旺嘉措補行了禮，往懷裏掏著，歉意地說，「錢在這裏，剛才……因為聽次旦阿爸的彈唱，忘記給了。」說著，把買過松耳石頭飾以後的全部剩餘恭敬地放在木板上。

「對對，現在給也可以，反正人又沒走嘛。」仁增汪姆順著說。

「人是沒走，」有經驗的改桑斷定這裏邊一定有什麼鬼，故意盤問阿旺嘉措：「那麼，靴子呢？」

「……」

「你買的靴子呢?」改桑又追問一句。

「靴子……大概……大概是丟了。」

「丟了?剛才你到什麼地方去過嗎?」

「剛才……就在次旦阿爸家裏。」

「那怎麼會丟了呢?」

「我也不知道。反正,請您不要責怪她吧。」阿旺嘉措不好意思地指了指仁增汪姆。

改桑頓時明白了,同時感到了那種被人捉弄了的羞辱,認真生起氣來,嗓門兒也變大了,衝著阿旺嘉措發出了一連串的質問:「你是誰?你是幹什麼的?為什麼引著我的仁增汪姆說假話?這靴子到底是怎麼回事?小小的年紀耍的什麼花招兒?看你長得倒還不錯,樣子不像個壞人;可海螺雖然潔白,肚子裏卻是彎彎曲曲的。老老實實地說吧,你究竟是什麼人?」

阿旺嘉措像罪人一樣地僵在那裏,只覺得自己的頭越變越大,大過了雪山,大過了天空……從哪裏說起呢?唉,只怪自己太大意了,太魯莽了,太感情用事了。這下可好,惹怒了這位厲害的家長,以後再難以和心愛的姑娘來往了。他想到這裏,真是悔恨萬分。他像被炸雷擊中一樣,呆呆地挺立著,一動不動,似乎靈魂已經飛走了,只剩下肉身。

「石頭扔進水裏,總要有個響聲。我問了你老半天,你可是說句話呀!」

阿旺嘉措嘴唇動了一下,還是沒有出聲。

「他叫阿旺嘉措,是我的朋友!」仁增汪姆挺起胸脯,來救援自己的情人了。

改桑一聽她說出「朋友」二字,像被烙鐵燙了一下。她萬萬沒有想到,日夜守護在她身邊的女兒，竟然不知在什麼時候交了朋友！她明白，對於女孩子來說，這意味著什麼；對於她自己來說，這又預示著什麼。天哪，仁增汪姆到底不是親女兒，她把這麼大的事都隱瞞著，不對自己講。原以為她年紀還小，談情說愛還早呢……這真是老年不知少年心啊！

她望著站在面前的仁增汪姆，第一次明顯地表露出挑戰的神態。她感到這隻小鳥正在撲打翅膀，就要起飛了，也許要永遠地飛走了，她就要被丟棄了，她的母愛就要被小伙子的情愛粉碎了。她傷心，她惱怒，終於爆出了一聲吼叫：「什麼朋友？什麼阿旺嘉措？一定不是好人！」

「改桑拉！你聽我說……」一直在門邊靜聽著事態發展的次旦奔了過來，「他可是個聰明、善良的小伙兒，是個天才呀！」

「天才？」改桑撇了撇嘴，「呆頭呆腦的樣兒，什麼天才！」

「不，改桑拉，他的詩寫得好極了！我活了這麼大歲數，我唱過的歌比牛毛還多，卻是頭一回唱這麼好的詞兒啊！」

「就是剛才你唱的那些？」

「是呀，那都是他寫的！」

「真的？」改桑吃驚了。

「真的！」次旦說。

「是真的！」仁增汪姆也說。

「改桑阿媽，是我才學著作的。」阿旺嘉措說。

改桑又重新打量了一遍站在面前的少年，突然，把靴子錢塞回到他的懷裏，命令地：「拿回去！」

「這……」阿旺嘉措心想，這可糟透了，倔強的改桑連錢都不收我的，一定是不肯就此甘休。懲罰吧，我認了，為了仁增汪姆，罰我去跳山澗也行！

「靴子，我送給你了！」改桑的臉上有了笑意，「你的詩寫得那樣動人，還不值一雙靴子嗎？」

仁增汪姆撲到改桑的身上，第二次叫了聲：「親阿媽！」叫得那麼清脆，那麼甜。改桑覺得心上的冰塊一下子全都融化了。

「次旦阿爸，是您彈唱得好。我送給您了！」阿旺嘉措把靴子錢硬塞到次旦手裏。

「不！……這……好，謝謝！謝謝！」老藝人接過了錢，抹著淚水，轉身回屋去了。

六弦琴像瀑布一般地響起來……

後來，據街上的一個小孩說，那雙靴子是被一個過路的人偷走的——在老次旦彈唱阿旺嘉措的處女作的時候。

九　政治賭注在加大

一排馬頭琴上，弓子在整齊地顫動。長空裏飛騰的白雲，每一團都灌滿了快速激昂的旋律。接著，鼓樂齊鳴，如大海的喧囂，滾過遼闊的草原。彩色的旌旗像波濤在翻動。一望無際的馬隊一方一方地排列著，武士們的盔甲和鋒利的刀槍在陽光下閃著刺眼的亮光。

華麗的大帳前，聚集著文武大臣。在隨從武士的中央，有一匹棗紅色的大馬，即使在高大的蒙古馬群中，它也仍然顯得驚人的高大。端坐在馬上的，就是蒙古準噶爾部的汗王噶爾丹。

九月，蒙古草原上正是黃金季節。大地上的一切都像他的偉業一樣接近成熟了。

他是經過精心設計之後，選擇了這個地點來舉行盛大的典禮的。他要讓人們來祝賀他的五十壽辰，並且檢閱一下他的騎兵。

領袖的欲望，統帥的威風，征服的嗜好，構成了一副支撐著他的靈魂的三腳架，他的兩條肉腿只是作為人的象徵而已。他在黃羅傘下望著他的騎兵，像牧主望著他的牛羊，為他所擁有的財富感到心花怒放。

他對於隊伍的集合之快尤其滿意，雖然他沒有敢於使用成吉思汗的辦法。據說成吉思汗在下達了各部落騎兵集合的命令之後，就閉上眼睛坐在帳房裏數數字，每數完一百就屈起一個手指，當十個手指全都彎曲了的時候，走出帳房一看，十萬騎兵就已經排列在他的面前了。

在一片向他表示效忠的歡呼聲中，他的心頭掠過了一片陰影：自從六年前和康熙皇帝的軍隊發生戰鬥以來，他的軍隊吃過兩次不小的敗仗，使他不得不節節後退。而成吉思汗當年卻是所向無敵的。想到這裏，他皺了皺眉頭，下達了解散的命令，悶悶不樂地下了馬，進了大帳。

外面在進行賽馬、射箭、摔跤……還有歌舞、說唱、野宴等等。人們都在藉機行樂，因為誰也說不上明天會不會走向戰爭，會不會投入死亡。

大帳內，形形色色的僚屬和新舊親信們在爭先恐後地向噶爾丹致著頌辭。這些頌辭加在一起，簡直可以構成一部英雄傳記，這算是一種特殊的集體創作，主題集中，人物突出，語言豪壯，思想鮮明。

一個說：「我們準噶爾部自明朝末年以來，駐牧天山北麓，得天獨厚，人傑地靈，所以才降生了您這樣偉大的人物。您的胸懷廣闊如無邊的草原，您的威嚴高過了天山。任何詞句都無法表達我們對您的崇敬啊！」

一個說：「您是老汗王巴圖渾台吉最最心愛的王子。您自小就是神童。順治十年，老汗王升天，那時節，如果不是因為您才九歲的話，汗王之尊位是不會由令兄僧格來繼承的。」

另一個急忙補充說：「不不，您九歲就已經很成熟了，完全可以繼位親政了。不過，您深知謙讓之禮……」

又一個接著說：「您明鑒知識之無涯，所以不惜出家為僧，跋涉萬里之遙，到拉薩學習經典，以備日後普渡眾生，造福天下。」

又一個說：「五世達賴喇嘛見您聰敏過人，相貌非凡，對您倍加垂青，課必親授，問必親答。

而且和當今西藏之第巴桑結甲措結為同窗好友，情同手足，分鎮中國南北，勢如大鵬兩翼。」

一個說：「該著您顯顯本事了！是康熙十年吧？您哥哥僧格汗王倒了大楣，叫您的兩個不是一娘生養的壞兄弟車臣和卓特巴巴圖爾給殺了。咱們部落像亂了馬蜂窩。五世達賴給您念了祈勝經。您從西藏回來替哥哥報仇，殺了一個；另一個呢，逃到青海的和碩特部落裏藏起來了。咳，仇只報了一半！」

另一個說：「和碩特部落這幫餵狗的東西，倚仗著皇帝的封號和他們在西藏的勢力，包庇我們的仇人。總有一天，我們的刀要砍到青海去！」

「我們的箭也要射到西藏去！」不知哪位將軍吼了一聲。

「以後的事先不談論吧。」一位老文官制止說，「我們是在敬致頌辭，而不是宣誓出征。我接著前面的話題重起個頭吧：康熙十五年，我們的天神噶爾丹即了汗位以後……」他有意略過了噶爾丹是在殺掉自己的親侄子之後自立為汗的這一事實。

「對！」一個人接上來說：「五世達賴立即贈給您『博碩克圖汗』的徽號。第二年，您征服了厄魯特。再一年，您兼併了南疆四部，佔有天山南北，號稱四部盟長。威震大漠，進軍蒙古……連皇帝也怕您三分啊！」

座中爆發出一陣「萬壽無疆」的歡呼。

一提到康熙皇帝，一想到眼前的形勢，噶爾丹的臉色就陰沉下來。四年前，他和康熙皇帝統領的大軍在烏蘭布通①進行激戰，遭到慘敗，他連夜逃命。幸虧桑結甲措派來的特使濟隆呼圖克圖在次日挺身而出，以五世達賴的名義，代他向皇帝請和，這才騙得了六天的時間，延緩了皇帝的追兵，使他得以又逃回蒙古草原。更令他感到羞辱的是，他當時迫於形勢的危殆，竟然頭頂著威靈佛像發誓說：今後再不敢前來侵犯了。他後悔極了！如果早知道能夠逃脫，並且又能壯大起來的話，是絕不會發下這種令人恥笑的誓言的。好在任何保證都可以在需要推翻的時候推翻……

噶爾丹無心再聽那些聽不完的頌辭了，他關心的倒是下一步的行動。他揮手制止了又一個想張嘴繼續讚頌他的人，站起身來說：「我噶爾丹感謝佛光的照臨，領受各位的祝賀。請退下歇息，準備痛飲吧。」接著又說，「請濟隆呼圖克圖暫留一步。」

這位濟隆呼圖克圖是幹什麼的呢？事情還需從遠處講起。

原來這場政治賭博的大頭兒，還是在桑結甲措身上。

桑結甲措在擔任第巴職務之前，就深感駐紮在西藏的和碩特部的汗王妨礙著自己的權力。但他們是受皇帝委派的，很難由皇帝來撤銷對他們的信任，而他自己又沒有足以趕走他們的實力。正好他的老同學、老朋友噶爾丹當了準噶爾部的汗王，並且迅速強大起來，又同和碩特部有仇，對皇帝也敢頂敢碰，是一支最可利用的力量。桑結甲措心裏謀劃著，一來可以藉助他從側面給皇帝一些壓力，使皇帝讓自己幾分；二來可以藉助他給和碩特部一些壓力，有朝一日噶爾丹如能牢固地掌握整個青海，直逼西藏，將和碩特汗王趕走，自己便可獨攬西藏大權了。到那時候，皇帝恐怕也只好承認既成的事實，正如當初承認固始汗駐藏的既成事實一樣。於是桑結甲措本著「有用是朋友，無

①烏蘭布通，今內蒙古克什克騰旗境內。

用是路人，有礙是敵手」的三項原則，把寶押在了噶爾丹的一邊。方針既定，就和噶爾丹頻繁地往來，秘密地勾結，形成了同盟。特別是在五世達賴去世以後，他加大了自己的政治冒險，和噶爾丹一起參與了欺騙和對抗朝廷的活動，為攫取、鞏固、發展自己在一個地區的絕對權力，走上了贊助他人製造動亂、叛離國家的道路。正是權欲和野心的鍊子，把一個蒙古的軍事家和一個西藏的政治家拴在一起，造成了成千上萬的受害者，也造成了未來的六世達賴、詩人倉央嘉措的悲劇。這當然都是後話。

在那期間，蒙古喀爾喀三汗部的土謝圖汗與札薩克圖汗發生了內訌，桑結甲措唆使噶爾丹乘機侵入蒙古北部，打敗了處於內亂中的喀爾喀各部的兵馬。事情轉成了喀爾喀與準噶爾兩大部的矛盾。康熙皇帝想盡量求得和平解決，鑒於蒙古人都已信仰佛教並尊奉達賴，便派了使臣到西藏去請五世達賴出面調停。桑結甲措照例叫那位逃不走的冒充者——喇嘛斯倫多吉從又遠又高的座位上應付了一下朝廷的使臣，假借五世的名義派出了調解人。

和談開始了。喀爾喀部派出了大呼圖克圖哲布尊丹巴為代表，與達賴的使者並肩坐在一起。這時噶爾丹故意尋釁，責備喀爾喀部落對達賴的代表十分無禮，並進行肆意辱罵，被激怒的土謝圖汗殺死了噶爾丹的部下。噶爾丹抓住機會，以報仇為名，又派兵攻打喀爾喀部。喀爾喀部接連向東敗退。康熙皇帝再次下令，讓達賴火速派人勸說噶爾丹停止進攻。這時，桑結甲措就派來了這位濟隆呼圖克圖。

濟隆遵照第巴桑結甲措的指示，明著是代表五世達賴前來執行皇帝的諭旨，暗地裏卻不但不勸噶爾丹罷兵，反而唆使他繼續南侵，竟然進逼到熱河，離北京只有七百里了。康熙皇帝這才放棄了調解的期望，不得不御駕親征，在烏蘭布通戰役中擊潰噶爾丹。戰鬥開始之前，濟隆還作為五世達賴的代表替噶爾丹誦經求勝，並且卜卦問佛，為噶爾丹選擇開戰的吉日。其實，這時五世達賴已經圓寂了八年。

現在讓我們再回到噶爾丹的大帳中來吧。

「經過這幾年的休整，你看我是不是又可以向南飛翔了？」噶爾丹問濟隆。

「當然應該了！你也到了該成就大業的年齡了。

「不過，勝負難定啊……」

「諺語說：只要能爬上寶樹，即使掛爛了皮袍也值得。大不了再退回原地。」

「對！達賴佛的意思是什麼時候動手呢？」

「偉大的五世年紀大了，一般政事已經委託第巴掌管。第巴的威望足以震懾全藏，只是皇帝捆住了他的一隻腿，達賴汗綁住了他的一隻手，全靠你這位老朋友幫忙了。」

「那是自然。他講義氣，我也不能不講交情。我在拉薩的時候，就知道他是個奇才，是位靠得住的朋友。不然，達賴佛怎麼對他那樣信任呢？」

「說得極是！閣下，第巴的想法你是知道的，他現在也有些焦急啊！」

「那好！明年，最遲後年，不，明年吧，明年不到這個時候，我就再次出兵！」說罷抽出腰刀，輕輕地撫摸著，像對自己疼愛的孩子一樣，感歎地說：「看，都把它餓瘦了。」

「佛保佑你。」濟隆雙手合十。

康熙三十四年（西元一六九五年），布達拉宮的重建工程全部完工了。

桑結甲措宴請過了前來參與設計的內地和尚和皇帝特意派來的一百一十四名漢族工匠，帶著幾分醉意回到臥室歇息。他深為這座高達十三層，離地一百一十七．一九米的偉大建築而自豪。白宮部分是在第一任第巴索南熱登的主持下完工的，而紅宮部分是在他的主持下建成的；而且這兩部分結合得天衣無縫，更是了不起的創舉。

前年，紅宮和五世達賴的靈塔殿基本完工的時候，他在藏曆四月二十日那天主持了隆重的落成典禮。使他至今依然自鳴得意的是，他沒有愚蠢地、赤裸裸地宣揚自己的功績，而是效仿唐代則天女皇的做法，在宮前立了一塊無字碑作為紀念。這樣，功績的偉大加上偉大的謙虛，會使他的威望比布達拉宮還要高出百倍。

現在，一切內部的整飾，包括最細的部分，都已經完成了。房檐的圖案，樑柱的油漆，壁畫的彩墨，佛像的金身……都已經帶著特有的香氣，閃著奪目的光芒展現在眼前。那最早的兩座建築物的廢墟——作為松贊干布時代的象徵的曲結竹普和帕巴拉康兩所房子，也已經恢復了原樣，整刷一新了。當然，錢是花了不少的，擺在他手邊的一個帳單上寫著，僅僅修建紅宮就用銀二百一十三萬四千一百三十八銀兩。這對於任何一個老百姓來說，都是要嚇得吐舌頭的。但是對於他桑結甲措，對於一個在貴族的家中、達賴的身邊和極權的座墊上長大和生活著的人來說，有什麼值得驚訝的呢？

桑結甲措喝了幾大口濃茶之後，神智清爽了許多，很快恢復了他那充沛的精力。他開始正式地巡視全宮，就像從頭翻閱自己的作品。這部集體創作，他閱過設計圖，批過經費，對各處都曾經指手畫腳過。在他這個主宰一切的第巴看來，宮前的無字碑上儘管暫時無字，但實際上卻早已刻上了桑結甲措的大名。

巡視在進行著。桑結甲措始終走在最前面，後頭是數不清的人群，他們的表情只有兩種，莊嚴或者微笑。他們大都是他的親信或者想成為他的親信的人。

落成後的布達拉宮，使桑結甲措最為滿意的有三處，這三處都突出了他和五世達賴的特殊關係，也反映出他對五世達賴的報恩之心。

一處是松格廊道，這是通往各個宮殿的必經之路。南牆上鑲嵌著一雙五世達賴的手印。如前所述，五世晚年把大權交給了他，又擔心他威望不高，難以服眾，便按下手模當作命令，表示一切讓第巴桑結甲措代為行事，全體僧俗官員都要無條件地服從。這雙手印就是桑結的尚方寶劍。

一處是司西平措，俗稱措欽魯，即五世達賴靈塔殿的享堂。這是紅宮裏最大的宮殿，建築面積有六百八十多平方米。有著記載五世達賴一生活動的壁畫，他在北京覲見順治皇帝的場面被畫在了顯要的地位。這幅作品相當精細、生動，絕不亞於一張現代的彩色照片。順治皇帝雙手撫膝，端坐在龍椅上，全身向右方微側，好像正在靜聽五世達賴談論什麼。五世達賴盤坐在右側稍低一點的近旁，右手做著手勢，大睜的圓眼注視著皇帝，長長的八字鬍須好像在微微地顫動。在他們各自的下方，是朝廷的官員和西藏的高僧，依次坐了數排，他們的神態都具有鮮明的個性。奉獻食品和敬獻哈達的人們，在他們中間忙碌著。一派莊嚴而又親切，和諧而又別緻的氣氛。

這第三處也是最輝煌的一處，便是五世達賴的靈塔了。它是五年前開始建造的。分塔座、塔瓶、塔頂三個部分，高達十四•八五米。塔身用金皮包裹著，共花費黃金十一萬兩，還鑲滿了數不清的珠玉瑪瑙。修建這座靈塔的人們，當然不知道五世達賴早已圓寂，更不知道他的遺體早已用鹽塗抹過，脫了水，在香料中乾枯了。只是由於第巴秘不發喪，遺體才被秘密地存放起來而沒有進入這座豪華的靈塔。

桑結甲措十分得意地走著，看著，不時地接受著人們對於宮殿和他本人的讚頌，內心感到極大的榮幸。

忽然從一個牆角邊傳出了哭聲，哭聲是那樣壓抑，那樣淒慘，像石下的流水嗚咽，像風中的枯枝嘶鳴。桑結甲措驚疑地走過去，只見一位蓬頭垢面的老婦伏在地上，雙手捂著嘴，在極力抑制著自己的悲泣。

桑結甲措正要發怒，一個老喇嘛搖搖晃晃地跑過來，卜通一聲跪倒在他的腳下，誠惶誠恐地說：「這個老婦人十分可憐，遠道趕來，再三哀求，說進來看一眼就走。感動了佛爺，指點我把她放了進來。冒犯了第巴，萬望第巴寬恕我的罪過。」

老婦人停止了哭泣，望著第巴，像一個等待著被處以極刑的犯人。

「你從哪裏來？」桑結好奇地問她。

「從……從……工」

「不必害怕，慢慢講。」

「從工布地區①。」

①工布地區，今林芝縣及其以東地區。

「叫什麼名字？」

「嘎瑪。」

「幹什麼來了？」

「找我的兒子。」

「怎麼找到這裏來？」

「他……他就在這裏。」

「這裏？什麼地方？」

嘎瑪悲痛得答不上話來了，從地上爬起來，雙手抖動著，指著牆上的壁畫，熱淚不停地淌著，像是無聲的山泉。

桑結甲措走近那幅壁畫，上面描繪的是修建布達拉宮的真實情景：農奴們排著長長的隊伍，扛著巨大的木料，背著沉重的石頭，圈著腿彎著腰向山頂爬去；大批的工匠在毫不怠慢地砌牆壘石；遠處的江上，運載木石的牛皮船正在和風浪搏鬥……

嘎瑪撲過來，指著壁畫上畫著的一個被砸死在臺階旁的農奴，喊了一聲：「他就是我的兒子！」便再也控制不住自己，放聲嚎哭起來。

桑結甲措的臉色變得十分難看。有些擅長於察看上級臉色的人走上前來圍住嘎瑪，有的呵斥她趕快滾開，有的責罵她太不像話，有的用腳踢她，有的威脅說要把她投入布達拉宮外新建的監獄，那裏面有水牢，因為潮濕生出了許多蠍子。後來，製作鼓面的人皮，製作法號的處女腿骨，製作酥油燈碗的人的頭蓋骨，很多就是來自於那裏……。

正在嘎瑪感到異常恐懼的時候，桑結甲措揮手驅散了人們，對她說：「老人家，你應當高興才是，你的兒子難得有這樣好的升天機會。死在佛殿外，畫在佛殿內，福氣夠大的呀！」

「是是……剩下我一個人可怎麼活呀？為什麼不讓我先死？……」

「給她些銀子。」桑結回身吩咐侍從。侍從照著做了。

嘎瑪的耳邊立刻響起了各種聲音：

「嘖嘖！第巴真是菩薩心腸啊！」

「你知道不知道，奴隸的命價本來只是一根草繩！」

「給了你這麼多銀子還不滿意？你還想吃掉大山、喝乾海水嗎？」

「這種狼，餓也哭，飽也哭。」

「死兔子換了隻活羊，運氣夠好的了。」

「修建布達拉宮死的人多了，你的兒子算得了什麼？」

「哪個敢像你這樣闖到這裏來？要不是碰上第巴，早把你扔到山背後去了！」

桑結甲措搖了搖頭，對嘎瑪說：「去吧。」說完轉身要走。

「第巴老爺！」她追上一步，雙手捧著銀子說：「這銀子，我不要。」

「怎麼？你瘋了？」侍從怒斥她。

「我沒瘋。這銀子只能買我今生今年今月的糌粑，買不回我的兒子，買不到我來世的幸福啊！」

「那你要什麼？皮鞭嗎？」另一個侍從問。

「第巴老爺，我求求您，賜給我一碗佛前的聖水吧！求求您啦！求求您……」嘎瑪又跪在了桑結甲措的腳下。

「給她。」桑結甲措吩咐了一句，走開了。

侍從，把收回了銀子，不一會兒，不知從哪裏端來了一碗涼水。嘎瑪如獲至寶地張開從家中帶來的皮口袋，像接珍珠一樣地把水接了進去，混合著自己激動的淚水。

後來聽說，她由於喝了那「聖水」，上吐下瀉了幾天，就到天堂去會見她的兒子去了。

桑結甲措雖然感到遇見嘎瑪有些掃興，但還不願就此中斷他的巡視，對於一個有著無懈可擊的行政能力的第巴來說，區區老太婆的干擾算得了什麼！他若無其事地笑了笑，踏上了油漆剛乾的樓梯。這時，有人前來稟報說：蒙古方面來人了，請示接見的時間。桑結一聽，猜想可能是噶爾丹的使者。他正急於要知道這位盟友的情況，便馬上對大家說：「公務要緊，巡視活動就此停止吧。」

桑結一走，眾人也就散去了。

來人呈上了信件，桑結一看火漆上的印記，知道是濟隆喇嘛寫來的，急忙拆開細看。其中先是描述了噶爾丹的強大，接下去是特意轉奉噶爾丹及所屬臣民、教徒對於五世達賴和他本人的祝讚與問候，最後是濟隆自己的請求。濟隆知道，由於他在烏蘭布通戰役中出面替噶爾丹求和，使朝廷的大將軍裕親王福全上了當，已經得罪了皇帝，不宜於再留在噶爾丹的軍中。他希望恩准他返回西藏。

桑結甲措眼珠一轉，這個能幹的濟隆啊，大概膽子變小了吧？他是怕再來一次烏蘭布通戰役而被朝廷捉去殺頭嗎？

他在給濟隆的回信上只寫了一句話：

要回就跟噶爾丹的大軍一起回！

十 康熙皇帝怒斥桑結

康熙三十四年冬月的一天，北京城的上空飄著鵝毛大雪。雪片像碎玻璃一樣掃到人們的臉上，使人睜不開眼。一切都罩在白茫茫的冰網之中。

紫禁城的九千多間宮殿、房屋上，白雪與黃瓦同輝，顯得更加莊嚴肅穆。

乾清宮裏，木炭火盆燃燒得很旺，大紅蠟燭閃著亮光，把一位正伏在案頭批閱奏報的人的臉映得通紅。這張臉有點消瘦，卻十分清秀，略呈八字的雙眉下，目光炯炯有神。下巴上留著又黑又硬的鬍鬚，既不很密，也還沒有多長。他就是康熙皇帝——清聖祖愛新覺羅．玄燁。

康熙今年四十一歲，已經當了三十四年的皇帝了。他在十六歲親自執政以後，首先將專擅朝政，繼續推行圈地政策、逼迫農民逃亡的貴族鼇拜等人革職拘捕。二十多年來，先後平定了吳三桂等三藩的叛亂，攻滅了繼續打著復明旗號的臺灣鄭氏政權並駐兵屯守，驅逐了盤踞在黑龍江流域雅克薩的沙俄侵略軍……為大清這個以滿族為核心的多民族國家的統一和守邊衛土做了不少事情。近幾年，他又在操勞著制止蒙古、西藏、青海、新疆一帶的動亂，致力於撲滅噶爾丹這一堆不馴之火。他早就下定了決心，即便是戰死在馬上，累死在案頭，也要創造個太平盛世。

他批完了被革職留任的河道總督于成龍的一份奏報，放下朱筆，把思緒從興修水利、開墾荒地方面又轉到噶爾丹和桑結甲措身上來。因為他傳諭召見的幾個人——大學士伊桑阿、領侍衛內大臣索額圖、大將軍費揚古和將軍薩布素就要到了。他從紫檀木椅子上站起來，舒展了一下筋骨，望了望窗外，大雪還在不停地下著。他想起了瑞雪兆豐年的老話，嘴角掠過了一絲微笑。

不一會兒，人們來了，太監給幾個火盆添了炭，又給人們獻了茶後退出去。

「天氣很冷吧？」康熙笑著說。

「不冷不冷。」幾個人一起站起來躬身回答。

「坐，坐。」康熙把手心向下按了按。平日他總是這樣親切。

「北京比盛京①暖和多了。」索額圖滿意地補了一句。

「是啊，開國就是由冷到暖，治國就是由暖到熱；為皇帝者，施威也罷，賜恩也好，都不能教天下寒心哪！」康熙說著，環視了一下在座的臣子，只見一個個都在洗耳恭聽著，但又顯出幾分摸不著頭腦的神色，於是接著說：「朕今兒個叫你們來，是想隨便談談西藏方面的情況。過兩天再作正式的建議，如何？」

眾人連連稱「是」，只是一時不知從何談起。

「陛下在瑞雪之中，召謀雪域之事，頗有詩意呀！」大學士打破了沉默。

「朕雖然喜愛漢詩格律，現在卻無暇作詩。你們看那個叫桑結甲措的第巴為人如何？是否可靠？」康熙把話引上了正題。

「臣從西藏的來人口中聽說，此人頗有些智謀，尚能勤於政事，民間還流傳著他的故事。」索

---

①盛京，即今東北的瀋陽。

額圖啟奏說。

「噢？說與朕聽。」

「桑結頭形扁平，有個『扁頭第巴』的綽號。某日微服出行，欲乘擺渡過河，卻又故意不付船資。撐船人大怒，指著他的鼻子罵道：『過河不給錢，簡直是無賴！若不是看到你的頭扁扁的長得像第巴大師，今天我絕饒不了你！』」

乾清宮裏響起了一陣笑聲。索額圖繼續說：「他經常化裝成平民百姓，出入於商店酒肆。西藏人都很小心，不敢在人多處談論政事，生怕被這位扁頭第巴聽到。有一次，他化了裝坐在一家酒店裏，遇見一個從後藏日喀則來的老漢，他就湊到老漢的耳邊探問：『你們那邊對政局看法如何？』老漢舉起酒碗說：『西藏的大事有第巴大師管著，咱們倆喝酒吧！』」

康熙點了點頭：「如此看來，西藏的百姓是又服他，又怕他。與朕對他的估計果然相合。」

「所以前年十二月，五世達賴喇嘛上疏乞皇上賜第巴封印的時候，陛下在去年四月只給了他個『掌瓦赤喇怛喇嘛教弘宜佛法王布忒達阿自迪之印』[①]的金印，表面上是給了他個王的封號，卻又不讓他超出只替年邁的達賴掌管佛教的範圍。陛下真是聖明無比呀！」伊桑阿回顧著往事，體會著皇上的策略。

「你們相信那個寫著『臣已年邁，國事大半第巴主之……乞皇上給印封之，以為光寵』的奏

---

①桑結甲措的封號。布忒達是梵文，意為「佛」，就是「桑結」；阿自迪也是梵文，意為「海」，就是「甲措」。合起來就是桑結甲措的名字。

疏，果真是五世達賴親自所為嗎？」康熙問罷，抿起嘴角。

「烏蘭布通之役，從厄魯特①降人中聽說，西藏有些風言風語。」費揚古說：「似乎五世達賴已經圓寂多年了，只因為得不到確實的證據，又非臣下親耳聽到，未敢啟奏。」

「此事裕親王已經啟奏過了。」康熙說，「濟隆喇嘛為噶爾丹乞和，有意誤我追師，就引起過朕的猜疑。」

「陛下何不傳諭西藏，教他們派人晉京，嚴加責問，弄個明白。」薩布素起身啟奏。

「正合朕意。」康熙思考了一下說：「如果達賴真已去世，桑結甲措假借達賴名義替自己討封，固然有欺君之罪，但他目中尚有朝廷，無非想借朕的威望強固他統轄藏地之權，也不無可赦之處。朕所疑慮的是他還有對噶爾丹助紂為虐之嫌。而噶爾丹不除，終是我朝之大患，邊無寧日，何以治邊？」

「前時陛下親往視師，大敗了他的兵馬，他卻拒不歸順，也不守誓言，不久以前，又進兵到克魯倫河，還揚言：上次戰敗，只因武器不精，待向俄羅斯借火槍六萬支後，再決雌雄。如不討平此輩，我等羞為大將！」費揚古激動起來。

康熙面有怒色，冷笑了一聲：「難保他沒有勾結外邦之意。六萬支槍云云，不過想恐嚇於我。」康熙突然拍了一下桌子，厲聲喝道：「朕豈是他恐嚇得住的！」

①厄魯特，又稱額魯特或衛拉特，是清代對西部蒙古各部的總稱，分四部：杜爾伯特、準噶爾、土爾扈特和和碩特。

乾清宮頓時寂然，只有康熙來回踱步時，靴子底發出的咯咯聲。

康熙猛一轉身，果斷地說：「薩布素！你引滿洲軍會同科爾沁部出其東；費揚古，你馳赴歸化城，調陝甘之兵出寧夏，自翁金河出其西；朕自將禁軍出獨石口為中路。克期夾攻！縱然戰馬喝風，將士吃雪，也要全殲噶爾丹於蒙古之地！」

「萬歲英明！」四個人一齊行著領旨的大禮。

經過了周密的準備，第二年──康熙三十五年春三月間，展開了討伐噶爾丹的第二次戰役。按照康熙預定的布置，克服了沙地的難行，不理會沙俄軍要來為噶爾丹助戰的傳言，冒著斷糧的危險，一鼓作氣地進攻，終於在六月十二日大獲全勝。噶爾丹僅剩下數十騎，狼狽逃走。連他的妃子阿努都死在炮火之下。直到軍糧確實快用完了的時候，康熙才傳令班師回朝。

這時，幾個自稱是五世達賴奉旨派來的人從西寧來到北京。

康熙皇帝叫索額圖和伊桑阿傳諭給他們，實際上是直接對桑結甲措進行的怒斥。皇帝在諭旨中歷數兩次親征噶爾丹所獲得的決定性勝利，讓桑結去品其中的滋味。諭旨中特別指出，他已得到了達賴早就去世的消息。並說：天下的蒙古人都尊奉達賴喇嘛，如果達賴喇嘛亡故了，理應向各部的護法施主通報，讓班禪來主持教務，繼續維持和弘揚宗喀巴的道法；而你，卻隱匿不報達賴之喪，還假借達賴的名義，唆使引誘噶爾丹胡作非為……我現在決定派遣使臣到拉薩去，達賴喇嘛果真還活著的話，就請他出來面見我的使臣，並讓他曉諭在逃的噶爾丹，聽從我的旨意。那樣，對以往的事我可以不再介意。如果仍然欺騙蒙混我的使者，不讓他見到達賴，則事情是斷然不會輕易了結的……

幾個代為接受訓斥的人，既沒能見到皇帝的面，又對五世達賴的生死說不出個所以然來，只好戰戰兢兢地離開了北京。

桑結甲措像熱鍋上的螞蟻。他竭力調動自己的全部智慧來應付終將到來的事變。他深知目前的局勢對他十分不利，不正視是不行的。皇帝已經聽到了五世圓寂的消息；蒙古各部和西藏內部也有了這方面的傳聞；噶爾丹在克魯倫河一帶又遭了慘敗，想藉助老同學來驅逐和碩特部在西藏的勢力恐已無望。怎麼辦？他反反覆覆地盤算著，總是想不出使自己滿意的對策來。

他決定先出外散散心，暫把憂煩拋在一邊。他騎了一匹比賽用的好馬，叫隨從帶上弓箭，到郊外去跑馬射箭。

桑結甲措忘記了，日頭偏向西南的未時，正是拉薩每天起風的時候。他騎在馬上，一陣大風撲來，細碎的沙礫打痛了他的面頰，脖子裏像撒進去一把炒熟的青稞，眼睛也感到火辣辣的疼。他打算回去，但又一想，風大不是正好鍛鍊弓力嗎？已經開始做了的事他是不願再更改的，憑著這一點，他才取得了許多次的成功。雖然他沒有調轉馬頭，心中卻在埋怨著：冬季的風為什麼倒像初春那樣猛？真的要發生反常的事嗎？是暗示一種不祥將要來臨嗎？他本來是想出來散散心的，卻又禁不住思索起皇帝對他的斥責來。他的耳邊響起了自己的聲音：沉住氣，不要慌，皇帝對於五世的圓寂並沒有得到確實的消息，他的傳諭也許只是試探性的，未必真的會再派使臣前來察看究竟。山高皇帝遠嘛，還有充足的時間來考慮如何對付……噶爾丹不一定是真的被打敗了，更不一定敗得那樣慘，在西藏、青海，他還有足夠的實力……還是等濟隆的報告來了再說吧，他的消息才是最可靠的。

桑結甲措在壩子上下了馬，命侍從豎起了箭靶，他迎著風沙強睜開一隻眼睛，拉滿了弓，瞄準著箭靶中心的紅點。他忽然覺得今天的射箭不是平日的遊戲，而是一次占卜，那靶上的紅心就是全藏的大權，他自己就是箭頭，而強風是皇帝，沙礫是和碩特的勢力，噶爾丹就是這張硬弓。他一邊想著，一邊繼續引弓，集中了渾身的氣力，運用了全部的技藝和經驗，「嗖」地一聲，箭中紅心。他高興極了，只為了這一箭，也值得出來這一趟！為了保住這一箭所預示的吉祥，他決定再不射第二箭了。正要傳令回去，一個騎飛馬的人從官道上斜插到靶場中來，直奔他的近前。侍從們剛要拔刀攔阻，只聽桑結甲措喊了一聲：「不要動手！」

那人滾鞍下馬，向桑結甲措行了大禮，剛要張嘴說話，桑結甲措立刻制止了他，接著傳令說：「回宮！」

一個認得他的侍從悄聲對另一個侍從說：「喇嘛濟隆。」

布達拉宮。桑結甲措和濟隆對坐在五世達賴的住室日光殿裏。

「噶爾丹到底怎麼樣了？」

「全軍覆滅。」

「他現在哪裏？」

「不知去向。」

「你不是一直和他在一起嗎？」

「在土拉河東岸的昭莫多被大將軍費揚古打散了。我是換上蒙古婦女的衣服才逃出來的。」

「皇帝恐怕是不會饒恕你的，他已經在傳諭中提到了你的名字。這……」

「我就全靠您的保護了。」

「唉！你有處藏，我是無處躲的。好吧，只要有我這棵樹在，就不會沒有你棲息的枝葉。這些年，為了西藏，為了我，你吃的苦夠大了！」

正在這時，蓋丹慌慌張張地跑了進來，差一點被地毯的邊角絆倒。

「什麼事？」桑結急忙問。

「皇帝的使臣駕到，讓您馬上接旨！」蓋丹不停地喘著粗氣，像是剛從摔跤場上敗了下來。

樓梯上雜遝的腳步聲響成一片，廳外傳來了恭迎皇帝使臣的高呼。

桑結甲措心裏怦怦直跳，使臣來得太快了，也太突然了，簡直使他毫無思想準備。他急忙整了整衣冠，發現濟隆不知所措地站在牆邊。讓他出去已經來不及了，留在這裏吧，又不知使臣是誰，會不會認得濟隆？萬一認出來可就麻煩了！桑結甲措用閃電般的眼光掃了一下大廳，上前一把掀起佛案前的圍布，濟隆像避貓的老鼠一樣鑽了進去。

桑結甲措拜受了聖旨，聽使臣宣讀上諭，譯官用低沉的聲音譯成藏語轉述著。他竭力想聽清每一句話，記住每一個字，但他的注意力怎麼也集中不起來，腦子一陣陣地出現空白。他真想狠狠地捶打自己，但又不能這樣做。他只覺得渾身發熱，後背已經和襯衣黏在一起。他想把衣服脫光，但也不能這樣做。他只是斷斷續續、隱隱約約卻又是清清楚楚地聽到了下面的話：

「朕是崇道法而愛眾生的，所以對於誠心實意護法的人，都加以愛護；對於背地裏破壞道法的人，都給予譴責直至治罪。你這個當第巴的，本來只不過是在達賴喇嘛的領導下管些事務……現在我發現你明著是在尊奉宗喀巴的教義，暗中卻和噶爾丹結為密友，欺騙達賴喇嘛和班禪呼圖克圖，敗壞宗喀巴的教旨。早些時候，你詐稱久已去世的達賴喇嘛依然活著，把濟隆呼圖克圖派到噶爾丹那裏，在烏蘭布通的戰役中，為噶爾丹念經，並為他選擇出戰的日期，還打上羅蓋站在山上觀戰。賊軍勝了就獻哈達；敗了，又替他講和，延誤我的追兵，使噶爾丹獲得了遠逃的機會。朕為了眾生，曾派人去召班禪呼圖克圖。你又哄騙嚇唬班禪說噶爾丹要殺他，不讓他前來。青海的博碩克圖濟農，偷偷地和噶爾丹結為親眷，互相派人往來勾結，你也不檢舉揭發。像噶爾丹、博碩克圖濟農這兩個人，如果不是聽了你的主意，會拉扯上婚姻關係嗎？噶爾丹是受了你的挑唆和引誘，才不遵從朕的旨意……濟農派到噶爾丹那裏的使者羅壘厄木齊等人被擒以後，都說達賴喇嘛已經亡故九年了。達賴喇嘛乃是大普慧喇嘛，本朝作為護法之主，和他交往已經六十多年了，你理當將他去世的消息立即向朕奏報，而你卻進行保密，欺騙民眾，倚仗著噶爾丹的勢力謀劃軍事活動。你的罪過是非常大的！你的所作所為到底是為了道法呢，還是為了私利而詐騙呢？朕乃是養育眾生的君主，表彰好的，憎恨壞的，絕對不會含糊！你如果還願意真心地改正錯誤，依然想遵奉宗喀巴之教的話，那就聽從朕的呼喚，派人前來，把濟隆呼圖克圖逮捕起來交給我，押送青海博碩克圖濟農所娶的噶爾丹的女兒。若能如此，朕仍然會像從前那樣給你優厚的禮遇。上面所提到的事，倘若有一件你不遵照執行，朕必然究辦你詭詐欺侮達賴、班禪，幫助噶爾丹的罪行，發來雲南、四川、陝西等處的大兵，照著擊破噶爾丹的樣子，或者由朕親自來討伐你，或者派遣諸位王公大臣來討伐你。你從前不是對朕的使臣說過，厄魯特四部是你的護法之主嗎？那你就叫厄魯特四部來幫助你吧，朕將看看他們怎麼幫助你！你還是趕快按我的吩咐辦事，在明年正月以前星速前來奏報，否則，後悔不及。為此特派使臣前來曉諭於你，並帶去我殲滅準噶爾部時繳獲的噶爾丹的佩刀一把以及他的妻子阿弩的佛像一尊，佩符一個，作為告捷之物，送給你們作紀念。隨敕書贈你錦緞三十六丈……康熙三十五年八月甲午。」

桑結甲措聽完，渾身的內衣也濕透了。他活了四十三歲，從來還沒有像現在這樣惶恐過。他沒有見過皇帝，他想像中的皇帝有著兩副面容，既是和藹慈善的文殊菩薩，又是怒目圓睜的護法天王，你不能不敬，也不能不畏。桑結甲措竭力使自己鎮靜下來，心想，正如俗語所說：石頭已經裂了，往中間填土是不行的。看來，只能遵旨了。

「皇上急等第巴回奏。」使臣叮囑說。

「是是，我一定照皇上的手諭辦理，按時遣使上奏。」桑結連聲應諾著，起身向廳外招呼道，「宮中擺宴，為天使洗塵！」

隨著桑結的話音，像被戳了一刀的羊肚子，濟隆軟軟地昏倒在佛案底下。他知道，第巴到底是個地方官，是抗不住皇帝的恩威的。而那樣，他自己也就完了！

十一　達賴六世突擊坐床

西藏有一條諺語說：自己做的青稞酒，再苦也得喝下去。這些日子裏，桑結甲措就是在大口大口地喝著十四年來自己釀造的苦酒。

轉眼到了第二年正月，康熙皇帝命他回奏的限期已經到了，他只好硬著頭皮給皇帝寫了一封密奏信：

「眾生不幸，第五世達賴喇嘛於壬戌年示寂，他轉生的淨體今年已經十五歲了。當時因為擔心西藏的民眾由此而發生動亂，所以沒敢發喪。現在應當請新達賴坐床了，時間想放在藏曆十月二十五日宗喀巴圓寂的紀念日。懇求大皇帝暫時不要宣布或洩露出去。至於班禪，是因為還沒有出過天花，所以才沒有敢應召去京。濟隆已經畏罪潛逃到康巴地區去了，尚不知藏在何處，我已經沒收了他在拉薩的產業，以後當竭力把他捕送到北京去，到時候乞求皇上能保全他作為一個受過佛戒的人的性命……」①

①關於桑結匿五世達賴之喪，藏族中有個替他開脫的說法：他及時給皇帝送過一串念珠和一個碎碗，寓意是達賴已去世，怕內部分裂爭戰。皇帝以為碗是路上打破的，對念珠則未注意。但桑結總算是事先稟報過了，皇帝才未加深究。

桑結甲措把密奏寫好之後，選派了心腹之人尼瑪塘夏仲等，連日趕送京城。

他急等著皇帝的批覆。能否得到寬恕，吉凶尚難預料，他的心緒日夜不得安寧。只是有兩點可以使他得到些許的寬慰，一點是噶爾丹畢竟還在人世，不無死灰復燃的希望；另一點是那個五世達賴的轉世靈童，早已在他的掌握之中，必要時就可以立起這根新的支柱。作為一個政治家，他對今日出現的危機形勢是有過預測、有過準備的，不然，可就一籌莫展了。

他雖然不願意設想自己有下臺的可能，更不敢揣測有掉腦袋的一天，但是在等待皇帝批覆的時日裏他能做些什麼呢？不知怎的，他產生了整理自己的著作的念頭。說幹就幹，於是埋頭改訂起他的手稿來，以此來強行排遣內心的憂慮與惶恐。在已經完成的幾部著作中，他比較滿意的是《五世達賴靈塔記》和《五世達賴詩箋》；再就是關於曆算方面的《白琉璃》，關於醫藥方面的《藍琉璃》，關於寺廟方面的《黃琉璃》。如果有時間，他還準備寫文史和法典方面的文章以流傳後世。不過，他畢竟不可能把主要精力用在這種事情上，因為生前的顯赫比身後的榮耀對他有著更大的吸引力，攫取權力比留下著作更為重要。不然他就不會是一個毀譽不已的第巴，而是一位更有成就的學者了。

尼瑪塘夏仲一行帶著桑結的密奏，朝東北方向一路奔去。在幾個驛站上都聽到同樣可靠的消息，說皇帝已經統領著數不清的精兵良將正向西南方向進發。他們嚇得面面相覷，卻不敢言語。心想，是不是真的親自來討伐桑結甲措了呢？如果是那樣，就怪我們路上走得慢了，信送到得遲了，惹怒了龍顏。於是日夜兼程，不停地換馬。他們一個個跑得面黃肌瘦，骨頭都像斷了似的。三月間，果然在寧夏迎見了皇帝。

康熙到底出來幹什麼呢？他考慮，當時在中國西部廣大地區的蒙古部族共有四大部，即杜爾伯特、土爾扈特、和碩特和準噶爾，統稱厄魯特或衛拉特。其中最強大又最有野心的就是以噶爾丹為首的準噶爾部。如果不把準噶爾徹底殲滅，即使京城一帶不再受到威脅，西部地區也還會燃起戰火。於是在二月間開始了第三次御駕親征。

噶爾丹遭到毀滅性的打擊後不到一年，雖然又糾集了一些人馬，但他畢竟不是皇帝的對手，一經交戰便連連敗逃，一個月內，所屬的部眾已剩下不足千人。他想回到他的老根據地伊犁去，但是那裏已經被他哥哥僧格的兒子策妄阿喇布坦吞併了；他想退到青海去，但是那裏的部屬也已經相繼叛離了；他派他的兒子塞卜騰巴爾珠爾到哈密去徵調軍糧，又被回族人抓住獻給了皇帝；最後，他想到西藏去投奔桑結甲措，但是西路屯留軍已經阻絕了通路；皇帝還親率著大軍緊追不捨。眾叛親離的滋味兒，走投無路的處境，喪家之犬的沮喪，使他的野心完全破滅了，精神最後崩潰了。絕望之中，他終於在閏三月的一天，端起了一碗毒藥，自言自語地說：「我受了騙，也騙了佛，騙了人，最終騙了自己。康熙皇帝太厲害了，和他打仗是最大的錯誤！我後悔極了……」說罷，將毒藥一飲而盡。這年噶爾丹五十三歲。

康熙皇帝在看了桑結甲措的密奏以後，半天沒有說話。對於桑結的回稟，他並不滿意，但這位第巴的態度還算說得過去，眼中畢竟還有朝廷。他又深謀遠慮了一番，覺得目的已基本達到，還是以冷靜處置、寬厚對待為好，因為第巴是五世達賴親自選派的主事人，而蒙藏各部又都尊奉達賴；準噶爾剛剛平定，內地的局勢還未完全穩定下來，如果對桑結甲措追究過嚴，非治罪不可的話，恐怕會引起邊地的不安。還是各自找個臺階下吧，何不順水推舟，答應他的懇求，暫時了結這段公案呢？於是朱筆一揮，寫了一個「允」字。這使桑結甲措度過了一次很大的危機。

尼瑪塘回到拉薩，直接跑到布達拉宮來找桑結甲措。桑結正在寫他的新著《白琉璃釋疑答疑》，已經寫了一百多條問答。尼瑪塘不等通報就進了桑結的書房，桑結一看他的臉色就知道消息不壞，特意拿出日喀則仁布縣出產的黃色玉石碗來，斟上酥油茶，讓他邊喝邊彙報。

桑結甲措心上的石頭總算落了地，頓時有了攀談的興致。雖然緊接著有許多重大的事情要辦，比如怎樣安排六世達賴的坐床，何時將五世達賴的遺體葬入靈塔，有沒有可能建立一支歸自己指揮的強大的軍隊來抗衡和碩特部留駐在西藏的八個旗的兵力，等等，但此刻不妨先輕鬆一下。

「你覺得康熙皇帝到底是怎樣的一個人？」他問尼瑪塘。

「挺和善的。當然，我是說對我，在我去拜見他的時候，皇上竟然在行宮的二門屈駕相迎……」

「那不是對你，」桑結打斷了他的話，「那是對整個的西藏，對達賴喇嘛在蒙古各部的影響。看來，他是很懂得在什麼時候發怒，在什麼時候微笑的。了不起呀！」

「對對！他確實是柔和起來像雲朵，厲害起來像鋼刀。有兩件事我是在這次頭一回聽到的，正好能說明皇上的脾氣。」

「噢？說說看。」桑結把手稿推向一邊，對尼瑪塘所說的兩件事產生了濃厚的興趣。

「一件事是康熙十三年，吳三桂又對清朝來了個反戈一擊，在雲南發兵起事。康熙皇帝派了大軍向雲南進攻。當時，偉大的五世給皇上寫了封信替吳三桂求情。」

「這我知道，那是一件很容易得罪皇帝的事情。信我是看過的，上面說：吳三桂若是投降了，就饒恕他；若是堅決抵抗，就割讓他一塊地方罷兵算了。皇帝沒有答應。」桑結說著，不禁又回憶起自小就受到五世寵愛與信任的情景。

「後來，皇帝的大兵圍了雲南，吳三桂的兒子吳世璠曾經給五世寫過一封密信，你知道嗎？」尼瑪塘神秘地說，好像現在還怕人聽到似的。

「啊？這個我可沒有聽說！連五世自己也從未提起過。」

「那當然，因為密信在送來的路上被官軍截獲了，送到了皇帝的手中。」

「什麼內容？」桑結急忙問。

「問題就在內容上。信中說，他們把雲南的中甸、維西兩地割送給西藏；西藏呢，派兵去幫他攻擊皇帝。」

「真有此事？」

「一點不假！」

「怎麼皇帝沒有追究過呢？」

「皇帝看了這封密信以後，既沒有懷疑，也沒有生氣，只是笑了一笑，把它丟在了一邊。真是柔和的性子，好脾氣。」

桑結甲措長舒了一口氣，像是慶幸五世達賴也像他一樣度過了眼前發生的危機。停了一會兒，他又問：「第二件事呢？我很願意知道。」

「剛剛發生不久。」尼瑪塘眉飛色舞起來，「去年六月，皇帝在蒙古草原打敗了噶爾丹，本想繼續追擊，可是糧食不夠用了，一時運不上來。收兵回去吧，又怕暴露了真情，路上遭到襲擊。皇帝靈機一動，噶爾丹的代表格壘沽英不是就在軍中嗎？於是把他召進大帳，對他說：『現在放你回去，對你的主子說，叫他快來投降。朕在這裏等你，限七十天前來回報，過了期限，朕就繼續進兵。』」

「真有智謀啊！」桑結讚歎地說。

「您聽啊。正在這個時候，主管衣食的官員進來了，他叫達都虎，也沒看看皇帝跟前站的是什麼人，就照實地啟奏說：『軍中的米就要光了。』皇帝大發雷霆：『達都虎蠱惑軍心，推出斬了！朕就是吃雪也要窮追，誓不回軍！』等把格壘沽英打發走，還派人隨著監視了二十里，你猜怎麼著？皇帝這才下令：班師回朝！」

桑結甲措點著頭，又搖著頭說：「不好對付啊！他的智勇之光猶如日月，我們的智勇之光只似星星……」

尼瑪塘掃興地住了嘴。

桑結甲措又陷在了憂慮之中。他知道自己和皇帝的關係、和固始汗的子孫們的關係都很難處好，因為他對他們缺乏五世達賴那種感情。他們對五世是有恩情的，是皇帝給了五世隆重的禮遇，給了他空前榮耀的封號；是固始汗派兵鎮壓了黃教的敵手，幫他建立了噶丹頗章①政權。而自己呢？

---

①噶丹頗章，西藏地方政權機構的名稱。

不但和他們之間無恩可言，而且積了不小的怨。好在他的身上有一副刺不進的金甲，那就是將要坐床的達賴六世！誰的手中有達賴，誰就能牢牢掌握住西藏的大權。

入秋季節，在門隅地區，一切開過花的植物都過早地成熟了自己的果實。阿旺嘉措和仁增汪姆的愛情也過早地成熟了。

這一天，天氣格外晴朗，也特別炎熱。阿旺嘉措褪下上身的外衣，把兩隻袖子交叉地繫在腰間，穿過熙熙攘攘的人群，來到改桑的小店。

改桑和仁增汪姆照例像迎接親人和招待貴客一樣地請他坐下，位子的擁擠正顯示出他們的熱乎。

仁增汪姆發現阿旺嘉措今天的神情不同往常，說不上是嚴肅還是興奮，就問：「你是要來說什麼事吧？」

「你猜對了。我要跟阿媽改桑和你商量一件大事。」

「大概是和她有關吧？」改桑指著外甥女。

仁增汪姆扭了一下身子，用袖口捂住半個臉，眼睛忽閃了幾下，低下了頭。

「是……是這個意思。」阿旺嘉措嚴肅地說，「今天早上，師傅告訴我說，我學習了六年，已經期滿了。您知道，我是個沒有了父母的人，可是在我出生的地方還有間小房子，也有伯伯那森，哥哥剛祖那樣的好朋友。那裏的氣候、風景，比這裏還要好些。你們如果不嫌棄我，不嫌棄那個小村子，又覺得這小店也不容易再開下去的話，就請搬去吧。種地、放牧、砍柴……我都會幹得好的。你們如果捨不得這裏，我也可以留下。從今以後，我們就成為一家人，行嗎？」阿旺嘉措的眼睛裏射出期待的光芒。他是誠懇的。

「好孩子！這可真是一件大事！」改桑既高興又猶豫，如果要離開這座小店，有多少事情要辦啊。對她來說，不亞於要搬一座山，移一條河。雖說從錯那到鄔堅林路程不算遠，對於要攜帶許多什物的一個少年和兩個女人來說，也是一次了不起的出征。不過隨上他去倒也應該，他已經不是孩子了。他懂得留戀自己出生的地點；記得自己幼年的朋友，更難得的是他看得出這座小店確實不容易再開下去，該想個長久之計。是呀，自己已經老了，仁增汪姆也大了，總是要出嫁的。自己晚年的淒慘是可想而知的。現在，佛爺賜福，給她送來了一個這麼好的少年，將來不就是她的兒子嗎？想到這裏，她流淚了。這是母親的淚，幸福的淚！哭了一陣，她才對阿旺嘉措說：「我和仁增汪姆，全靠你了！我還能有什麼話說呢？走，還是留，當然都行……不過，讓我再想想好嗎？仁增汪姆，你說話呀，你說呢？」

仁增汪姆只是點著頭。在她的腦海中又浮現出那支紅教喇嘛結婚的隊伍，新娘已經是她自己了。

突然，外面街上發生了騷亂。馬蹄聲、吆喝聲、奔跑聲響成一片，陣陣塵土在陽光下飛騰起來，撲進了店門。人們的面孔不停地閃過，充滿了驚恐和好奇。

他們三個一起走到門口，急忙向街上張望。嘖嘖！有喇嘛，有當地的官員，有尾隨的兒童，還有此地從來沒有出現過的那麼多威武的士兵。這支並不整齊的隊伍，沒有誰顯出兇惡的樣子，只是東張西望地，像在尋找著什麼。

在錯那，這是一個前所未有的場面，看熱鬧的人也空前地多。但是誰也說不出究竟發生了什麼事情。

阿旺嘉措在穿袈裟的人當中發現了他的一位經師，他閃出門去，緊追了幾步，在經師的背後小聲地問：「師傅，怎麼回事？」

「啊！您在這裏？」經師猛一回頭，同時高興地叫了起來。他還沒有來得及回答阿旺嘉措，就朝著那些騎馬的人喊道：「他在這裏！他在這裏！」

所有的喇嘛、官員、士兵以及看熱鬧的人群，都向著經師跑來。

「到底是怎麼回事？」阿旺嘉措完全莫名其妙了，他意識到怕是有什麼災禍要降臨到自己的頭上，或者有什麼意外的重大誤會牽連了自己。但他並沒有恐懼的感覺，因為他知道自己並沒有犯下任何罪過。

「找的就是您！是第巴親自下的命令啊！」經師說。

「我？第巴？」阿旺嘉措迷惑極了，「第巴找我幹什麼？」

「我們也不知道，只是聽說您有佛緣，要您去受戒。」經師笑著說，「大喜事啊！快去吧。」

一個士兵牽來了一匹空著鞍子的棗紅色大馬，幾個喇嘛和官員客氣地請阿旺嘉措騎上。阿旺嘉措遲疑著，不肯上馬。

「不要害怕。我們是第巴派來保護您的。」一個軍官模樣的人說。

阿旺嘉措回頭尋找仁增汪姆和改桑，看見她們母女兩個正鑽過人群朝他這邊擠過來。她們被士兵攔擋在週邊，發瘋似地往前衝著，一個士兵舉起鞭子威嚇。

「不要動手！」阿旺嘉措朝那個士兵喊著，「那是我的阿媽和阿佳。」

士兵收起鞭子，歉意地後退了幾步。

「先去休息，明天就要啟程到拉薩去了。家人如還有話說，今晚請他們到宗政府來談吧。」一位官員催促著阿旺嘉措，讓他和自己都快些離開這個亂哄哄的、揚著塵土、曬著烈日的地方。

這突如其來的事變，使阿旺嘉措像挨了當頭一棒，昏沉了很久都醒不過來。什麼佛緣？受戒？拉薩？第巴？……拉薩是黃教的聖地，受了戒豈不就永無和仁增汪姆成婚之日了嗎？這怎麼能行？這是怎麼回事？……直到晚上，他連什麼時候上了馬，什麼時候來到了宗政府，什麼時候派人去請的仁增汪姆，都記不清了。

阿旺嘉措在院子裏踱著步，焦急地等待著仁增汪姆的到來。在夕陽的餘暉中，一叢叢深紅的、淺紅的八瓣菊開得分外嬌豔，幾隻不知疲累的蜜蜂貪戀地吮吸著花蕊，不肯離去。他阿旺嘉措又何嘗願意離去呢？第巴的命令，寺院的權威，是他所無法抗拒的。看今天街上人們的眼睛，有多少人在羨慕他呀，羨慕他能得到這天上掉下來的好運，羨慕他能到聖地拉薩去，羨慕他能到距離達賴很近的地方去。但他自己卻沒有半點幸運之感，他只覺得自己可憐，可憐得不如這花蕊上的蜜蜂。他想他應當是一隻蜜蜂，能夠在他喜歡的地方自由自在地飛舞、採蜜。這紅豔豔的八瓣菊不就是仁增汪姆嗎？如果沒有她，也許到拉薩去做一名黃教喇嘛並非是無法忍受的事，說不定還真能修成正果呢。可現在，他怎麼能捨得下這位情人呢？唉！他又怎麼能不捨下這位情人呢？第巴的命令是無法抗拒的。他的心憤憤不平起來，遙遠的、尊貴的第巴，怎麼會知道他呢？怎麼會命令到他的頭上呢？又為什麼偏要在這個時刻對他下達這種命令呢？他望著八瓣菊，念出了這樣的詩句：

凜凜草上落霜，
颼颼寒風颳起；
鮮花和蜜蜂兒啊，
怎麼能不分離？

天色黑了下來，還不見仁增汪姆的身影。他幾次要出門去找，去談心，去作暫時的告別，去寬慰她也寬慰自己——既然會突然離去，也可能會轉眼重逢，讓她等著，等著他的歸來。但是宗政府門口的衛兵，總是禮貌地，然而卻是堅決地把他擋了回來。他一直在院中徘徊，不時地望著門外，捕捉著每一個人的影子，傾聽著任何一次的腳步聲，但是沒有一回不使他的希望落空。

門外已經是一片漆黑，什麼也望不見了。他還是不進屋去，抬頭望著天空。一道流星，又一道流星，像是在互相追逐著。他真想變作一顆流星，墜落在仁增汪姆的小店裏。

直到這時，才來了一位喇嘛，對阿旺嘉措說：「我們已經調查過了，您在本地沒有親屬。姑娘仁增汪姆，只是您的朋友。您很快就要受戒，再不能接近女人。仁增汪姆已經向宗本①和寺院起了誓，作了保證，不再和您來往了。請您安靜歇息，明早還要上路。」這位奉命傳話的喇嘛像念經一樣地背誦完了上面的話，面無表情，毫不遲延地走了。

①宗本，職務名稱，相當於內地的縣長。

阿旺嘉措還沒有來得及說出什麼，他已經到了大門口。只聽得衛兵問：「他到底是什麼人？」「不清楚，神秘人物。」這是喇嘛的聲音。腳步聲也消失了。

阿旺嘉措想大聲地叫喊，想奮力地抗爭。怎麼，連和親友見面也不行了嗎？但他沒有喊出聲來，他向誰喊呢？誰來聽他喊呢？他只能在心裏喊，對自己喊。他確實聽到了自己的喊聲，把天上的星星都要震落了。完了！他和仁增汪姆的緣分盡了！天哪……

他快快地回到屋子裏，點燃酥油燈，寫下了這樣兩首詩：

愛情滲入了心底，
「能否結成伴侶？」
回答：「除非死別，
活著絕不分離。」

和我集上的大姐，
結下了三句誓約，
如同盤起來的花蛇，
在地上自己散脫。

他自己反覆讀著，淚水湧出了眼眶，他伏在詩箋上哭了很久。他想，未來的一切尚難預卜，命運之神是無比強大的，要去的哭不來，要來的也哭不去。只是他心愛的仁增汪姆，為什麼一遇到突然的事變，就作了那樣的保證呢？於是他只有用這樣的詩句來安慰和勸解自己：

已過了花開時光，
蜜蜂兒不必悲傷；
既然是緣分已盡，
我何必枉自斷腸？

酥油燈燃盡了，他才含著淚水睡去，惡夢中還呼叫著仁增汪姆的名字……

八月。桑結甲措開始為阿旺嘉措的坐床忙碌起來。因為坐床是新達賴正式繼承前世達賴位置的盛大典禮，儀式的隆重在西藏是無可比擬的。而且六世達賴的坐床帶有明顯的突擊性，弄不好會產生嚴重的政治後果。

阿旺嘉措的受戒地點使他頗費思謀。他原來決定在聶塘的諾布林康舉行，為此，他已經秘密地請班禪立刻從日喀則趕到聶塘來。現在他又考慮到，聶塘距離拉薩只有四十里路，一旦公布了匿藏靈童多年的真情，萬一有個風吹草動，新達賴的安全不易保證。於是他又決定把受戒地點改到岡巴拉大山那邊的浪卡子去，那個地方離拉薩較遠，東面和南面是一望無際的羊卓雍湖，西去有翁古山之險，北上有岡巴拉之雄，即使出了什麼事，局勢也好控制。謹慎總是有好處的，就像有時候冒險也有好處一樣。他又下了兩道秘密通知，一是請班禪轉道浪卡子，一是讓阿旺嘉措一行也到浪卡子去，誰先到達就停下等著。他自己也準備趕到那裏。

對於達賴汗和拉藏王子，他一點兒信息也不願透給他們。他心想：皇上我都瞞了多年，還不能再瞞你們幾天嗎？欺君之罪都沒有追究，你們蒙古人又能把我怎麼樣？再說，如果一定得同你們商量，豈不是我主動承認了自己是受你們管轄的嗎？

桑結甲措走到布達拉宮的平臺上，望著白宮的東、西日光殿——達賴的寢宮，得意地自語著：「我就要為它請來主人了……不，他只是個孩子罷了。大事還得由我來辦啊！」

阿旺嘉措一行來到浪卡子時，主持他受戒的班禪還未到達，就在寺院中住了下來。為什麼要在此地停留，沒有人知道。一切都還籠罩著神秘的色彩。

浪卡子是一個開闊而平坦的地方，緊靠著羊卓雍湖的西岸，索稱歌舞之鄉。阿旺嘉措第一次見到這樣美麗的景致。他再三要求走出寺院，到外面去領略一下湖邊的風光。到了第三天，終於得到允許，條件是不可走遠，不可乘船進湖，還要有侍衛和隨從跟著。

他站在湖邊，微風拂動著他的長髮，掠起湖面的波紋。湖水是深藍色的，天空是深藍色的。湖水無邊，天空無際，天映水，水映天，連空氣都藍了。一切都是那麼明淨，像玻璃製成的錦緞。湖中的石島，湖岸的蒼山，遠峰的積雪，都爭著把自己的影子投到湖水的深處，永無厭足地浸泡著，誰也不能拉它們出來。黃鴨、白鳥、天鵝……成群地在水面上浮游著，好像岸邊草地上的牛羊一樣安詳。

阿旺嘉措心想：怪不得民歌中唱她是「天上的仙境，人間的羊卓」呢！又怪不得民間傳說她是一位仙女變成的呢！人們常以為看景不如聽景，這一回可是聽景不如看景了。

一條巨大的細鱗魚跳出了水面，挺了一下身子，又彎曲著柔軟的腰，閃著銀白的光，鑽入了水底。是仙女的衣襟上散落出來的一顆寶石吧？

那仙女是誰呢？該不是仁增汪姆吧？雖然不會是她，可應該是她。如果這湖水真是仁增汪姆變的，他將毫不猶豫地跳進去，醉死在幸福的甘露之中。

走著走著，他來到一座牛毛帳篷跟前。聞到熬茶的香味，才感到又渴又餓了。一位老牧民看到來了個清秀的少年，動了好客之心，請他進去喝奶茶。阿旺嘉措發現帳篷杆上掛著六弦琴，在得到主人的允許之後，就取下琴彈唱起來。他彈唱的是次丹堆古的曲調，唱的是最近他寫的那幾首情詩。老牧民端坐在柔軟的羊皮上，聽得入了迷，雙手扶膝，雙眼微閉，像是坐化了的活佛……由此，若干年後，西藏民間流傳著一個傳說，說這位老牧民後來知道了阿旺嘉措就是六世達賴，胸前抱著一大塊新鮮酥油，背後背著一腔風乾羊肉，懷裏還揣著人參果和奶渣，到拉薩去看望阿旺嘉措。他站在布達拉宮前，對著像星星一樣無數的窗子，放開嗓子大喊：「喂——阿旺嘉措！」僧官們因為他竟敢直呼達賴原來的名字，把他捆起來要割他的舌頭。這驚動了六世本人，遂把他請進宮去，向這位老阿爸賠禮。六世看到老人的鞋子破了，就把自己的金絲錦緞雲底藏靴脫下來送給他。從此，羊卓雍湖邊的牧民，都愛穿這種靴子。

三十四歲的五世班禪羅桑益西於九月初從扎什倫布寺趕到了浪卡子。緊接著，四十四歲的第巴桑結甲措也從拉薩到達。兩個人立即舉行了會談，讓十四歲①的阿旺嘉措坐床。

當班禪和第巴告知阿旺嘉措，他就是第五世達賴喇嘛的轉世淨體的時候，他震驚萬分，逐漸解開了心中的疑團。他，出身於信奉紅教的家庭，竟然一下子成了黃教的領袖！他，一個從小放牛的少年，怎麼會一下子坐上這樣崇高的尊位！他，一個時刻思念著情人的青年，如何去充任主持千萬人修行的神職！他，一個和屠宰人交朋友、認小店主做阿媽的平民，忽然間竟要接受神聖的班禪和威嚴的第巴的崇敬！這，到底是怎麼回事？是佛的旨意？還是命運的安排？或者是一場夢？這是在開一個荒唐的玩笑吧？

然而，這一切卻都是無可否認也無法改變的事實。人們接受既成事實的能力是很強的——不管是榮是辱，一旦突然降臨，都是很難逃避的。

第巴桑結甲措按照他事先的安排，在浪卡子寺院的大經堂裏向五世達賴的轉世靈童阿旺嘉措敬獻了五彩大哈達，行了拜見禮。從拉薩和日喀則等地前來恭迎靈童的高級僧俗官員也都進行了參拜。隨即在五世班禪羅桑益西的主持下開了個半公開半保密的會議，這個會議除了聆聽第巴的講話之外，沒有別的內容。第巴的流利的談吐，高雅的言詞，誠懇的態度，使大家無不折服。經堂裏一會兒鴉雀無聲，一會兒發出嘖嘖的讚歎，一會兒響起輕輕的唏噓。

第巴說：「偉大的上尊——第五世達賴喇嘛，把泥石一般的鄙人視為金子，置之於攝政地位。

①此時的倉央嘉措還有四個月滿十五周歲。

鄙人雖以各種理由再三辭讓，他卻一方面嚴令鄙人不要推諉，一方面又向下進行了宣布，並對以護法為業的厄魯特蒙古為首的施主們也進行了宣諭。這一切不僅書寫在布達拉宮三梯門的牆壁之上，而且還按上了祥瑞的一雙掌印。這都是大家知道的事實。」

大經堂發出低沉的共鳴，那是人們的一片「是！是！」的回音。

第巴接著說：「大慈大悲的、永遠注視著眾生的觀世音菩薩，化作身穿黃色袈裟、頭戴黃色法帽的超越一切的殊勝之佛——達賴五世，他親臨雪域佛地，為生活在濁世的眾生，宣揚如大海一般的、不盡的佛法功業。他是福澤的明燈，根除眾生的愚昧；他像藏寶的大海，是一切善業的源泉；他是祥瑞壘成的高山，給人蔭涼的大樹，佛法無邊的太陽！就連他的生辰年月也和淨飯王之子釋迦牟尼完全相同！」

唏噓之聲像潮水一樣溢出經堂，在聽眾的眼前，似乎出現了佛光奪目的大海。

阿旺嘉措聽到這裏，不由得渾身戰慄起來。他想：既然五世這般偉大神聖，我作為他的轉世替身，能有那樣的修行和功德嗎？能擔受這樣的讚頌嗎？他感到自己像一隻雛鷹被一股強勁的風吹上了山頂，吹上了高空，吹進了迷茫混沌的天界……他睜大眼睛，掃視了一下眾人，強使自己鎮定下來。

桑結甲措這樣頌揚五世，並不完全是為了樹立自己，他對五世的確懷著真摯而深厚的感情。在他的心目中，五世既是他的支柱，他的主宰，又像是他的嚴父；在這位佛爺和父親的統一的形象面前，他雖然身為攝政，卻依然是個兒童。

第巴繼續說：「水狗年二月，偉大的五世潛心閉關修行到下弦月，時至空行母聚集之吉旦——

二十五日那天，又對鄙人進行了政教二制的重要教誨，就……圓寂了。」第巴哽咽了，停了片刻，他忍住淚水繼續說：「他對我恩重如山，是我今生、死後和來世的一切的救主。我自小就在他的身邊，得到了比自己的父母還深的愛撫。政教二制方面的全部事務，不僅承蒙口諭，而且還給以全權委託。與這樣的恩師離別，不知我前世造了什麼孽呀！每想至此，真是悲痛萬端，難以忍受！白天公事繁忙還好一些，夜間則常不能寐，情思恍惚，苦不堪言。」

第巴的表情由極度沉痛變得莊重嚴肅起來：「現在，我要向大家進行解釋；也只有到了現在，我才能夠向大家進行這種解釋——就是為什麼在五世圓寂之後，我一直匿不發喪？」

此時，眾人屏住呼吸，生怕漏聽一個字。桑結甲措也洞察出這一點，特意放慢了講話的速度：「這首先是上尊的意志。偉大的五世在臨終之時留下了遺囑，那遺囑完全是發自他內心深處的聲音，要我對他的圓寂嚴加保密！其次是大神的授記。乃瓊大神也嚴令鄙人：『如不嚴守秘密，鱷魚就要伸出爪子！』這就是說，大神自己要捉拿於我。我竭盡全力找到轉世靈童以後，對靈童又竭盡全力地暗中保護。幾次想公開這個秘密，請求乃瓊大神降旨，大神卻說：『還不到時機。』我不敢擅自作主，事情就這樣拖延下來。現在，皇帝已經恩准了第六世達賴喇嘛坐床，鄙人也即將結束在黑夜中摸索的日子。」第巴說到這裏，覺得再說下去已無必要，就此結束恰到好處。於是收住了雙唇。

眾人興奮地議論著，經堂裏嗡嗡之聲越來越大，幾乎要轉為歡呼。他們對於第巴的解釋是滿意的，至少對他是表示理解和諒解的。連皇帝都諒解了第巴，他們還有什麼可說的呢？

阿旺嘉措像是在聽一個聞所未聞的故事，他隱約地覺出並不完全是屬於宗教方面的秘密，其中似乎還摻雜著別的什麼。五世達賴為什麼要第巴對他的圓寂保密？乃瓊大神為什麼對於秘密的公開總不降旨？他還是沒有明白。他的好奇心使他沉思了好一陣子。

康熙三十六年（藏曆火牛年）九月初七，是班禪為阿旺嘉措授沙彌戒的日子。沙彌戒又稱格楚戒，受了格楚戒，就算出家為僧了。對於作為佛教首領的達賴喇嘛，當然是更加不可缺少的儀式。

班禪和阿旺嘉措在寺院的大殿裏行了師生禮。班禪親手給他剪了頭髮，把第巴桑結甲措特意從大昭寺帶來的《顯宗龍喜立邦經》擺在他的面前，讓他對經書磕了頭。這時，才正式給他取了普慧·羅布藏·仁青·倉央嘉措的法名。

班禪笑著對倉央嘉措說：「按慣例，受格楚戒當在七歲，你卻已超過一半的年齡。不過，你是先學經、後受戒。聽經師們說，你的學問比你的年齡大得多，是嗎？」

「不行不行。」倉央嘉措恭敬地回答，「只不過在寺院裏讀了幾年書。」

班禪把經卷打開，嚴肅地說：「讓我們把格楚戒的儀式舉行完吧。」於是，根據經上所列的不偷盜、不殺生、不謊騙、不姦淫等三十六條沙彌戒律，逐條地對倉央嘉措作了簡單的講解，而後說：「現在，宣誓吧。」

倉央嘉措雖然先後在波拉和錯那的兩所寺院住過六年，但他作為一個俗人，並沒有參加過受戒儀式；由於不曾有過出家的願望，也沒有打聽過受戒的細節。現在讓他宣誓，竟不知道說什麼才好。他只是感到自己已經正式坐進了佛的殿堂，他將和穿袈裟的人成為一家，從道理上講，他應該維護佛教的權益了。但他又覺得這不是他的意願。他沒有責任也沒有力量去做那些事情，正像給他披上了獅子的毛皮，他並不自信就是雪山和森林之王一樣。

他沉吟了很久，看了看五世班禪羅桑益西微笑的面孔，對方正等待他的回答。他不好意思地避開班禪的目光，茫然地巡視著大殿。忽然，他的眼神盯在了兇惡的護法金剛塑像的臉上。對，護法的責任理當由他擔承。他於是靈機一動，作了個詩體的回答：

具誓金剛護法，
高居十地法界。
若有神通法力，
請將佛教的敵人消滅。

班禪羅桑益西皺了皺眉頭，和善地說：「很有詩才。不過不符合宣誓的慣例。你應當回答說：『遵守經上規定的一切律條，為眾生之事，身體力行。』請複誦吧。」

倉央嘉措照著作了，儀式就算是完成了。接著，以倉央嘉措的名義向羅桑益西贈送了純金製成的曼札盤，上面放著一尊佛像、一部經和一尊佛塔，分別代表佛的身、口、意；另外還放著一錢重的金塊十二包，還有右旋海螺一個，輪子一個，作為受戒的酬謝禮品。而這些東西，都是桑結甲措事先替他預備好了的。

是時候了，桑結甲措回到拉薩，從布達拉宮向整個西藏以及蒙古各部公開地正式發布了下列文告：

偉大的第五世達賴喇嘛已於水狗年圓寂，遵從他的遺囑，暫不發喪。現在他的轉世聖體已從班禪受戒，並經大皇帝批准是為達賴六世。茲定於十月二十五日在布達拉宮司西平措殿堂中舉行坐床典禮，賜福眾生。希一體周知，准四方歡騰。

文告下面是班禪、第巴、政府大臣、各大寺院堪布的簽印。

消息一經傳出，僧俗又驚又喜，誰還會說什麼呢？即使有人議論，也只是私下說說而已。最不愉快的是固始汗的子孫們，因為這麼重大的事情，第巴桑結竟不同他們商量，大大損傷了他們的面子。但是發作又無濟於事，也不是時機。何況此事皇帝也已批准了，還派了章嘉呼圖克圖帶著許多御賜珍寶來參加六世的坐床大典。有權勢的人是最怕受到權勢冷落的，他們怎能不把這筆新賬埋藏在心中呢？

十月二十五日既是黃教始祖宗喀巴的忌日，又恰好是他的生辰。本來在這一天，家家要在房上燃燈表示紀念，俗稱燃燈節。現在又加上個六世達賴坐床的大典，當然就更加熱鬧了。遵照桑結甲措特意頒發的命令，拉薩的各條街道打掃得從來沒有像今天這樣乾淨過，連樹上掉下一片落葉都會有人隨手撿起來。

當倉央嘉措穿著用香熏過了的黃色法衣、坐著八抬大轎進入拉薩的時候，所有的房頂上都飄著各種經幡、傘蓋和彩旗，松柏樹枝沿途燃燒著，螺、號、鼓、鈸響成一片。到處有頂禮膜拜他的人群，尊貴的、貧賤的、應該出來和能夠出來的，全都出來了。鮮豔的服飾，吉祥的歌舞，雪白的哈達……啊，這就是拉薩！拉薩是這樣美麗，這樣傾心於他；他也傾心於拉薩。他不禁陶醉了，有些自豪了。剛剛全部落成的布達拉宮，也好像挺立著紅、白、黃三色的巨大身軀說：我是為倉央嘉措而出現的。

就這樣，貧苦平民、少年詩人倉央嘉措，成了第六世達賴喇嘛。

他坐在布達拉宮紅宮第四層的集會大殿①的無畏獅子大寶座上，接受著一群陌生人的朝拜，好像在繼續做著一個奇異無比的夢……

①集會大殿位於靈塔殿之東，藏語叫司西平措，為寂圓滿的意思。

十二 金頂的「牢房」

康熙三十七年二月二十五日，也就是第五世達賴喇嘛羅桑嘉措逝世十六周年這一天，第巴桑結為他補行了葬禮，將他的遺體放進了靈塔，舉行了為期十天的祈禱法會。結束的時候還組織了一次盛大的遊行（藏語叫春曲色班）。從此以後，每年這個時間都舉辦這麼一次，這就是傳小召。傳大召則是宗喀巴創立的，他於西元一四〇九年在拉薩組織了第一次祈禱大會，從正月十五日開始，連續二十一天。從那以後，也是每年按時舉行一次。

剛剛傳過了大召才一個月，又要傳十天的小召，對於不大的城市拉薩來說，簡直像長途負重載。數萬名主要來自拉薩三大寺的喇嘛，數千名來自四面八方的乞丐，日以繼夜地聚集在大昭寺門前，遊蕩在每一條街巷。由於整個拉薩沒有一個公共廁所，遍地的大小便使人十分難堪。打架、兇殺、偷盜、搶劫、姦淫之類的事件層出不窮。鐵棒喇嘛們光著膀子指揮著寺院武裝奮力鎮壓，但也只能起一點恐嚇作用罷了。特別是對於某些常年被圈在深寺大院而又不願遵守教規的喇嘛，無異於是一次解放，是一個狂歡節。他們敢於進行任何活動，他們的無禮和勇敢是驚人的，甚至使有錢有勢的貴族婦女也不敢出門。

那些饑寒交迫、身無分文的乞丐什麼地方都敢去。他們最捨不得離開的地方是大昭寺講經台右側的一角，那裏有一口大得驚人的鐵鍋，專為在傳召期間向窮人施粥用。據說有一年有個人被擠得掉進了鍋裏，等被人打撈出來早已淹死了。

維持秩序的喇嘛都健壯得驚人，他們站在高處，端著長長的木棒，哪裏出現了擁擠的騷動，就把木棒打向哪裏。有時則朝著一大堆攢動的頭顱掃去，人們只能抱頭，卻無處逃竄。被錯打了的人只是咧著嘴苦笑一下，對那些汗流滿面的執法者表示充分的諒解。

倉央嘉措在日光寶殿裏待了四個月，主要的活動就是學經，主要的老師就是第巴。他本想藉兩次傳召的機會，去看看人群，散散鬱悶，可是沒能如願。因為他還年輕，坐床不久，也沒有受過格隆戒①，所以三大寺的堪布都沒有請他。看來有了地位不一定就有了資格，有了資格不一定就有了威望。好在他並不追求這些，不然，又會多一層苦悶。

他經常久久地站在南牆的落地窗前，望著下面縮小了若干倍的房屋和行人，心中有一種說不出的孤獨。他的生活自然是豪華的，可以說是被包裹在金銀珠寶和綾羅錦緞之中，然而他卻感到從未有過的貧窮。他住得很高，像一隻雲中的雄鷹，可以俯視四方，可以撲下去抓獲任何東西；然而他卻什麼也抓不到，一種無形的厚厚的冰雲擋住了他下落的翅膀。他隱隱地覺得有些恐懼了。在廣闊的藏蒙地區，作為達賴，雖說到處受到崇敬，甚至連大小便都被人們看作是求之不得的「靈藥」，用高價買去治病，但他卻感到周圍沒有朋友，沒有親人。他需要的不是敬畏，而是知心。從前，他不缺知心，也不嚮往人們對他的敬畏；現在，人人都在敬畏他，卻缺少了人間最溫暖最寶貴的東

①格隆戒，即比丘戒，一般出家後到二十歲受此戒，此戒共二百五十三條。

西——知心。

人總是社會動物，離不開廣泛的交往和感情的交流。籠子裏的鳥獸都懷著悲哀或者憤懣，何況是人呢？更何況是一個精力充沛的少年呢？即使是被神化了的人，也很難長期忍受與世隔絕的寂寥。

他不像五世達賴，閱歷頗深，思想成熟，勤於著述，忙於政教。他能做些什麼呢？誰又希望他或准許他做些什麼呢？貴族們說農奴是些「會說話的牲口」，他不就是「會說話的佛像」嗎？

作為達賴喇嘛，本來一經坐床便意味著主持政教，他也不是沒有想過在政教方面學著做點事情，一來可以生活得有意義些，二來可以多和人們接觸，排除心情的孤獨。但是，第巴桑結甲措在他坐床後的頭一個月內，就以師長的身分同他進行了一次談話，談話的時間雖然很短，卻無疑是要決定他一生的行動。對於這次重要談話的內容，他既無反駁的願望，更無懷疑的理由。他明白了，在政教兩方面，他都不可能也不會被允許有所作為。他只有牢牢地記住這次談話，並且表示願意照此去做——在布達拉宮這隻大船上，他只是一個高貴的乘客，而不是舵手。因為第巴的話說得再清楚不過了。

「五世在生前和臨終之時，曾多次嚴令於我，他說：『桑結甲措是我最信任的，你必須居於攝政的王位，以執掌權柄；而且不能像以前的第巴那樣只掌管政權，你還要掌管佛法和人間庶務。在這些方面，你無論做什麼，都要和我在時做得一模一樣，沒有任何區別。你不要有絲毫推託，你要始終堅定不移地指揮一切！』這些話，事關重大，我不能不盡早地向你轉述。你是十分聰慧的，不需我再作解釋。五世臨終時還囑咐我『要妥善處理朝廷、蒙、藏之間的關係』。這些，你更是沒有經驗了。西藏的大山再多再重，我的雙肩再窄再軟，也要勇敢地繼續擔下去！你就放心好了。你還很年輕，希望你專心一意地鑽研經典，努力修行。將來……將來再說吧。」

倉央嘉措無法預料將來會怎麼樣，反正大事由第巴來掌管，小事由下邊人去幹，倒也落得清閒。實際上，桑結他既是第巴，又是達賴，大權獨攬，也很能幹。既然如此，又何必把自己放在這裏？

他遙望著街上的行人，看到那些背水的、趕毛驢的姑娘們的身影，便聯想到仁增汪姆，沉湎於對情人的又苦又甜的懷念之中。高大宮殿下方行人的臉面雖然無法看清，但是從她們身材的輪廓和走動的姿態上，能夠猜想出哪個會同仁增汪姆一樣漂亮。望見這樣的少女，他就想：大概也是瓊結人吧？

他吟詠起來：

拉薩熙攘的人群中間，
瓊結人的模樣兒最甜；
中我心意的情侶，
就在瓊結人的裏面。

他這樣想像著，自豪著，自慰著。

遠處林卡的龍須柳的枝條，已經染上了一層鵝黃。幾聲布穀鳥的啼叫，在拉薩河谷裏蕩著回音，牽痛了他的情腸。他多麼想給仁增汪姆寫信啊，把種種思念和最細微的感情都寫上去，讓她知道，求得她的諒解。可是誰去投遞呢？即使是捎個口信兒也找不到可靠的人啊！想到這裏，他禁不住去狠抓自己的頭髮。空空地縮在一起的手指提醒他，頭髮已經剪光了……他頹喪地跌坐在蒙了黃緞的靠墊上，發起呆來。又一聲布穀鳥的鳴叫從遠處傳來，把他喚回南方春天的山野。那開滿桃花的深谷，少女含羞的嬌顏，湖水般的藍天，哈達似的白雲……又浮現在眼前。然而這一切都已經十分遙遠了，大概再也回不來了。他含著淚水，半跪在墊子上，寫下了這樣的詩句：

翠綠的布穀鳥兒，
何時要去門隅？
我要給美麗的少女，
寄過去三次訊息！

倉央嘉措丟下竹筆，抬頭見一個喇嘛在門外探頭探腦地徘徊著，一副誠惶誠恐的可憐相。他和藹地輕喊了一聲：「進來吧。」

那個喇嘛喜出望外，急忙攤開向上的手掌，低頭吐舌，腰如彎弓地進到門內，向倉央嘉措磕著響頭，求饒似地說：「是蓋丹允許我到這裏來的。」

「沒關係，往後我這裏你……你們可以隨便來。」倉央嘉措做了個讓他站起來的手勢，並且讓他坐下。

那喇嘛哪裏敢坐？只是斗膽地偷覷了倉央嘉措一眼，小心地問：「達賴佛，您還記得我嗎？」說罷試探地抬起了頭。

倉央嘉措認真地端詳了他一陣，歉意地說：「實在記不得了。」

「您是貴人，貴人多忘事。」喇嘛繼續說，「回稟佛爺，我本是這布達拉宮那介扎倉的喇嘛，名叫斯倫多吉。我曾經到寶地門達旺鄔堅林去過。那是在您三歲的時候，我受第巴的委託，扮做一名去印度朝佛的香客。當時佛父和佛母賜我飯食……」他說著，指了指案上擺著的銅鈴，「當時您一眼就認出了它是您前世用過的東西。」

經他這麼一說，倉央嘉措好像又明白了許多事情。他的父母都沒有對他說起過這位香客的到來，他自己又毫無記憶可言，但他完全相信這個虔誠的喇嘛所說的話都是真實的。原來在他三歲的時候，在他還不懂得什麼是達賴喇嘛的時候，可畏的第巴和這個可憐的喇嘛，就已經決定了他今天要住進這座金頂的「牢房」。

一種被人捉弄了的憤恨湧上了他的心頭：是他們，為了某種需要，硬要他得到他並不想得到的，失去他不願失去的！他自己需要的東西他是清楚的——家鄉、母愛、情人、友誼、小屋、桃花、牛羊、垂柳……它們是那樣溫暖明亮，那樣美好多彩，那樣飽含詩意，那樣醉心迷人。而他們——第巴和眼前的這個喇嘛，以及他所不知道、不認識的什麼人，需要的是什麼呢？他實在弄不清楚，他也無心去弄清楚，因為他還沒有足夠的閱歷懂得這一切，也就沒有興趣去探測這些人的心靈。

眼前這個畢恭畢敬的喇嘛，這個自以為有功於他的喇嘛，不但不是有助於他減輕孤獨的朋友，反而是製造他的孤獨的人的幫手。他失望了。他望著這個已經不年輕的喇嘛，不知道該說什麼。瞧那副卑微虔誠的樣子，真有些可憐；看那種敘舊討好的神氣，又使人不無反感。

「你來我這裏，有什麼事嗎？」倉央嘉措不冷不熱地問。

「沒……沒有。」

「那就退下吧。」倉央嘉措想起了自己的達賴身分。他是可以隨意下逐客令的，只不過今天是第一次使用這種權利。

「是是，佛爺。我就走……我是來向您告別的，我就走……從今以後，我是想，我再也沒有福氣見到佛爺您了，所以才……」

「告別？你還俗啦？」倉央嘉措動了好奇心，口氣裏還含有幾分羨慕。

「不，不是還俗，我一心求佛，誓不還俗。」斯倫多吉流出了眼淚。

「那麼，你要到哪裏去呢？」

「我的任務已經完成了。第巴叫我到深山密洞去修行。我，早該走了。」

「什麼任務？你完成了什麼任務？」倉央嘉措越聽越糊塗，忍不住追問道。

「我不……不敢講。」

「講！」倉央嘉措嚴肅地命令他。

於是他把自己如何冒充五世達賴的事從頭稟告了一遍。說完，戰戰兢兢地跪了下去，一邊磕頭，一邊抽泣。

倉央嘉措像聽民間傳奇一樣地靜聽著。但這竟然不是傳奇，而是發生在這座輝煌宮殿中的真實事情。對第巴桑結甲措不滿的種子，在他心裏萌動。而對於這位喇嘛，他則產生了深深的同情。他想拉他起來，安慰他幾句，但又想到了自己尊貴的身分，只好歎息著說：「起來吧。」

「您能寬恕我嗎？」

倉央嘉措審視了一下對方那雙恨不能把乞求化成血滴出來的眼睛，認真地點了點頭。

對方又磕了幾個頭，爬過去吻了吻倉央嘉措的靴子。

「你還有什麼要求嗎？」

「佛爺！是我找到了您今世的聖體，為此，我的身與形應當畫到壁畫上；又是我冒充了您前世的聖體，為此，我的靈與肉應該萬劫不復。兩相折合，我若能被認為既無功也無罪就心滿意足了。我再沒有半點乞求，只求佛爺您……摸頂！我就終生有福了。」

倉央嘉措毫不猶豫地伸出手來，著著實實地摸了他的頭頂，像老年人對孩子一樣。然後，傷感地說：「去吧。」

這個可憐的扮演別人的人，從此以後，才又得以扮演自己。

蓋丹進來稟報說，和碩特部的蒙古王子拉藏求見，問佛爺見不見他。

倉央嘉措心想，他既然是蒙古王子，也是佛教的信奉者，自己又難得見到外面的來人，當然是要見的。不過應當注意不要和他談論應當歸第巴去管的事情。於是說了聲：「請。」

蓋丹剛要出去回話，倉央嘉措又叫住他，好奇地問：「剛才進來的那個喇嘛斯倫多吉假扮五世的事可是真的？」

「是真的，我絕不敢欺瞞您。現在已經不是秘密了。詳細的情形，我都記在日記上了。」蓋丹老實地回答。他已經發現這位六世達賴聰敏過人，如果一旦抓起大權來，絕不亞於五世。他是不敢怠慢的。

「回頭把日記拿來讓我看看。」倉央嘉措又誇獎了他一句，「你做了一件很有意思的事。」

「不不，不敢當。一切都靠佛的指使。」蓋丹高興地退了出去。

不一會兒，拉藏王子來了，向倉央嘉措敬獻了哈達，行了拜見禮，兩人互贈了其他禮品之後，便敘談起來。

拉藏王子說：「那天舉行您的坐床大典的時候，因為勢如百川奔海，眾星捧月，未得細看佛面。今日您賜我這般榮幸，真是有福。」

倉央嘉措說：「請不必客氣，你看望我，我很感謝。歡迎你來。」

「怕不方便吧?偉大的五世我們就十分難見，而且總是距離很遠，連容貌都看不清楚。」拉藏顯然是話中有話。

「那都是過去的事了。」倉央嘉措品出了其中的滋味，生怕因為什麼事和什麼人——尤其是有權勢的人——的不和而鬧出亂子，遂含有勸解之意地說：「信佛之人，到底都是一家。」

「是的。可佛門中也有敗類。您聽說過噶爾丹的事吧?」

「不知道。我需要專心學經，政事由第巴去管。」

「不過，政教合一在西藏已經是第三次了。第一次是薩迦王朝，第二次是帕竹王朝，第三次是五世達賴的噶丹頗章，這正是我的祖父固始汗幫他建立的。如果您不學著執政，達賴的宮室雖高，也還是在金頂之下。」

倉央嘉措聽到這裏，明白了這位蒙古王子的意思，他的矛頭顯然是對著第巴的。但是自己有什麼能力和第巴爭權呢？又有什麼必要和他爭權呢？他沒有嘗到掌權的甜頭，也沒有去找那種麻煩的興趣。他有著過剩的藝術氣質，在領袖欲望上卻極其貧乏。但他對於拉藏王子的勸告既不能反對，也無法贊同，只是沉默。形勢顯然是十分複雜的，他意識到了自己在扮演著一種並不情願扮演的角色。也許，他的結局還不如那個被「恩准」到深山去終生修行的五世扮演者。駐紮在西藏的蒙古人和第巴桑結甲措之間的矛盾，他已經多少有所覺察。這將是一個無底的陷阱，他毫無必要去接近它的邊緣。因此，他只能沉默。

拉藏王子站起身來，有些激昂地說：「以後達賴佛如有難處，需要我們來護法時，可以召見我拉藏，或者約見我的父王。」說罷，不卑不亢地告辭而去。除了留在殿內一股酒氣，還在倉央嘉措的心上留下了一道不祥的陰影。

前面已經提到，自從元朝以來，從信仰上說，蒙古人把西藏看作佛教聖地，把西藏的宗教領袖奉為教主。但是在政治上，由於蒙古貴族當過元朝的皇帝，在明清兩朝又被封王，而且握有不小的軍事實力，在西藏少數上層人物的眼中，有時可供利用，有時又嫌其礙手礙腳。這種狀況持續了幾百年，釀成過不少悲劇。

對於倉央嘉措來說，前些年的平民地位，民間文學的滋養，農村風情的薰陶，父母追求愛情自由的影響等等，固然使他不情願接受黃教的嚴格戒律，更難忍受這種高高在上然而又像是囚徒似的生活，但是許多日子的經典學習，達賴喇嘛的尊貴，佛、法、僧的日夜包圍等等，又使他受到相當程度的佛教教義的感染，甚至也有過一意修行的念頭。用強制手段也會使人養成習慣，而習慣是類似信仰的。此刻，這座金頂的「牢房」正以若干噸金子的重量壓下來，強制他成佛。他正處於極度的矛盾和痛苦之中。獻身宗教和個性自由，政治權力和詩歌成就，都在引誘他，爭奪他。他可以做出選擇，卻不能決定勝負。

倉央嘉措一會兒翻翻經典，一會兒翻翻自己的詩稿，他覺得後者要比前者真實得多，有生氣得多。在情與理的對峙中，顯然是情的一方具有優勢，占著上風。他覺得要使這二者統一起來實在是太難了。

他可以接受外部對他的約束，卻不願讓自己來約束自己。缺乏自我約束力不一定是個弱點，因為約束力既可以產生美德，也可以造就奴才。

第巴桑結甲措希望他在接受約束中學會自我約束，因此除了教他經典，考察他的學習，關心他的衣食住之外，從不同他談論外界的事情。精明的第巴，深知如何對待這位年輕的達賴。

有一天，倉央嘉措又受了好奇心的驅使，硬是要和第巴談一談外面的事情。他問桑結：「聽說法會結束以後的兩天裏，西藏和蒙古的騎兵、步兵舉行了比武，是嗎？」

「是的。從固始汗那時候起，每年都這麼做。熱鬧一下而已。」桑結索然無味地回答說。但內心裏擔憂著倉央嘉措是在關心軍政方面的態勢。

「聽說你也參加了，沒有人能勝得過你的箭法？」六世又問。

「貴族們自小都愛玩這種遊戲，我當然也不例外，熟能生巧罷了。」桑結的語氣，表明他已經沒有再談這種事情的興致了。

「射箭一定比拋烏朵好玩吧？」六世還在追問。

「也許吧，我沒有放過羊，也沒有拋過什麼烏朵。」桑結直言不諱地說：「還是不要去想佛法以外的東西吧。」

「不，佛也要遊戲三昧的。我知道在布達拉宮的後面有個園林，還有池塘，我為什麼不可以到那裏去射箭呢？」六世直截了當地提出了要求。

桑結甲措一驚，不知該怎樣回答。但也暗自高興：「原來他是想去玩玩射箭啊。」

倉央嘉措含著怨憤說：「第巴拉，我整年、整月、整日地坐在這裏，是會生病的！」

「佛爺請息怒。讓我考慮考慮好嗎？」桑結甲措改變了態度。

倉央嘉措的臉上露出了笑容。他畢竟是達賴喇嘛，誰敢肆無忌憚地把他當做囚犯來對待呢？

「這樣吧，我可以換上俗裝出去。」倉央嘉措不願教第巴為難，「既然別的人可以裝扮達賴，達賴也可以裝扮成別的什麼人嘛。」

說者無心，聽者有意，桑結甲措的眉頭擰成了疙瘩，心想：這位六世呀，還不大好對付哩！

十三　風從家鄉吹來

一個人一旦出了名，獲得了某種聲譽、頭銜或地位，便會引起各種不同的反映。朝他包圍過來的有崇敬、羡慕、嫉妒、嘲諷、責難、猜測、請教、親近、疏遠、諂媚、欺騙、忠告、利用、挑剔、吹捧、污蔑等等。由此又產生出這樣那樣的妄傳。不過，妄傳再多，也無非是善意的與惡意的兩種。難怪有人說，在名人的身邊自古以來就彙聚著人類的美德與醜行……。

在倉央嘉措的故鄉，人們知道他當了達賴以後，就流行起許多傳說：說他是一位先知，幼年的時候就說過：「我要到拉薩去，有人會來歡迎的。」還說他在少年時代，有人幾次從不丹前來謀害他，都被他預先察覺，躲過去了。還有個傳說是：五世達賴對這位轉世替身曾有過「埋名隱姓為眾生，須得守密十二年」的授記，因為第巴的權力過大，使他超過了三年，到了十五歲才離開本土去拉薩坐床……這個涉及第巴的傳說，流露出人們對他未來命運的擔心。

故鄉的人們在傳說著他，他卻一點也得不到故鄉的消息。

又是深秋了。六世選了一個風和日麗、天高氣爽的日子，到宮後的空地上去練習射箭。他特別愛用南方的竹子彎成的弓，這種弓被稱為南弓，十分堅韌，寄託著他對家鄉的思念。他喜歡用響箭，因為這種箭沒有鐵製的尖頭，只裝有一個帶風眼的小葫蘆頭，射出去以後，即使失手也不會傷人，還一路發出悅耳的哨音。

他極少參加政治活動，沒有幾個人認識他，何況又換了俗裝，誰也不會想到達賴喇嘛會在沒有大批喇嘛高僧、僧俗官員前呼後擁的情況下單獨出行。今天，他依舊只帶了蓋丹一人，是為他豎靶拾箭的。

他這樣做是桑結甲措允許了的。桑結在度過匿喪危機之後，權勢正達到炙手可熱的程度。他擔心六世隨著年齡的增長會增加對權力的欲望，因此在心中明確了一條原則：只要他沒有與自己爭權的欲望，什麼都是可以允許的，起碼是可以容忍的。

倉央嘉措常來射箭的地方，不久以前還是一片荒灘。由於修建布達拉宮，年年月月在這裏挖土，形成了大坑，地下的泉水和天上的雨水使它又變成湖。人們在周圍栽種了楊柳，更使它有了秀麗的景色。再以後，又壘了小山，蓋了樓閣，築了圍牆，發展為著名的龍王塘。也有人叫它龍王潭，藏語叫作宗加魯康。因為傳說裏面有龍，在湖心還修築有「龍宮」。

倉央嘉措在柳林中漫步，落葉撲打在他的面頰上，打幾個旋兒又掉進水中。布達拉宮的倒影從沒有這樣清晰，這樣色彩鮮豔而又端莊安詳。他照了照自己的影子，忽然發現自己長高了許多，也消瘦了許多。

秋天的景色，最能觸發人紛紜複雜的感情。有的人會有一種成熟感，成就感，滿意於自己是一棵結了果子的大樹；有的人會有一種淒涼感，沒落感，傷痛於自己像一株枯黃凋零的小草；有的人會有一種實力感，奮鬥感，自豪於自己像一座迎戰霜雪的山峰；有的人會有一種清爽感，享受感，陶醉於自己像一位主宰自然的驕子……世界上有多少真正的藝術品誕生在秋天啊！

倉央嘉措站在拉薩的秋光裏，禁不住動了思鄉之情，詩句又湧上心來：

山上的草壩黃了，
山下的樹葉落了。
杜鵑若是燕子，
飛向門隅多好！

但他既不是杜鵑，也不是燕子。他要飛翔，他要自由，他要接近自己的願望，只能憑藉天風來鼓動他想像的翅膀。

風啊，從哪裏吹來？
風啊，從家鄉吹來！
我幼年相愛的情侶啊，
風兒把她帶來！

他深信他初戀的情人能夠諒解他，一直愛著他，到處打聽他，癡心等著他。他仰望著高天的雲朵，在含淚的眼珠上閃著這樣的詩句：

西面峰巒頂上，
朵朵白雲飄蕩，
那是仁增汪姆，
為我燒起高香。

蓋丹走來稟報說，箭靶已經立好了。他懶洋洋地接過弓箭，順著蓋丹的手指朝箭靶望了一眼，不管距離的遠近，心不在焉地射出了一箭。箭脫靶了，一直飛出還沒有築好的矮矮的圍牆，恰好射掉了一個行人的帽子。那人先是一怔，隨即拾起了帽子，拍了拍塵土，站在那裏向四面尋視。當他看到湖邊有一個穿著華貴、手拿南弓的青年時，驚奇轉成了憤怒，他不能忍受那位貴族少爺用這種方式在他身上尋開心。他是一個血氣方剛的青年，不習慣受這樣的侮辱。他既不肯向那位少爺吐舌致敬，也不想躲開了事，他站在原地，挺起胸脯，怒目圓睜，好像在說：你敢再來一箭試試?!

倉央嘉措十分懊悔自己的粗心，覺得應該向那人道歉。他把手中的弓扔給蓋丹，大步向矮牆走去。那人也立刻向矮牆走來，以迎戰的姿態來迎接倉央嘉措，同時高抬起右臂，抖短了長袖，握住了腰刀的把子。

蓋丹驚慌極了，急忙跑上去喊：「佛……」又突然收住口，因為在這裏是不能暴露六世達賴的真正身分的。他只好轉對那人揮手，命令式地喊著：「退下！走開！快走！」他寧肯讓自己挨幾刀，也絕不能讓佛爺受到一根毫毛的傷害。否則那還得了！即使第巴本人和全藏的僧侶不處他極刑，他也會成為千古罪人，無法再活下去的。如果他能為保護達賴立下功，流了血，那就會成為活生生的護法金剛，人們心目中的英雄。何況他覺得這位年輕的六世確有許多可親可敬的地方。可惜的是作為喇嘛，平時都不准攜帶武器，而他在陪六世一起更換俗裝的時候，也竟忘了可以佩帶一把鋼刀出來。

倉央嘉措卻迅速地制止了他想要撲上去的衝動。那人也就站在了牆邊。倉央嘉措笑著走近他，攤開雙手說：「很對不起，請不要動怒，我完全是無意的。我的箭法不高，一時失手了。既然射中了你的帽子，我們就有做朋友的緣分，是嗎？」

在一位英俊少年十分禮貌地說著充滿歉意、友好的話時，誰還會以敵意相加呢？那人的右手鬆開刀把，也趕緊伸出手來行禮說：「原來是這樣，沒啥！做朋友不行，我和你不是一口鍋裏的肉。」說完轉身要走。

「等一等。」倉央嘉措叫住他，「我們來談一談不行嗎？……當然，如果你不太忙……」說著，在矮牆上坐了下來。

跟在身邊的蓋丹可真是思緒萬千。他遺憾失去了立功的機會，又慶幸事件的平息。他對於六世向一個乞丐般的俗人說出這樣客氣的話大不以為然，這哪裏還有達賴喇嘛的威嚴？五世達賴可不是這樣的。甚至各個寺院的活佛和堪布①、格西②等等，都懂得處處要居高臨下，自視高貴，何況達

---

①堪布，藏語。寺院總管、受戒的主持人、政府中的僧官等皆有堪布之稱。

②格西，藏語，意為善知識。喇嘛在學完必修的顯宗經典之後，才能考取四個等級的格西學位。最高的一級稱為拉讓巴格西。

賴？但他又一想，佛爺總是慈悲和善、愛護眾生的，他現在又穿了俗裝，並不以達賴的身分出現，這樣做也是對的。

「我不忙。就是肚子閒不住。」那人說著，也坐到了矮牆上。

倉央嘉措高興了，他多麼希望有不穿袈裟、不穿官服的人不用敬語和他談話呀！①他端詳著對方，忽然覺得對方身上有一種他過去熟悉的東西，當然不是那破舊的穿戴。是什麼呢？面孔？眼睛？或者神態？說話的語調？……

「你是幹什麼的？」倉央嘉措問。

「什麼也不幹……不是什麼也不會幹，是沒有活可幹。」

「不是本地人吧？」

「門隅人。」

「噢？那可是個好地方！我……」倉央嘉措差一點說出不應當輕率說出的話，忙改口說：「我問你：到拉薩來做什麼呢？」

「找人。」

「親戚嗎？」

「不，是朋友、弟兄。」

---

①以前，藏族人下級對上級、平民對貴族、俗人對僧人，談話時都要特意用敬語。

「沒有找到？」

「找到了，可是見不到。」

「為什麼？」

「他，住得太高了。」

「就是住在高山頂上，也是能夠見到的。他是什麼人呢？」六世又動了好奇心，想問到底。

「請你不要問了，我說了你也不信。再說，馬有失蹄的時候，人有失口的時候，萬一我哪個詞說錯了，冒犯了佛爺，被抓去治罪，可就划不來了。」

「沒關係，我剛才射箭失了手，你不是也沒有怪罪我嗎？你就是說話失了口，佛爺也不會怪罪你的。說吧，你要找的人他在哪裏？」

「就在跟前。」

「跟前？……」倉央嘉措一驚。

那人指了指幾乎是壓在頭頂上的布達拉宮，說：「瞧，他就在那裏邊，離我多麼近！可就是見不到。為了來找他，翻山過河我如走平地，可是沒想到來到跟前了，這些石頭臺階卻爬不上去了。把門的人比金剛還凶，罵我是騙子、瘋子、魔鬼。要不是我跑得快，少不了挨一頓毒打。唉，他在裏面當然是不知道的，要是知道，不會不請我進去。唉，也難說，供在淨瓶裏的白蓮花，也會忘記是從泥塘裏長出來的呀！」

倉央嘉措心中的疑冰開始裂縫了，為了使他迅速消融，趕緊催問道：「直說吧，你找的到底是誰？」

「阿旺嘉措。現在叫倉央嘉措。」那人豁出來直呼達賴的名字了。

「胡說！不准講佛爺的名字！」蓋丹忽然大聲呵斥起來，看樣子想撲過去捂住或者抽打那人的嘴，但卻被六世制止了。

倉央嘉措一下抓住對方的雙手：「你是……剛祖？」

「是的。你怎麼知道？你是……」剛祖驚疑地張著大嘴。

「我就是阿旺嘉措呀！」

「不，不像，你別哄我，他已經當了達賴喇嘛了，你不是他。」剛祖把手抽回來，怎麼也看不出這就是十二年前的那個孩子，也不相信達賴是這種樣子。

「剛祖，你忘了？『我就要在肉和骨頭上灑稀飯，我就要和屠宰人交朋友。』還有那首歌：『牛啊，我吆喝著牛兒走啊；牛啊，快快地走吧，吆喝的聲音響徹山岡……』」倉央嘉措低聲唱起來。想起童年的悲歡，他的聲音顫抖了，哽咽了，淚水順著面頰流下來。

剛祖站起來，後退了兩步，突然跪下去，用哭音喊了聲：

「佛爺……」再也說不出話來。

倉央嘉措急忙扶起他，兩人對視著，破啼為笑了。

「走！一起回宮。」六世說。

不知所措的蓋丹，這才應了一聲，趕忙去收拾箭靶。

他們朝西走了不遠一段路，來到布達拉宮的西北角，沿著通向後門的斜坡甬道朝上走去。

蓋丹見六世對一個卑賤的人當貴客一樣往宮裏引，非常不自在，好像使他也降低了一截似的。

他理解不了一個有身分的人為什麼要丟下架子；尤其是達賴，是最神聖不過的，怎麼能和屠宰人並肩走路？而他自己卻跟在屠宰人的身後。聽聽那名字吧，剛祖？多麼粗野！鄙俗！雖說佛是愛眾生的，但眾生畢竟都在佛的腳下呀……忽然，他想起一句話來，這才苦笑了一下，捶了捶自己的腦袋，又一次敬服了六世。這句話是：結滿果子的樹枝，總是彎彎地低垂著。

倉央嘉措一路走著，向剛祖問詢伯伯那森的情況。

「阿爸死了。」

倉央嘉措停下了腳步，望著天空，雙手合十，閉上眼睛默默叨念了一會兒，又昂首向天，寄託哀思。

天上，幾隻大鷹在凌空盤旋。

在倉央嘉措的記憶中，那位健壯、剛強、俠義、豪爽的伯伯，永遠是生命力的象徵，是不會死去的。是他穿著皮衣，衝開波拉山上的風雪，跑來告訴他阿媽去世的消息。那森留給倉央嘉措的最後印象，不正是一隻雄鷹嗎？

剛祖述說著：「宗本甲亞巴老爺沒完沒了地收屠宰稅，越來越要得多。阿爸被逼急了，乾脆抗拒不交。甲亞巴就用皮鞭抽他，抽得滿身是血。阿爸就罵他：『我宰了一輩子畜牲，今天才知道，真正的畜牲就是你！以往我全宰錯了！』老爺就用刀子扎他，並惡狠狠地說：『我宰了你才真不過是宰了一頭畜牲！』阿爸說：『你等著吧，我和當今六世達賴喇嘛的佛父佛母是朋友，佛爺總會知道的，饒不了你的！』這一下，把老爺嚇壞了，急忙給阿爸鬆綁、賠禮，稅也不要了。可是已經晚了，阿爸倒下去了，再也起不來了……」剛祖的眼裏噴著怒火，竟沒有流淚。

「是這樣！」倉央嘉措忿忿地說，「我要告訴第巴，一定懲治兇手！」

長時間的沉默。只有沉重的腳步和急促的呼吸在進宮的坡道上交響著。

六世請剛祖在書房裏坐下。自己進了臥室，蓋丹替他換了服裝，然後出來陪客。侍從們忙了起來，獻茶的、端水的、焚香的，擺食品的，川流不息。六世揮手讓他們全都退下，又囑咐蓋丹說：「你也去休息吧。」然後對剛祖說：「你一定餓了，隨意吃吧。」

剛祖反而拘束起來，周圍的一切都是這樣的珍奇、華貴、神聖、莊嚴，使他感到有些窒息了。原來人世間還有這種夢想不到的地方！即便是一架最小的樓梯，如果沒有幾大包酥油，也是擦不了這樣光亮柔滑的。

倉央嘉措看出了他的局促，誠懇地說：「你不要客氣。你永遠是我的朋友，我的長兄。」

雄厚的物質力量，至高的尊貴地位，第一次展現在剛祖的眼前，他像一座山受到了地震的晃動。他望著倉央嘉措身上那朝霞一般奪目的袈裟，不禁做出了這樣的回答：「請您千萬別再這樣說了，我不敢，也不配。我是個……您是達賴喇嘛呀！」

倉央嘉措苦笑了一下，久久地沉思不語。童年時代在一起打鬧耍笑的朋友，兩顆心竟然疏遠得如同隔了不可逾越的大山。不，這不是時間造成的，歲月的流逝並不能使真正的親友彼此疏遠，使人疏遠的是所謂身分和地位的變化與不同。唉，剛祖啊，請不要把我當作至高的達賴看待吧，請依舊把我看作是像十年前一樣的人吧，不要以為我坐在了布達拉宮的日光殿裏就有了無邊的佛法。他邊想邊吟著，聲音裏透出明顯的自嘲的意味：

僅穿上紅黃袈裟，
假若就成了喇嘛，
那湖上的黃毛野鴨，
豈不也能懂得佛法？

向別人背幾句經文，
就能得「三學」佛子稱號，①
那能說會道的鸚鵡，
也該能去講經傳教。

念罷，長歎了一口氣，又在想那個老問題：穿袈裟的人越來越多了，但是真正懂得佛學的人又有幾個？真正為了超度眾生的又有多少？

剛祖認真地用心聽著，這詩的大意他是聽得懂的，使他不懂的是六世的語調裏所包含的憂愁與不滿之情。身居這般的高位，不缺吃，不少穿，沒有誰敢來欺負、打罵，難道還有什麼不順心不如意的事嗎？現在又輪到他來久久地沉思了。

①三學，即戒學、定學、慧學。

饑腸轆轆的剛祖守著豐盛美味的食品，還是不動一口，就像一個虔誠的教徒守著供品。其實他是不信教的，只不過有一點紅教方面的常識，對佛也有些敬畏之情罷了。

倉央嘉措上前拍了拍他的肩頭，自己先吃了一塊酥油果子，把大花瓷盤往他面前一推：「吃吧吃吧，就像在家鄉的時候那樣。」

剛祖這才狼吞虎嚥地吃起來。

「這些日子，你是怎樣生活的？」倉央嘉措邊吃邊問。

「乞討。」剛祖鼓著兩個腮幫子，含混不清地回答。

「你一點錢也沒有了？」

「不，我有很多錢。」剛祖用手抹了一下嘴，從懷裏掏出沉甸甸的皮口袋來，嘩啦一聲放在桌上說：「但我一點兒也沒動用。」

「為什麼？為什麼守著銀子挨餓？」

「因為這些銀子都是你的。」

「我的？我不明白。」

「你聽我說。」這時候，剛祖的拘謹逐漸消失了，好像倉央嘉措已經不是達賴，只是他的老鄉和朋友。「這些銀子，一共有兩份，一份是你阿媽去世的時候交給我阿爸的，我阿爸在甲亞巴老爺逼稅的時候又囑託給我。說是在你三歲那一年，有個到印度去朝佛的香客留下來的，一定等香客回來的時候如數歸還給他……」

「噢，我明白了。」倉央嘉措的自語打斷了剛祖的述說，「就是他留下的。」六世的眼前出現了那個曾來告別的那介扎倉的喇嘛斯倫多吉，當初是他奉了第巴之命留下這筆錢的，只不過誰也沒有對自己提起過。對於第巴來說，這是個極小的數目；對於普通的農牧民來說卻是大得嚇人。可敬的阿爸阿媽，當時不知道自己的孩子被選為靈童，他們不肯無功受祿，這麼多年來，一直沒有動用。可敬的伯伯那森，遵守著朋友的信託，也一直沒有動用。傳到剛祖的手中，寧肯挨餓討飯，也還是沒有動用。多麼誠實、高潔的人啊！是貧窮使他們高潔呢？還是高潔的人才會貧窮呢？

「第二份呢？」六世問。

「我到拉薩來找你之前，把阿爸替你看守的那點兒家產變賣了。現在，都還給你吧。」倉央嘉措抱起那口袋銀子，放回到剛祖的手上，命令式地說：「都歸你了！」

「不不，我不能要！」

「那麼你說，我們兩個，現在誰需要它呢？你連飯都吃不上，而我要銀子幹什麼呢？」

「今天見到了你，你還拿我當朋友，這比什麼財富都寶貴。銀子再多也會像流水一樣地消失，友情才是長存的大山啊！」

「你說得很好！不過，這銀子你一定得收下，我送你的東西是不能拒絕的！」六世替他不平的說，「你應當在拉薩住下去，也應當過一過體面的生活，人的生活！買一匹好馬，換一套好衣服，蓋一所好房子，或者一個商店！」六世越說越激動，「娶一個好老婆，去逛林卡，和我一起射箭……你也應當有酒喝，有酥油吃。你不也是一個人嗎？一個更好的人嗎？……」

「我有手，有力氣，有手藝，還是去當個屠宰人吧。」剛祖憨笑著說。

「不要再去殺生了。」

「好吧，我聽你的！」

說話間，蓋丹進來稟報說：「佛爺，今天真是個喜日子，您又有親人來了。」

「什麼親人？」六世心想，我還能有什麼親人呢？啊，莫非是仁增汪姆找到了此地？是的，除了她，還會是誰？真的是家鄉的風把她吹來了！他壓不住心頭的喜悅，急忙催問：「快說，是怎樣一個人？」

「是兩個人。」蓋丹特別地強調了「兩」字。

倉央嘉措心想：對，改桑阿媽也來了，她當然也是應該一起來的。接著，他又迫不及待地責問：「為什麼不請她們進來？」

「沒有問明情況，不敢輕易引進。他們在宮門外……還……還口出不遜。如果不是聲稱是佛爺的長輩，早就把他們趕走了。」

「就像對我那樣。」剛祖插了一句，但又有些後悔，人家不准陌生人和下等人接近高貴的達賴，有什麼不對？

「說清楚一些，是兩個什麼樣的人？」六世有些躁了。

「是，佛爺。他們是一男一女。大約都在五十歲以上。男的叫朗宗巴，自稱是佛舅；那位女先生自稱是佛姑。非要見您不可。」蓋丹接受了怠慢剛祖的教訓，不敢對有可能真是佛爺親友的人說出不敬的話，儘管他對這一男一女的蠻橫無禮、撒潑糾纏十分難忍。打狗都得看主人嘛，何況他們自稱是佛爺的舅父和姑母呢！

倉央嘉措大失所望！覺得這件事既令人厭煩，又十分可笑。他哪裏有什麼舅和姑呢？不論自己的阿爸和阿媽，還是別的什麼人，都從來沒有對他講起過他有舅和姑在這個世上。如果真有的話，即便因為關係不好或者路途遙遠沒有來往，那起碼阿媽會說起他們吧，可是，半句也沒有說起過。什麼朗宗巴？與我有什麼相干？唉，冒充大概也是一種人的智慧。只是有被迫的冒充者，有自覺的冒充者；有勇敢的冒充者，有卑怯的冒充者；有可愛可敬的冒充者，有可恨可惡的冒充者……這是不能一概而論的。不過，冒充權貴的親屬的人，一定是屬於後面的幾種了。

六世中斷了自己的推理，為了慎重，轉向剛祖：「你聽說過我有舅父和姑母嗎？」

「沒有。」剛祖毫不遲疑地回答。

倉央嘉措從鼻孔裏哼了一聲，對蓋丹說：「傳話下去，我從來沒有、絕對沒有什麼舅父或者姑母！讓他們走開！」

「是！佛爺。」蓋丹也動了肝火，這一男一女無緣無故地讓他空跑兩趟，真是可惱。

六世又囑咐說：「讓他們走開就是了，不要打罵，更不必治罪。」

「是。」蓋丹洩了氣，「佛爺還有什麼旨意嗎？」

「還有，告訴警衛，我的這位朋友，以後任何時候都可以進來見我，不得阻攔。」他指了指剛祖。

蓋丹連聲答應著。稍待了一會兒，才吞吞吐吐地說：「佛兄的名字……是不是可以改一改？通報起來，也……好聽一些。」

「叫什麼都行啊，改就改吧。『剛祖』——『腳先落地』，是有點那個……有點不……」剛祖一時想不出合適的詞兒來。

「不雅。」六世接上去說，「那就叫……叫什麼呢？叫塔堅乃吧。」

「好，好，好極了！」蓋丹對塔堅乃行了個禮，「向您道喜啦，佛爺為您起了名字。」

塔堅乃趕緊還了禮。蓋丹退了出去。

「我也該走了。」塔堅乃再沒有坐下，拿起了帽子。

「請等一等。」六世說，「我要求你辦一件事。」

「沒說的，叫我去死也行！」

六世笑了。「怎麼想到死呢？」他扶住塔堅乃的肩膀，十分懇切地說，「請你再受一次風霜之苦，到錯那去一趟。街市上有個小店，是阿媽改桑開的。她有個外甥女叫仁增汪姆，是我的朋友，懂嗎？你就說當年的阿旺嘉措請她們到拉薩來，我可以養活她們。」

「我明白。」塔堅乃吐了吐舌頭，做了個鬼臉兒，「你放心好了。我明天就走，不，今天就走！」

十四　被殺的和嫁人的

「你的仇我已經替你報了。」桑結甲措向六世報告說，「我剛接到門隅方面的呈文：打死那森先生的人，已經在上月二十八日就地正法了。」

倉央嘉措並沒有表示出感激之情，反倒動了惻隱之心。他不敢也不願責備第巴，非常和緩地說：「我只是講要懲治他，並沒有說要將他置於死地。」

「這樁命案，按法典只賠償命價就可，但是他致死的不是平常的賤民，而是佛父的朋友！」桑結斬釘截鐵地說。

倉央嘉措心想：貴族打死過的奴隸還少嗎？有幾個償命的？大概因為我是達賴，第巴為了籠絡我，討好我，才殺死了那個微不足道的官員。

其實倉央嘉措並不明白第巴處死宗本甲亞巴的真正原因。這還得從遠處說起。

在五世達賴逝世以後的頭幾年裏，就有一個秘聞在極少數人中以極謹慎的方式流傳著：五世已經圓寂了，他的轉世靈童就在鄔堅林。這個消息究竟是誰透露出去的，始終沒有弄清；因為有些事在當時是不能查問的，越查問就越難守密，而過後再查，不是更難獲得證據就是已無必要了。

當時，錯那宗的宗本甲亞巴就是聽到了這種傳言的人中的一個。甲亞巴的父輩曾經在拉薩為四世、五世兩位達賴服務過。貴族家庭的成員對於政教大事比一般人要熱情和敏感得多。甲亞巴覺得這傳言事關重大，傳說中的靈童又在自己的管轄區內，弄明白真相極為必要，於是直接給第巴寫了一封密信，也可以說是單刀直入地去進行最為有效的試探。信中說：「此地傳言，鄔堅林的喇嘛扎西丹增，於水豬年生了個兒子，說他是佛王的轉世靈童的流言蜚語甚多。對於易於傳謠的門隅人的嘴巴，需要嚴令加以封鎖。」

第巴桑結甲措看了這封來信十分惱火，經過反覆思慮之後，對甲亞巴作了如下的批覆：「所謂轉世靈童一事，純屬誑言。但是，佛為了調伏眾生，附在高低貴賤各類人眾身上而出現多種變異現象，也是常有可能的。經向五世達賴請示，他下諭說：『我現在正處於生命的狹道上，故對外而言是關閉修行，對內而言則法輪照轉，而且還接見了內地人士和北方人物。對某些人所造的輿論，按理應依法懲處，但目前可一概不予追究。同時，應當把謠言盡量控制在最小範圍。』」

不丹地面的兩位高僧對這個傳言深信不疑，他們為了把靈童弄走，打聽出朗宗巴是靈童的舅父，而且格外貪財，於是用馬匹、銀碗、黃金賄賂他，朗宗巴又轉而去賄賂甲亞巴。據第巴得到的情報，甲亞巴接受了重賄，還制定過唆使阿旺嘉措一家逃往不丹的計畫，只是終未實現。

因此，第巴桑結甲措對這位宗本的所作所為一直心懷憎恨，殺掉他的念頭早就有過了。現在終於有了有利的藉口。但他覺得永遠沒有必要對六世談出這些。

「可能你是對的。我總覺得可以寬厚一些。」六世對第巴說，「最近我看了對於五世的記載，很有感觸。比如，當年西藏蒙古的軍官們在佔領了喀木的甲塘[1]以後，送來了報告，要求處死當地的

[1] 甲塘，今雲南中甸。

二十名叛亂頭目。五世即把死刑改成了終身監禁。」

「五世當然是偉大的，他的那個決定也是對的。」桑結故意扭轉了話題：「我們是從來沒有殺錯人的，不像過去的蒙古頭人。他們從元朝的時候起，就經常亂殺西藏人，其中包括我們的很傑出的人物。我可以給你舉一個令人驚心動魄的例子：八思巴本來是被他的侍從毒死的，這位侍從卻向忽必烈控告本勤對八思巴不忠。那時的本勤就等於現在的第巴，管理著十三萬戶，主宰著全藏事務。他的名字叫貢噶桑波。蒙古將軍帶領著軍隊來到西藏，認定八思巴就是本勤殺害的，對他嚴加審問。本勤穿著白袍，戴著黑帽，站在蒙古將軍的面前，完全否認對八思巴有任何不忠，堅持自己與八思巴的死沒有任何關係。並且聲稱：『如果你們殺了我，我將流出白血來證明我的無辜！』蒙古頭人不聽，還是把他正法了。果然，他被砍頭以後，流出來的血是白色的。」桑結甲措講到這裏就不再講了。

倉央嘉措也知道這個故事，但他有意地不去打斷第巴的講述。直到第巴講完了，他才補充說：「可忽必烈皇帝是公正的，當他知道了這個情況以後曾經斷定說：『本勤穿一件白袍是表示他無辜，戴一頂黑帽則表示控告是假的。』」

「是啊。我沒有別的意思，我只是擔心我們的紅脖子也可能流出白血，我們的白身子也可能戴上黑帽子。」說罷，注視著倉央嘉措的神色。

倉央嘉措感到第巴的這番話含有對蒙古王公的敵意，又好像是某種不祥的預兆；同時也警惕著不要讓他覺得自己真有談論政事的興趣，於是岔開了話題：「上師，你既然早已知道我是五世的轉世，想必知道我的身世。問你一件事可以嗎？」

「當然。我將盡我所知，如實稟告。」第巴對倉央嘉措稱他為「上師」感到滿意，態度也謙恭起來。因為，「上師」這個詞指的是上尊達賴喇嘛的老師，而倉央嘉措是不大愛使用它的，他習慣於對誰都直稱為「你」。

「那，你知道我有什麼親戚嗎？」倉央嘉措想起曾經前來強行求見他的一男一女。

「噢……」第巴想了一想，「聽說在你們遷居鄔堅林以前的老家，有你的舅父，叫朗宗巴。還有個姑姑。不瞞你說，他們都是十分貪財的人，完全不講情義。佛父佛母就是被他們驅趕出去的。」

「真的有這樣兩個人？」倉央嘉措自語著。他有些後悔了，不該讓蓋丹傳話把他們拒之於宮外。出於好奇，他應當看看舅父和姑姑到底是怎樣的兩個人？出於惻隱，或者應當給他們一點銀錢吧？

「佛父佛母搬到鄔堅林以後，就徹底斷絕了和他們的任何來往，也很可能發誓永遠不再提起他們了。所以，你是不會知道的。」第巴歎息著，不無安慰之意地對六世說：「不必忌恨，也不必難過。這算不了什麼。大人物常有大不幸，遭受自己親人迫害的事在歷史上也有不少的實例：釋迦牟尼的腳拇指是被他的弟兄勒欽打斷的；在西藏，赤熱巴巾是他的兄弟朗達瑪害死的；米拉日巴的財產、土地全是被他的叔叔、姑姑搶走的；五世達賴的父輩的家產，也是被他的姑姑騙去，交到了藏巴汗下人的手中。這件事，五世在他的著作《雲裳》中寫到過。你可以不去理會這種忘恩負義的親戚。」第巴說到這裏，起身告辭。走到門口，又特意回過頭來補充了一句：「也不必理會我已經或可能懲治那些忘恩負義的人。」

倉央嘉措呆呆地坐在那裏，他感到有一種難以抵禦的力量正在推搡著他在漩渦裏旋轉。他決心頂住它，躲開它，泅到岸上去，泅到屬於自己的岸上去。

倉央嘉措許多日子以來無心去宮後射箭，也無心打坐誦經，他時而在宮中踱步，時而望著窗外的藍天。他是焦急的，也是興奮的，他期待著仁增汪姆的到來，他相信她一定會來。他們是盟過誓的，他們的分離是意外的，被迫的。現在他當了達賴，雖然不能結婚，卻有了保護她、養活她的能力。不能結婚算什麼？能夠相愛就行了；不能公開相愛算什麼？秘密相約就行了。

當他被監護著離開錯那的時候，他曾經以為和仁增汪姆的緣分盡了，感到絕望。但是感情的線卻一直無法扯斷，相距越遠，思念越深。塔堅乃的出現不是天意嗎？這是個多麼難得的替他去尋找仁增汪姆的人選啊！塔堅乃會把她帶到拉薩來的。這就證明他們的緣分沒有盡，他們會有一個新的開始。

時間一天一天地過去了，還不見塔堅乃回來，這使倉央嘉措不能不往壞處想了。自從他當了達賴，作為朋友的塔堅乃找來了，連根本不來往的舅父和姑母都找來了；仁增汪姆偏偏不來，是什麼道理？如果她沒有變心，能不來嗎？……是的，她變心了，一定是變心了！……可是，那又怎麼樣呢？誰能把她怎麼樣呢？唉，仁增汪姆啊……

你這終身伴侶，
若是負心薄情，

頭上戴的碧玉，
它可不會作聲。

塔堅乃回來了！

倉央嘉措靠近他坐著，聞著他衣服上的那股家鄉的氣味。

「她沒有和你一起來嗎？」六世開口第一句就問。

「我去得太晚了！」塔堅乃捶了一下坐墊，「我找到了阿媽改桑的小店，仁增汪姆早已經出嫁了。」

倉央嘉措一下子倒在宮牆上，他感到自己像一片破碎的經幡，在狂風中搖晃著，從布達拉宮的最頂上飄向地面。啊！她嫁人了，果然沒有等他。絕望之中，積蓄的愛情變為噴發的怨恨。他提起筆來，飛快地寫道：

自幼相愛的情侶，
莫非是狼的後裔？
儘管已經同居，
還想跑回山裏。

姑娘不是娘生的，

莫非是桃樹上長的？
為什麼她的愛情，
比桃花謝得還快呢？

塔堅乃分辯說：「這也不能怪她。你為什麼不早些給她去信呢？」

倉央嘉措說：「她為什麼不早些來找我呢？我到哪裏去找送信的人呀？再說，她，阿媽改桑，還有她們的鄰居次旦堆古，都不識字。作為黃教的首領，西藏的神王，我能公開地談情說愛嗎？我的難處，我的苦處，她為什麼就不體諒？」

塔堅乃反駁說：「她的難處，她的苦處，你為什麼也不體諒？你當了達賴，走得那麼遠，住得那麼高，作為一個普通姑娘，她能來找你嗎？敢來找你嗎？能和你成婚嗎？你成了一棵高大的神柏，小兔子是攀不上去的呀！」

「我不是沒有想到這些，我苦思冥想，做了安排，讓她搬到拉薩來，費用由我負擔，生活請你關照……」六世唏噓著，後悔因為一時衝動，寫了怨恨她的詩句。

「可是晚了！阿媽改桑說，要是早得知你有這樣的安排，她們會照你的意思做的。姑娘總是要嫁人的，求婚者的包圍是很難衝破的，能夠沒年沒月地等下去嗎？」

「她怎麼說？仁增汪姆說了些什麼？」

「我沒有見到仁增汪姆。她嫁到日當①去了。」

在倉央嘉措內心的河面上，怨恨和嫉妒的冰塊，化作傷感和思念的波浪……

他又習慣地走到窗前，遙望無盡的藍天。她嫁給誰了呢？丈夫對她好嗎？她會不會還在眷戀當年那個叫阿旺嘉措的青年呢？哪怕能和她再見上一面也好啊！……他吟成這樣一首詩：

白色的野鶴呀，
請你借我翅膀，
不去遙遠的北方，
只是嚮往日當。

塔堅乃勸慰了他一陣，出宮安排自己的生活去了。

一個多情的詩人，在熱戀中不可能沒有詩；失戀時的痛苦更不可能不求助於詩的表達。現在，他的心事向誰訴說呢？塔堅乃走了，桑結是嚴酷的，蓋丹不會諒解他，宮中所有的佛、菩薩、金剛……更不會同情他。日增拉康②裏供養的蓮花生的銀鑄像是不會說話的，他是有兩個妻子的佛祖，如果他還沒有圓寂，該會同情布達拉宮中僧人的愛情苦惱吧？曲吉卓布③裏的松贊干布和文成公主及

①日當，在錯那東北，今山南隆子縣。
②日增拉康，即持明佛殿。
③曲吉卓布，即法王洞。
④尺尊公主，先於文成公主嫁給松贊干布的尼泊爾公主，名叫布日庫提德維，國王安蘇瓦爾曼的女兒。

尺尊公主④，早已過完了他們自己的愛情生活，帶著驕傲和滿足的神態立在紅宮中，不再過問他人的事情了。只有詩歌是他的朋友，他的知音，他的寄託，他的形影了。

許多天裏，他夜間半睡半醒，白天不思飲食，唯有紙筆不離手邊。

他看見掛在牆上的弓箭，寫道：

去年栽的青苗，
今年已成秸稈；
青年驟然衰老，
身比南弓還彎。

他望見窗外的經幡，想到自己為仁增汪姆送過祈福的幡兒，又寫道：

用手寫的黑字，
已被雨水沖消；
內心情意的畫圖，
怎麼也擦不掉！

他走到鏡子跟前，寫道：

熱愛我的情人，
已被人家娶走；
心中積思成癆，
身上皮枯肉瘦。

當他悔恨沒有早些正式求婚時，又寫道：

寶貝在自己手裏，
不知道它的稀奇；
寶貝歸了別人，
不由得又氣又急！

絕望的苦戀雖然高尚，畢竟沒有出路。如果自己不寬解自己，豈不會發癡發瘋嗎？於是，他寫道：

野馬跑進山裏，
能用套索捉住；

情人一旦變心，
神力於事無補。

隨著時間的流逝，心靈的創傷漸漸地癒合著。倉央嘉措終於熬過了第一次失戀的痛苦。

當一個人冷靜下來之後，他的思考便有了豐富的內容和理性的價值。感性的東西好比草原，理性的東西好比雪山。沒有草原，雪山就無處站立；不登雪山，也就望不清草原。

近來發生在故鄉的兩件事，引起了倉央嘉措的深思：對於殺害那森的那個甲亞巴，我只說了一句要懲治的話，第巴就堅決而迅速地把他正法了；而對於我付出了那麼多感情的仁增汪姆，我卻半句話也不能說，更無法阻擋她嫁給別人。我有權報恩，也有權報仇——儘管我沒有仇人，而且也不想報復——卻無權守護自己的情人。在別的方面，我像是一個巨人；在愛情上，還不如一隻小鳥。不想要的卻得到了，想丟也丟不掉；想要的倒得不到，而且是這樣無能為力。都說是佛爺決定著人們的命運，而佛爺的命運又是誰決定的呢？眾生啊，你們在羨慕著我，可知道我在羨慕著你們嗎？……

一粒反抗的火種在他的心頭閃爍著。但是反抗誰呢？第巴嗎？第巴對他並無惡意，而且愛護他；蒙古的王公嗎？他們並沒有參與選他為靈童和送他到拉薩來坐床這些事情；皇帝嗎？他遠在北京；是誰呢？是誰在故意為難一個叫倉央嘉措的人呢？……是的，還是那種力量，那種把他往漩渦中推搡的力量！它不是來自哪一個人的身上，它是無形的，卻是強大的。光躲是不行的，躲避固然也是一種武器，卻不能造就勇士；必須在無處可躲的時候，向進逼者反擊！

一個人穿上了袈裟，就應當成為會走動的泥塑嗎？華麗的布達拉宮就是愛情的斷頭臺嗎？愛自己的情人和愛眾生是水火不相容的嗎？來世的幸福一定要用今世的孤苦去交換嗎？成佛的欲望和做人的欲望是相互敵對的嗎？……他越想心中越亂，疑問越多，深陷在矛盾之中。

他搖了搖鈴，叫蓋丹前來。

「有件事我想問問你。」六世說，「作為隨便交談，不必有什麼顧及。」

「是，佛爺。我一定如實回奏。」蓋丹多少有點緊張。

「坐下吧。」六世輕聲歎息著，「我這裏真成了佛宮啦，來添燈敬香的人多，來隨便談心的人少。你明白嗎？我很不喜歡這樣。」

「這也難怪。」蓋丹慢條斯理地說，「諺語講：大山是朝拜的地方，大人物是乞求的對象。您只是賜福於人，並不有求於人，這正是您的高貴之處。」

六世搖了搖頭：「鳥用一個翅膀飛不上天空，人過一種生活會感到厭倦啊。」

「佛爺，您千萬不能厭世！」蓋丹驚恐地說。

「不，」六世苦笑了一下，近乎自語地說，「不是厭世，而是愛世呀！」

「這就好，這就是我們的福氣。」蓋丹放心了，「佛爺剛才要問的是……」

「噢，隨便問問……」六世有些猶豫，他意識到以自己這樣的身分詢問那樣的事情，是不大合適的，所以又重複了一次「隨便」這個詞。「布達拉宮裏的人，有沒有談情說愛的？」

蓋丹的心緒頓時複雜起來，他不敢說沒有，因為他知道，曾經有個別敗類在外面強姦婦女或者把無辜婦女打成「女鬼」捉來殘暴糟蹋。當然，這種行為和談情說愛完全不是一回事，但是對於一個教徒來說，比談情說愛要嚴重得多。如果他回答沒有，而達賴又確已掌握了事實，那自己就難免有包庇之嫌了；如果說有，達賴要是刨根問底，他說不說出幹那種事情的人的名字呢？那些人可是不能得罪的，強姦婦女的人是有獸性而無人性的，他們是會用刀子來報復的。他於是回答說：「可能有，只是我……沒見到。」

「聽都沒聽說過嗎？」六世不滿意他的回答。

蓋丹腦子一轉，故作思考狀，然後才說：「現在的沒聽說，過去的倒聽說過。」

「講給我聽聽。」六世表現出了興趣。

「是，佛爺。」蓋丹這時覺得，達賴雖然給他出了個難題，可繞來繞去，文章倒好作了。他把這種得意，表現為對聽者的殷勤，故做神秘地說：「還是一位大人物咧！」

「誰？」

「第三任第巴羅桑圖道。」

「是第巴桑結甲措的親叔叔的繼任者嗎？」

「就是。他原來是五世達賴佛身邊的曲本①，康熙八年被任命為第巴。五世對他是很器重的。可是他作為一個黃教教徒，卻養著一個女人。」

「一個什麼樣的女人？」

---

①曲本，即曲本堪布，機巧堪布（總堪布）下面的三個堪布之一，直屬達賴管轄，係較高的宗教職位。

「我當然沒有見過，不過我知道那位小姐是山南乃東闡化王的後代，聽人說長得十全十美，百媚千嬌。這事弄得盡人皆知，鬧得滿城風雨。您想，第巴帶頭破壞了教規，人們當面不敢說，背後能不議論嗎？結果，讓五世達賴佛聽到了。」

「怎麼辦了？」

「五世對羅桑圖道說：『要麼把那個女人打發走，要麼辭職。』」

「他選擇了哪一條呢？」

「他回答說：『讓我不愛那個女人，我辦不到；辭職，是可以的。』沒辦法，五世只好讓他辭職了。」蓋丹講得有聲有色，對五世達賴和第巴羅桑圖道都充滿了讚歎。

「後來呢？」六世很關心這場愛情的結局。

「羅桑圖道捨棄了第巴的尊榮職位，帶著他的情人，隱居到山南的桑日莊園去了。」

「嗯，好！」六世不禁說出這樣的評語。

過了一些日子，塔堅乃又來了。

桑結從蓋丹那裏知道塔堅乃經常來見六世，但是並不在意。因為這個人既不是皇帝的秘使，也不是蒙古王公的政客，而只是達賴幼年的朋友。在調查清楚之後，斷定不是什麼危險人物，桑結也就不去干涉了。

塔堅乃這次進宮，是告訴倉央嘉措，他已經找好了安身之所，用倉央嘉措送他的那筆錢開了一個不大的肉店，足可以維持生活了。

倉央嘉措笑著說：「你呀，不去宰牲畜，就去賣肉。」

「不懂不熟的事，我是不敢幹的。不是怕賠錢，是受不了那份罪。」塔堅乃坦率地說。

「是啊，可是我這份罪還得受下去。」六世又傷感起來。

「我說佛爺，」塔堅乃湊近了說，「你既然能換上俗裝出去射箭，為什麼不能到我的小店去坐坐呢？看看拉薩的市面，瞧瞧來往的人群，散散心，解解悶。看，你吃得很好，反倒瘦了，何必老憋在宮裏？你是達賴，誰能把你怎麼樣？」

倉央嘉措心頭的那粒火種又閃爍出亮光，眼看就讓塔堅乃這股風吹著了。他沒有用語言回答，卻微微地點了點頭。

「我看啊，你再不要去想那個仁增汪姆了。拉薩城裏有的是漂亮姑娘。有一首歌就這麼唱：『內地來的茶垛，比喜馬拉雅還高；拉薩姑娘的脾氣，比雅魯藏布還長①。』還有一首歌是：『拉薩八角街裏，窗子多過門扇；窗子裏的姑娘，骨頭比肉還軟。』你看哪個姑娘好，我替你去說合……我說這些，是為你解悶消愁，你可不要生氣。」

倉央嘉措沒有生他的氣。在拉薩，只有塔堅乃是不把他當佛崇拜而把他當朋友親近的人，只有塔堅乃理解他，同情他，有著正常人的活力與真誠。

他再次點了點頭，決定化了裝到拉薩②去。

---

①西藏說脾氣好是「脾氣長」，所以用流水來比喻。

②當時的拉薩係指大昭寺周圍的市區，不包括布達拉宮在內。

十五　貴族小姐

六世達賴自從剃度受戒之後，竟然又留起了長髮。作為教主，倒沒人敢為此提出疑義；再說，佛爺的昭示，佛爺的舉動，佛爺的愛好等等，並不都是一般人所能理解的。在人們的心目中，他不論做什麼，怎樣做，一定都是為了眾生的幸福，何況他又有那樣的權力。只有極少數上層人物，為了重大的政治需要，才敢於暗中去抓達賴的把柄。

第巴桑結甲措忙於獨攬大權，醉心於自己的尊位。他通過觀察、試探和詢問蓋丹，相信六世沒有執政的興趣以後，對於六世的行動也就不大注意了。

因此，倉央嘉措便很容易地裝扮成一個貴公子，獨自走出宮，到拉薩市區去。

那時的布達拉宮和拉薩在稱呼上是分開的，二者之間有一公里多的路程沒有房舍。拉薩在松贊干布以前，據說是一片沼澤，沼澤的中心有一個湖，藏語叫臥措。文成公主來到西藏以後，親自在湖上選點、設計，填土建寺。文成公主根據五行相承相剋的說法，建議松贊干布用白山羊背土填湖。因為藏語把白山羊叫「惹」，把土叫「薩」，所以建起的寺廟被稱為「惹薩」，這就是大昭寺最初的名字。後來藏語又叫覺臥康，也叫惹薩楚那祖拉康，即拉薩神變殿或顯靈殿的意思。接著，由於香火的旺盛，政治、經濟、文化的發展，在寺周圍出現了許多新的建築，形成了市區。於是這座新城也就叫做「惹薩」，當時的漢文譯作「邏些」。邏些逐漸成為佛教聖地，以後便改稱為「拉薩」了，因為拉薩在藏語中就是「聖地」的意思。拉薩這兩個字的藏文記載，最早出現在西元八〇六年立於拉薩河南岸的一塊石碑上。布達拉宮所在的紅山，被稱為是第二殊勝的普陀山，布達拉則是普陀羅的譯音。在倉央嘉措時代，人們習慣於把到市區去說成是到拉薩去。

幾年來，這是倉央嘉措第一次去拉薩，而且沒有人跟隨。他很久沒有這樣自由了，他感到自己好像插上了翅膀，似乎不是走在地上，而是飛在天上。自從離開故鄉，穿上袈裟，來到這十三層的布達拉宮，他還沒有像今天這樣獨自行走這樣遠的路程，也沒有望到過這樣遼闊、翠藍的天空。他是誰？是達賴喇嘛嗎？不是了；是倉央嘉措嗎？也不是。他是一條游進大海的魚，一匹跑進草原的馬，一隻飛進雲層的鷹……

他在大昭寺朝西開的大門口停下來。

大昭寺裏面最神聖的東西是文成公主從長安帶來的一尊釋迦牟尼佛像，這尊佛像據說是由釋迦牟尼親自加持過的，西藏一直把它視為至寶。它原來存放在小昭寺（藏語稱惹莫且）。為了安全起見，第二個嫁給藏王的漢族女人——唐朝雍王李守禮的女兒金城公主把它移放到大昭寺中。

倉央嘉措看見無數的男女，在石板上五體投地，朝門內不停地磕著響頭。石板儘管堅硬，卻被人的身體磨擦出深深的凹槽，像是一個扁長的石臼。他們祈求什麼？無非是希望避免今世的厄運，減少來世的貧苦。他暗中歎息了一聲，「這真是用頭來做腳的事情！」他不禁真地憐憫起眾生來了。但他自己也是個需要尋求幸福的人，又能給人們什麼幸福呢？如果他能夠改變他們的不幸，他會走上前去對大家說：「我就是達賴喇嘛，我就是活著的最高的佛！來吧，提出你們的要求吧！」但他哪裏會有這種勇氣？那樣一來，即使人們不把他當做騙子，他也會自己承認是個騙子。

他認為真正值得尊敬、珍視、膜拜的，倒是門前那棵文成公主栽下的唐柳和甥舅聯盟碑。它們標誌著藏漢的友誼，表達了民族團結的願望，記載了中華大家庭的形成。垂柳雖然柔軟，卻像石碑一樣悠久；石碑雖然堅硬，卻充滿了活力和生機……他認為，如果政治只是這樣一些內容的話，他是會十分贊成的。唉，他又想得太多了，還是去享受自己難得的自由吧，去找塔堅乃聊聊天吧。

他沿著八角街的南街向東走去，到了東南角以後又向北拐，然後向東，到一個小巷裏去找塔堅乃的肉店。這是塔堅乃詳細告訴過他的路線。

八角街也是後來漢族人的叫法，因為拉薩市區的中心是大昭寺，附在它後面的是郎子轄（拉薩市政府）的建築，在它們的周圍形成了四條街道，自然構成了八個角。其實「八角」的原意並非如此。大昭寺是佛的中心，圍繞著中心的街道和道路有三圈，即內圈（藏語叫囊果）、中圈（藏語叫巴果）、外圈（藏語叫其果，因為有許多林卡，又稱林果路）。漢語的「八角」是從藏語的「巴果」演繹出來的，因為四川語系中的「角」讀作「果」。

倉央嘉措先是看到了吊掛在店門口的大扇牛肉，然後才瞧見坐在後面的塔堅乃。和他坐在一起的還有幾位豪爽談笑著的朋友。讓倉央嘉措出來散心的事，雖說是塔堅乃的提議，但當他真地看見六世達賴站在他的門前時，卻驚跳起來。天哪！這可該怎麼接待呢？

倉央嘉措見他神色慌亂，便搶先答話說：「大哥，近來身體好嗎？我來隨便坐坐，可別把我當外人啊。」

塔堅乃還是手足無措地在屋裏打轉，不知該怎麼稱呼六世才好，也不知該讓貴客在哪個墊子上落座。在場的幾位朋友一看他這副慌恐模樣，猜想來者不善，不是討債的債主，就是貴族的惡少，再不然就是來找岔的小官。出於要保護朋友的共同動機，他們竟一個也沒有離去，倒想聽聽他和塔堅乃說些什麼，也好探個究竟，必要時幫朋友一把，免得老實人吃虧。

倉央嘉措敏感地發現塔堅乃充滿了歉意，在座的幾位又充滿了敵意，這才意識到自己事先沒有和塔堅乃約好日期，來得有些唐突；衣服也穿得過於華貴了。不過他並不介意這些，難得再和普通的人們坐在一起，過一過不拘禮儀的生活。他於是自動找地方坐下來，加入了屠宰人、工匠、熱巴……的行列。

塔堅乃發現在座的幾位，對倉央嘉措的態度都不大友好，他們的臉上明顯地泛出戒備、疑慮、冷漠甚至敵視的神情。這也難怪，因為他們沒有聽塔堅乃說起過他在拉薩有什麼貴族朋友。即便是一隻小鹿，如果披著豹子皮走近羊群，也是不受歡迎的。倉央嘉措的服飾和他們的穿著差距太大了。絳紫色的細氆氇長袍，藍綢子腰帶，高筒的牛皮靴，不太長的髮辮上綴著大得驚人的松耳寶石，再加上白淨細嫩的皮膚……這一切在他們看來，都像是有意識地炫耀；只有面容是和善的，不像一個惡少。

「這位公子是我很好的朋友，恩人，佛爺……一般的善良，平常在家讀書，不大出來。沒什麼，大家喝茶，喝茶！」塔堅乃對大家解釋著，搖了搖手中的茶壺，不讓裏面的酥油茶沉澱。

倉央嘉措趕忙欠身向大家致意，他的微笑和文雅的舉止同塔堅乃的介紹配合得十分得體。大家的心緒開始寧靜下來。雖然有人對塔堅乃會有這樣一位朋友難以理解，但也不願再去追究。既然是朋友的朋友，相信他就是了，何必管人家的私事呢？聽說當皇帝的還有窮親戚呢，窮苦人就不能有闊朋友嗎？

「請問先生叫什麼名字？」一位銀匠說。他並不是多嘴，而是要和倉央嘉措攀談幾句，表示友好。

這一下可把倉央嘉措問懵了，難住了，他出來的時候，只注意了換裝，可沒想到化名。他張了張嘴，卻答不出聲來。縱然這些人不一定知道六世達賴叫倉央嘉措，他也不能說出自己的名字，那太冒險了，弄不好會給塔堅乃惹出大麻煩來。

「噢，他叫宕桑汪波，他就是宕桑汪波先生。」

倉央嘉措立刻點著頭承認了。他心中暗自高興，這名字還挺好聽。他想，塔堅乃不可能事先為他準備下一個別的名字，這位老兄的腦子還真靈活。不識字的人自有他聰明的地方。

他倆小時候在故鄉玩耍那陣子，誰也夢想不到許多年以後會相聚在拉薩；更想不到會有必要給對方另起一個名字。就是在不久以前，倉央嘉措把剛祖換成塔堅乃的時候，也沒有想到塔堅乃會把倉央嘉措換成宕桑汪波，這種一還一報之所以有趣，是因為都產生於無意之中。

是挺有意思！假如生活中完全沒有意外，沒有偶然性，沒有巧遇和巧合，沒有絕難預料的事情，沒有戲劇性的話，將是多麼乏味呀！

從此，在拉薩出現了兩個完全不同的人——穿袈裟的達賴倉央嘉措和穿俗裝的公子宕桑汪波。

這時，肉店門外來了一個年輕女子，懶洋洋地站下，懶洋洋地喊了一聲：「喂，買肉。」

倉央嘉措看到她，立刻有一種第一次看到孔雀開屏的感覺。她是那樣豔麗，大小十分合適的金寶頂帽上，金絲緞、金絲帶和銀絲線閃閃發光。皮底呢幫的松巴鞋上繡著各種花朵。琥珀色的項鍊，從粉紅的內衣領子裏垂掛出來，更是亮光閃閃。圓圓的臉盤上，脂粉雖然塗得略重了些，但和她周身上下的色調倒也很協調。

如此近距離地、仔細地打量一位貴族小姐，在倉央嘉措還是第一次。在故鄉、在農村、在牧場、在宮中，他都沒有這樣的機會。他是喜歡樸素美的，但對於面前的這位小姐，他感受到的則是一種新奇。豔麗畢竟也是美呀。

「白珍小姐，請進來坐坐吧。」塔堅乃像招呼一位極熟的雇主。其實，這位小姐很少自己前來買肉，這種事經常是由傭人來幹的。她只是在閒得無聊的時候才轉到這裏，順便挑一塊好肉回家，偶爾也來坐坐。拉薩八角街的鋪面商人，社會地位是不算低的，這並不降低她小姐的身分。塔堅乃雖然還夠不上是一個可以用敬語來稱呼的商人，但也不是拿靴子當枕頭的貧賤之人了。

白珍小姐往裏面瞧了瞧，見亂哄哄地坐著幾個人，不想進去。但當她發現了倉央嘉措，認定是一位貴族青年，而且如此英俊，便又改變了主意，舒展了眉頭，走了進來。

也許是基於異性相吸的原理，塔堅乃的幾位新朋友對於這位小姐比對倉央嘉措要禮貌一些，起碼不含敵意。但是倉央嘉措並沒有注意到這一點，也無心去作這種不必要的比較，他的注意力被吸引到這位豔麗的小姐身上。

白珍顯然是與仁增汪姆截然不同的女人。嬌小、豐滿、嫵媚，嘴角上掛著冷峻，額頭上嵌著高傲。外貌是十八九歲的姑娘，卻像是有著四五十歲的家庭主婦的智慧。在她身上，農村姑娘的憨厚被城裏人的機敏代替了；不善交際的羞澀被見過世面的大方代替了。倉央嘉措又覺得，她的服飾表現出熱烈的色調，她的臉上卻透出了不協調的冷漠，而冷漠中又泛著欲求，這一點，是他從白珍朝他頻頻斜視過來的目光中覺察到的。

「公子，你會下棋嗎？」白珍不理睬別的人，逕直向倉央嘉措發問。接著，朝他嫣然一笑。

「會。」倉央嘉措據實回答，「不過棋道不高。」他覺得這問題提得奇怪，於是反問道：「你問這個幹什麼？」

白珍湊進倉央嘉措的耳邊，用乞求的語調低聲說：「我可憐的阿爸最愛下棋，他的腿有病，出不了門，總讓我出來找人去同他下棋。你如果沒有別的事情，就請到我家去坐好嗎？謝謝啦，請不要拒絕吧。」

倉央嘉措心想，難得她有這樣的孝心，反正自己今天就是為了散心解悶才出來的，而且很久沒有下過棋了，多認識一位新朋友有何不好呢？於是爽快地回答：「好吧，那就請你的阿爸多指教了。」

倉央嘉措向塔堅乃說了再見，跟著白珍走出了肉店。

塔堅乃的朋友們望著他倆的背影，有的微笑，有的撇嘴，有的搖頭。

白珍小姐是一個沒落小貴族的獨生女兒，住在離八角街不遠的一座二層樓上，建築有些舊了，也說不上豪華，但還清潔、僻靜。倉央嘉措感到，比起他的寢宮來，這間花花綠綠的閨房充滿了生活的氣息。

「你的父親呢？」倉央嘉措坐了一會兒，問道。

「他有件公事，到察木多①去了，大約十天以後才能回來。」

①察木多，漢譯為昌都，係喀木（康區）的重鎮。

倉央嘉措想責怪她在肉店撒了謊，又怕使年輕的女主人過於難堪。且看看她還會說些或做些什麼吧。她的阿爸畢竟和自己是不相干的。

白珍竟不再說話，只顧擦洗著酒碗。

「那麼你的母親呢？」倉央嘉措又問。

「我有三個阿媽。」白珍不動感情地回答著，「一個升天了，一個逃走了，還有一個，父親始終把她帶在身邊。」白珍顯然不願對方過多地詢問自己的家世，接著反問道：「你呢？你到底是哪家的少爺？」

倉央嘉措沒有瞎編的才能，也沒有說謊的習慣，更沒有回答這類問題的準備。他只說自己叫宕桑汪波，別的話一句也不說。

白珍對於拉薩的貴族姓氏知道得不少，而且從父母那裏，從父母的朋友那裏，知道了多得可觀的達官貴人家中的隱私故事。如果誰的名字前邊不帶上家族的徽號以表明自己祖先的領地、莊園、世家、封號之類的話，她就不會承認你是貴族子弟。於是繼續追問倉央嘉措說：「你怎麼不說話呢？你是宇妥．宕桑汪波呢？還是郎堆．宕桑汪波？或者是多嘎．宕桑汪波？也許叫阿沛．宕桑汪波吧？」

倉央嘉措還是不作回答。

「好吧，你不願說出你的家族，一定有你的理由。別裝啞巴了，我再也不問了。」白珍勾了他一眼，慷慨地說：「好在我喜歡的是你，而不是你的姓氏。對嗎？」

她端來了飯菜，還有一大壺青稞酒。雖然說不上名貴，卻比他宮中的飲食花樣多些。

倉央嘉措明白了她在肉店編謊的原因，倒也讚賞她的熱情和直率。

白珍早已改變了她那懶洋洋的神態，熱情地招待著倉央嘉措。兩個人竟然對飲了三碗青稞酒。酒是那樣甜美，濃郁的香氣裏夾雜著一點酸味。塔堅乃為他們挑選的牛肉，也十分鮮美可口。

已經快到黃昏時分了，白珍還在向倉央嘉措殷勤地勸酒。倉央嘉措雖然有了幾分醉意，但還清醒地知道是該回宮的時候了，不然，大門上了鎖，蓋丹找不見達賴，布達拉宮將可能出現一個騷亂之夜，那後果是不妙的。

「我該走了。」倉央嘉措說著，站了起來。

「不肯……留下來嗎？」白珍撒嬌地說。

「不，不是……我一定得回去。」

「那麼你是不認我這個朋友嗎？」白珍的聲音裏含著惱怒。

「不不，我感謝你的感情。」

「怎麼感謝呢？」

「……」

「什麼時候來感謝？」

「明天。」倉央嘉措覺得欠了她的情。

「好吧，明天我在家等你，看看你是不是個男子漢。」

「話出口要兌現，刀出鞘要劈砍。我明天一定來。」

「好，只要針不失信，線就不會丟醜。」白珍扶著倉央嘉措的肩膀說，「你不想送我一件……

紀念品嗎？」

「當然要送！」

「俗話說：給情人送上一顆珊瑚，他也會當做無價之寶；給無義的人就是送上萬兩黃金，他也不會說聲謝謝。你可不要送我太貴重的東西喲，我是不缺錢的，我要的只是……情意。」白珍說著，挨近倉央嘉措，仰起臉面，閉起眼睛，伸過來嘴唇。

倉央嘉措醉得搖晃起來，他扶住白珍的雙肩。白珍蹺起腳尖，噘起嘴，兩人親吻起來……

屋子暗了下去，太陽已經落山，倉央嘉措才匆匆忙忙地下了樓，邁開輕飄飄的大步，踩著落日的餘暉走回宮去。

第二天，倉央嘉措花了不少錢，從八角街一家大商店裏買了一副白玉鐲，揣在懷裏三步併做兩步地直奔白珍的家。

白珍高興地接受了「紀念品」，立刻戴在手腕上，含情脈脈地望著他。

倉央嘉措對於這位貴族小姐的一切確實不大了解，她既嬌小，又大膽，既世故，又熱情，既像是真的愛他，又像是逢場作戲，既像是珍惜感情的紀念，又像是有意索取禮品……不過，她到底還是有可愛的地方，這在布達拉宮裏是找不到的。但同時又總是覺得自己做了一件不是完全出於自願的事情。

「你還是不願告訴我你的家族嗎？」白珍又問。

倉央嘉措決心不說出自己的真名，也決心不編造另外的身分。他只承認自己是宕桑汪波。

「今天晚上，你可以……住在這裏了吧？」白珍拉他坐下來，小聲問著。

倉央嘉措搖了搖頭。

白珍驚奇起來，不滿意地撇了撇嘴，直視著倉央嘉措說：「也許你的父親地位很高，也許對你的管束很嚴，也許你打算去當喇嘛，也許你認為比我高貴，因此才不願或者不敢和我親熱。對嗎？我不會猜錯的。其實，這有什麼？就連達賴喇嘛也秘密地親熱女人！」

「啊？……」倉央嘉措一聽這話，不禁大吃一驚。他立刻敏感到，白珍是不是從什麼地方知道了自己的身分，進行旁敲側擊呢？而且一旦宣揚出去，他又將如何對付呢？

「你感到意外嗎？你不相信？虧你還是個貴族子弟，你的耳朵也太短了。」白珍自鳴得意地說。

倉央嘉措聽她這麼一說，稍微鎮靜了些，聽口氣不像是指的自己，而是另外一個達賴。不，也可能不是任何一個達賴，而是在不負責的傳說中張冠李戴罷了。但這無論怎麼說，對他都是一件重大的新聞，於是好奇地追問說：「他是誰？能告訴我嗎？」

「就是偉大的五世。」白珍肯定地說。

「有什麼根據嗎？人們胡猜的吧？」倉央嘉措雖然沒有表示出多大的驚訝，但總不大相信。

「我問你，五世達賴在水龍年去過北京是不是？」

「是的，那是順治九年。」

「就在那次動身晉京的前幾天，五世達賴從哲蚌寺到沙拉寺去，走的是山腳下的小路，半路上經過大貴族仲麥巴的府邸……仲麥巴你知道吧？」

「當然知道，第二任第巴不就叫仲麥巴．陳列甲措嗎？」

「對對。」白珍接著講，「五世就在他家過夜，由仲麥巴的主婦侍寢。」說到這裏，她故意嬌嗔地問：「什麼叫侍寢，你懂嗎？」

「懂。」

「那你說，是什麼意思？」

「就是伺候著、侍奉著、陪伴著睡覺的意思。」倉央嘉措講解著，力求清楚、全面、準確。同時，他想起了在什麼地方看到過的一句話，大概是在蓋丹的日記中吧？說「五世達賴化身的觀音菩薩在仲麥巴家中遺落了一粒珠寶鬘上的寶珠」。當時他讀到這種朦朧的句子，未求甚解，現在看來可能指的就是此事。而此刻的自己，是不是也是一種什麼化身呢？是不是也要在白珍家中「遺落」下一種什麼「寶珠」呢？他自己也弄不清了。

「怎麼？不想聽了？你以為我說完了？」白珍繼續說，「第二年，侍寢的主婦生了個兒子。他是誰？你猜猜。」

倉央嘉措根據家族和年齡，推想到了那個人，遂自語著：「難道是他？他是五世的兒子？」

「不錯，就是他——第巴桑結甲措大人！」

「不會吧？」

「你再想想，五世達賴為什麼在第巴八歲的時候就把他要到宮裏去？為什麼親自教他讀書學經？為什麼讓第巴羅桑圖道辭職？羅桑圖道辭職以後好讓桑結甲措來接替嘛。只不過因為蒙古的達賴汗反對，才找了個羅桑金巴頂替了三年。後來不還是讓桑結甲措當了第巴嗎？反過來再看，桑結甲措為什麼給五世修了那麼華貴的靈塔，舉行了那麼盛大的法會？……好了，不說了。你呀，我看是個書呆子，達賴都敢，你就不敢嗎？」白珍說到這裏，像是大醉了一樣地倒臥在倉央嘉措的身邊。

倉央嘉措不知是被引誘了，還是被說服了，或者被激發出了一種什麼精神；也許是被白珍的勇敢、主動所感動？他說不清，他只知道自己撲到了白珍的身上，緊緊地抱住了這位貴族小姐……他感到六世和五世、倉央嘉措和宕桑汪波、佛和人，不再有什麼區別，也不應該有什麼區別了。

二人親昵了許久，白珍問：「明天還來吧？」

「還來。」

「再給我什麼紀念品呢？」

「不是給過了嗎？」倉央嘉措指了指她已經戴在腕上的昂貴的玉鐲。

「這是見面禮。可今天……」

倉央嘉措頓時減少了對她的尊敬，兩顆剛貼在一起的心一下子又離遠了。如果她是個重感情輕錢財的姑娘，倉央嘉措倒是捨得為她花費錢財的，況且作為達賴何愁沒有錢財？

「嗯？難道我就值這一副手鐲嗎？」白珍又追問道。

倉央嘉措失望了，原來他在這裏並不需要付出愛情，只需要出錢就可以了。想到這一點，他倒認為這位貴族小姐竟連一副手鐲也不值了。不，他不大相信越有錢越愛錢是一條定律，他不願往壞處去想白珍，他希望對方在故意用這種要求來試探自己是否鍾情。

「那麼，你想要什麼呢？」倉央嘉措反問。

白珍笑了。她思索著，盤算著，老半天才說：「只要貴重就行。」

倉央嘉措心想：唉！只有不貴重的人才會說出這種話來。你試探我，我也可以試探一下你。

突然，樓下有人在喊：「宕桑汪波先生！宕桑汪波少爺！」

白珍開了樓門，二人往下一看，原來是肉店的塔堅乃。

「你怎麼找到這裏來了？」倉央嘉措探身問他。

「有急事！」塔堅乃不停地招手，「請下來一下。」

倉央嘉措下了樓，塔堅乃立刻把他拉到大門口，神情有些慌張地小聲說：「布達拉宮裏的人到處找你，讓你趕緊回去。」

「出了什麼事？」

「聽說達賴汗去世了，他的兒子拉藏當了汗王，第巴桑結派蓋丹到肉店來過，說請你去參加個什麼儀式。」

倉央嘉措歎了口氣說：「我真願意他們能完全把我忘記！好吧，回去。」說罷，回身朝站在樓門口的白珍招呼了一聲再見，趕回了布達拉宮。

這是康熙四十年（西元一七〇一年）的一天。

拉藏王子成了拉藏汗，繼任了蒙古和碩特部的首領。這是西藏政治生活中的一件大事，六世達賴和第巴桑結少不得都忙碌了幾天。對於倉央嘉措來說倒無所謂，不論誰當汗王，他只是參與一番例行公事的活動罷了，而對於桑結甲措來說，卻是萌發了一粒不祥的種子。他早就把拉藏汗視為政敵了，因為拉藏汗不但是一個頗有政治頭腦的人，而且是一個精力旺盛的、熱心於政治的人。拉藏汗的手上有兩張王牌：康熙皇帝的支持和固始汗傳下來的特權。桑結的手上卻只有一個達賴。更可怕的是，桑結在觸怒過皇帝並失掉了噶爾丹之後，只能維持現狀，處於守勢了。而拉藏汗的勢力卻與日俱增，並注視著桑結，伺機進攻。桑結甲措並不是意識不到這種危險性，但他不可能自動後退。如果他利用達賴在宗教方面的威信和行政方面的權力，把倉央嘉措培植成一位熱心於政教的領袖，讓達賴親臨第一線，自己就會免遭不測。這，只是設想而已，實際上誰都不會改變這個現狀：桑結不會向達賴交權，六世也絕不會醉心於政教，各人依舊頑強地沿著各人的軌道走，即使撞碎在交叉點上也不會回頭。

倉央嘉措又來到白珍的樓上。

白珍有幾分冷淡地埋怨說：「為什麼這麼多日子不露面？」

「有件急事，確實太忙。」倉央嘉措抱歉地說。

「叫我白等了好幾天。」白珍捶了他一拳，接著問：「給我帶來了什麼？」

「帶來了情誼，」倉央嘉措早就想好了這句答話。

「情誼是虛的。」

「虛的？」

「摸不到，抓不著，不能當吃，不能當穿，是方的？圓的？是金的？銀的？」白珍怨氣沖天地搶白著、數落著。

「原來如此！」倉央嘉措癱坐在墊子上。

「原來你並不愛我！」白珍把嘴撇大了一倍。

「我有多得花不完的銀錢，但不是用來買愛情的。買來的愛情是紙做的花，經不起風吹雨打。」倉央嘉措還在爭辯。

「那就請你和紙花告別吧。」白珍不只是冷淡，而且是發怒了。

「是的，是應當告別了。」倉央嘉措也生氣了。

「請你馬上出去！」白珍吼叫起來。

「你是位貴族小姐，該是有教養的。」

「教養？真正有教養的人不會白吃天鵝肉！」白珍雙手叉腰，怒目圓睜，完全變成了另外一個人，逼問說：「你走不走？」

「如果不走呢？」倉央嘉措故意問她。其實，事到如今，他連片刻也不願在此逗留了。寒心、傷心、噁心一齊向他襲來。盛開的花朵變成了貪食的母狼，他還留戀什麼呢？他恨不得立刻就離開她，永遠再不願見到她。

「你要是不走，想再纏我，我自有辦法，到時候別怪我不講情面。」白珍威脅著，像一位下達通牒的女王。

倉央嘉措又動了好奇心，想再看看這齣戲的尾聲到底怎麼唱，於是故意問她：「如果我不走開，你有什麼辦法？」

「我可以寫一封密信，報告給扁頭第巴，說拉薩有一個叫宕桑汪波的公子，到處散布謠言說你桑結甲措是五世達賴的私生子。」

倉央嘉措大吃一驚，這種辦法的確是他萬萬沒有料到的，立刻反駁說：「這件事可是你告訴我的呀！怎麼能反誣到我的頭上？」

「咦？明明是你告訴我的嘛！」白珍說得斬釘截鐵，而且裝出十分驚疑、非常委屈的樣子，戲演得很像。接著又補充說，「我還可以找個證人來作證，說你某月某日在某處用左手的食指指著布達拉宮的方向，辱罵偉大的五世達賴。」

「夠了！」倉央嘉措大叫了一聲。他無法容忍一個年輕女子竟然虛構出這樣顛倒黑白的細節。他抓起帽子，衝下樓梯。

「還來嗎？」白珍冷笑著追問。

「呸！」倉央嘉措再沒有看她一眼，逕直跑著衝出了大門。

一路上，他誰也不看一眼。一直到他換下了俗裝，才意識到自己已經回到了宮中。他是怎麼回來的，什麼時間回來的，似乎都不大清楚了。

在短短的幾天裏，他的感情經歷了急速變換的春夏秋冬。這期間，他寫下過許多首詩，記載了他和白珍的相遇、熱戀、懷疑、厭棄。如果把它們按照寫作的順序排列下來，簡直就是一篇敘事詩。雖然跳躍性較大，卻能清楚地反映出這個變化的全過程。

現在，就讓我們轉抄下來看看吧：

達官貴人的小姐，
她那豔麗的美色，

就像桃樹尖上，
高高懸著的熟果。

露出皓齒微笑，
向著滿座顧望，
從眼角射來的目光，
落在小伙兒的臉上。

嫣然啟齒一笑，
把我的魂兒勾跑。
是不是真心愛慕？
請發個誓兒才好。

時來運轉的時刻，
豎起祈福的寶幡。
有一位名門閨秀，
請我到她家赴宴。

上消下凍的灘上，
不是跑馬的地方；
剛剛結交的新友，
不能傾訴衷腸。

姑娘肌膚似玉，
被裹柔情擁抱；
莫非虛情假意，
騙我少年的財寶？

河水雖然很深，
魚兒已被鉤住；
情人口蜜腹劍，
心兒還未抓住。

一百棵樹木中間，
選中了這棵楊柳；
小伙我原不知道，

樹心已經腐朽。

從東面山上來時，
原以為是頭香獐；
來到西山一看，
卻是隻跛腳黃羊。

情人毫無真情，
如同泥塑菩薩；
好比買了一匹——
不會奔跑的劣馬。

心術變幻的情人，
好似落花殘紅；
雖然千嬌百媚，
心裏極不受用。

花兒剛開又落，

情人翻臉就變；
我與金色小蜂，
從此一刀兩斷！

顯然，他在和白珍小姐的相處中充滿了複雜的感情：從無意到得意，從感激到疑慮，從憤恨到痛惜。在與這位貴族小姐一刀兩斷的時候，還禁不住又稱她為「金色的小蜂」。然而他畢竟真的和白珍一刀兩斷了。

多情的人大概都少不了四樣東西：善良、憂愁、詩歌和酒。倉央嘉措從此喝起酒來。但他不願意也不便於在宮中喝，索性以宕桑汪波的身分出現在酒店裏。他常去的一家酒店就座落在布達拉宮下面被稱為「雪」的地方，有三個臥室一樣的套間。矮桌和坐墊、酒壺和酒碗，都十分潔淨、考究。店主名叫央宗，是一個非常能幹的四十多歲的女人。通過她的手，又向倉央嘉措撒開了情網。

十六　布達拉宮下的酒店

央宗的酒店生意十分興隆，從早到晚，高雅的客人，粗俗的酒徒，絡繹不絕。央宗對於各種人有各種應接的辦法，總是能使每個人滿意而去，有興再來。這位女店主，與其說是個商人，倒不如說是一位交際家。她把追逐私利的根鬚深埋在地下，人們看到的是公道的大樹；她把虛假的內核縮得很小，人們看到的是熱誠的果子。她使浮淺的人感到滿足，愚鈍的人深為敬佩。她用自己的隨和使自己保持平衡，不致在沸騰的人海中遭到沉沒。她並沒有多大的野心，也沒有過高的欲望，只不過生存的本能發揮得更加充分一些罷了。

她知道得很多，對於孤陋寡聞的人來說，簡直是一位深明世故的人。她有自己的處世哲學，八面借風，四方助雨，多數人覺得她有益，少數人也感到她無害。從她的言談舉止中，年長的能領略到幾分女性的溫存，年輕人能承受到她幾分母性的柔愛。這些，都是她維持這座酒店不致虧損的本錢。

她又是釀製青稞酒的能手。她做出的酒不論是頭道的、二道的、三道的，都一樣清涼、醇香、酸甜。能使姑娘們喝得臉面微紅，能使小伙子喝得醺醺欲醉。在倉央嘉措看來，這裏是個洋溢著友誼、溫暖、自由、平等和歡樂的地方。只有在這裏，他才看到了人，看到了人的生活。布達拉宮雖大，卻是一潭死水；酒店雖小，卻是一個海洋。更使他興奮的是那些無拘無束的人所唱的酒歌，歌中所含的生活氣息以及淳樸的思想，真摯的感情，形象的比喻……比酒更能醉人。

第巴桑結從自己的耳目那裏知道了倉央嘉措曾經和一位貴族小姐來往，又經常到酒店飲酒。他為此思考了多日，總是不知應當怎樣對付才好。他既怕這位達賴熱心於政治，又怕他耽於酒色。俗話說：酒後的人不好，雨後的路不好。萬一鬧出事來，讓兩眼盯著布達拉宮的拉藏汗抓住把柄，會同樣對他不利。但是倉央嘉措已經長大成人，正式坐床三年多了，又遠不是沒有頭腦的人，他不宜在這位達賴面前扮演一個訓導者的角色了。

桑結想出了一個暫可一試的辦法——從經濟上控制一下倉央嘉措。他認為，老年人可以掌握過多的權力，青年人不可掌握過多的錢財。

康熙皇帝為了密切中央和地方的關係，每年派人到西藏來看望達賴和班禪，並且送來親筆信件和貴重禮物。那時候，班禪還沒有得到封號，皇帝每年只送他五十大包茶葉，供他主持的扎什倫布寺的僧眾熬茶。直到康熙五十一年（西元一七一二年）正月，皇帝才指示理藩院①：「班禪胡土克圖為人安靜，熟諳經典，勤修貢職，初終不倦，甚屬可嘉。著照封達賴喇嘛之例，給以印冊，封為班禪額爾德尼②。」對於達賴，則待遇高得多，每年從打箭爐（今四川康定）的稅收項目下撥白銀五千兩給他。雖然這筆錢是一種宗教撥款的性質，但達賴是名義上的受贈者，有權由他個人支配。

①理藩院，清代官署，掌管蒙古、西藏、新疆各地少數民族事務。

②班禪額爾德尼，封號來歷見《清聖祖實錄》卷二五三，此處係引原文。「班」是梵語，意為精通五明的學者；「禪」是藏語，意為大；「額爾德尼」是滿語，意為寶。

桑結知道六世在用錢上是一個毫不吝嗇的人，同時又比較清高，絕不貪財，更不願開口索取。於是找了一位年齡大得足可以當他的曾祖父的老喇嘛，以上師的身分替他管理錢財的收支。六世要用一兩銀子也得講明用途，不能有忤佛意。倉央嘉措平日並不留意宮中的財務制度，也不便老是為了外出交際和喝酒去命令上師付款，只好默默地接受了對他的約束，為了節省而減少去酒店的次數。這樣做的結果，反而增加了倉央嘉措心中的不快，一旦出去，就來一個不喝夠玩夠絕不回宮。

倉央嘉措從一喝上酒就有很大的酒量。酒量這個東西，不是隨便可以鍛鍊出來的。同樣年齡、體質、性別的人，喝同樣多的酒，一定有醉的，有不醉的。在各方面無大差別的人，對於酒的適應能力卻有著很大的差別。到底是什麼原因？至今沒有令人滿意的答案。女店主央宗特別喜歡有酒量的人，倒不僅是因為可以多賺他們的錢。她開的雖然是酒店，但對於那些一喝就醉，一醉就吐的顧客，總是厭煩多於同情，只不過不肯輕易表露出來罷了。央宗自信十分了解宕桑汪波，經過幾次接觸，她就下了這樣的結論：這是個有學問無處使，有銀錢無處用，有苦悶無處訴的好小伙子。出於好心，她給宕桑汪波介紹了一個名叫達娃的、很會釀青稞酒的姑娘。

達娃也是常來飲酒的，留意過宕桑汪波，明顯地流露出好感。央宗正是看到了這一點，才充當了牽線人。我們的宕桑汪波也就和她相見並且熟悉了。

達娃姑娘其實是一個離了婚的少婦，她從不迴避她推開了丈夫的理由：在夫妻生活上那是個形同「廢物」的男人。她是屬於那種為數不多的女人之列的，既不看重錢財，也談不上有什麼深愛和癡情，她最貪婪的只是具有男子氣的男子。而且她在這方面的追求永遠沒有滿足。

這些，倉央嘉措開始時是不知道的。幾次親昵之後，他懊惱了。他不願去埋怨酒店的老闆娘，央宗只有熱心，並無壞心。他只有和塔堅乃去訴說。塔堅乃聽了一遍，十分乾脆地說：「我的佛爺，趕早算了吧！我不是說這位達娃姑娘沒有感情，她的感情只不過像一層薄薄的毛皮，說穿了，她只是一塊肉。」

倉央嘉措很佩服塔堅乃對達娃評價的準確，於是和達娃斷絕了往來。

關於這一次依然有些輕率的、短暫的結合，倉央嘉措也留下了詩歌。

當他初次見到達娃的時候，曾經激動地寫道：

姑娘美貌出眾，
茶酒享用齊全：
即使死了成神，
也得將她愛戀。

他也產生過幻想：

只要姑娘在世，
酒是不會完的；
青年終身的依託，
當可選在這裏。

當他在感情方面得不到滿足的時候，便痛苦起來：

雖然肌肉相親，
卻摸不透情人的心術；
還不如在地上畫圖，
能算出星辰的數目。

想來想去，他還是把氣出在了央宗的身上：

與愛人邂逅相見，
是酒家媽媽牽的線；
如果欠下孽債，
可得你來負擔！

最後，他不無留戀和惋惜地感歎道：

邂逅相遇的嬌娘，

渾身散發著芳香；
卻像拾到塊白玉，
又把它拋到路旁。

在宮中，六世達賴的行蹤可以瞞過別人，但是不可能瞞過蓋丹。對於蓋丹——他說一不二的人——他也無須隱瞞。因此，他的一些詩歌，蓋丹是經常可以看到的。蓋丹很欽佩六世的詩才，貪婪地抄錄著他的作品。正是通過蓋丹的抄錄，六世的詩歌才得以流傳到拉薩，又流傳到民間，只是當時不知道它們的真正作者到底是誰。

倉央嘉措的詩歌也經常在央宗的酒店裏被人彈唱。倉央嘉措也依然經常到店中飲酒。當他發現自己的詩歌深受人們喜愛的時候，從孤苦中感到了慰藉。

達娃也依然到酒店來，她對於宕桑汪波並無怨恨，每次見面都大大方方地投來友好的一笑，然後就毫無顧忌地去親近自己新的朋友。

央宗發現了他們之間決裂的原因。她感到自己錯誤地估計了宕桑汪波，一方面想表示歉意，一方面想彌補過失。有一天，趁顧客不多的時候，她把六世請到自己的內室，安慰他說：「宕桑汪波公子，你放心，達娃是不會生孩子的。我本來也沒想讓你娶她。這樣吧，我再給你找一個更漂亮的，能情投意合的。不過，可不大容易成功，那姑娘，好像誰也看不上似的。也難怪，人家就是處處比人強嘛！」

宕桑汪波不信任地搖搖頭。他為自己浪費了的、被騙走了的情意而傷感。他對此有些厭倦了。

他覺得在這個世界上，要找到自己尊敬的男人倒還容易，而要找到真正可愛的女人恐怕無望了。他用冷淡回答了央宗的熱情，低頭坐著，一聲不吭。

「我知道你要的是什麼樣的姑娘：一不為錢財，二不為睡覺，而是重情義、講恩愛的那一種，對吧？」央宗像慈母一樣地慢聲細氣地對宕桑汪波說著，「還有一條，最好能和你一樣喜歡彈唱，喜歡詩歌。當然，長得也要非同一般的漂亮，走到街上像公主，坐到店裏像菩薩，飛到天空像仙女。和你好一輩子不變心，不能像那些路上撿來又扔在路上的情人，『開頭快如駿馬，結束短如羊尾』。是不是這樣的？我說到你的心裏去了沒有？」

宕桑汪波驚服了，酒店媽媽說的，正是他心裏想的。世上難得有真正了解自己的人，更難得有願意熱誠相助的人。他對央宗的最後一絲怨尤消逝在這些知心的話語之中。他點了點頭，歎了口氣說：「你說得很對，可這樣的姑娘哪裏有呢？我心裏雖想騎馬，命運卻只能走路……」

「別這麼說，包在我身上了，我說給你介紹就準給你介紹。這樣的好事我幹得多了，一百零八顆佛珠，串的是一根線；幸福美滿的結合，經的是我的手！」央宗正說得興奮，忽然又犯起愁來：「不過，那位姑娘我可沒有把握，我只能讓你們見個面，你能看上她，是一定的，她能不能看上你，就要看你的福分了。反正這份心我是要盡的。」

「謝謝你。你說的這位姑娘住在哪裏？叫什麼名字？」

「就住在附近，叫于瓊卓嘎，長得什麼樣我說不明白，也畫不出來。反正全拉薩找不出第二朵這麼好看的花兒來。她還會唱藏戲，今年過年的時候，演了一回文成公主，一下子就出名了。你不知道？」

「不知道。」

「真奇怪！你一不聾，二不瞎，怎麼會不知道她？」

「……」

「說也白說，你見了就知道了，說辦就辦，我今天就去問問，看她哪天能到我的店裏來坐坐。」

「不忙，讓我想想再說。」宕桑汪波抑制著自己熱情的嚮往。他學得聰明了，慎重了，他想先了解一下這個于瓊卓嘎到底是怎樣一個人。如果她身上有著白珍或達娃的那種破壞詩意的東西，即便長得再美，他也寧可捨棄了。

他很有禮貌地再次向央宗道了謝，出了酒店，他沒有回宮，而是朝拉薩走去。他決定委託塔堅乃替他完成對于瓊卓嘎的偵察。

塔堅乃一見宕桑汪波來到，高興得跳了起來，他雖然有了許多新朋友，但畢竟和這位童年時期的老朋友不能相比。俗話說：哈達不要太多，只要有一條潔白的就好。在他的心目中，宕桑汪波豈止是一條潔白的哈達？簡直是藍天裏的白雲！宕桑汪波的心地太柔和了，太寬廣了，尤其當了達賴以後，本來可以高坐在神的位置上供人仰望，但他卻仍然願意和普通人在一起生活。這是一朵染不黃也變不黑的白雲啊！

宕桑汪波剛喝了一碗茶，塔堅乃就拿出一大包硬梆梆的東西，咣啷一聲放在桌面上。

「這是什麼？」宕桑汪波不解其意地問。

「聽不出來嗎？銀子。你拿去吧。」

「我不需要。」

「別瞞我了。我知道你用錢不方便了。」

「誰說的？」

「蓋丹，他說他很敬佩你，同情你，很想幫你的忙，可又不敢違抗命令。」

「誰的命令？」

「還能有誰？當然是扁頭第巴。」

「拿去吧，」塔堅乃指著銀子說，「這既不是我送給你的，也不是我借給你的，而是還給你的，這一次沒有還完，往後繼續還。」

「我沒有借給你銀子，為什麼要還？」

「那我的肉店是靠什麼開起來的？」

「那是我作為朋友送給你的呀。」

「這……也算我作為朋友送給你的不行嗎？」塔堅乃堅持說，「要不，作為我向佛爺的供奉好了。」說著，雙手捧起銀子，跪倒在六世的面前。

倉央嘉措慌忙地向四周看了看，發現沒有別的什麼人，才放了心，連連說：「好好好，快請起來，我收下，收下。」

「這就對了。」塔堅乃高興了。

「我今天來找你可不是要銀子的。我的衣食住行全都由宮中照管，服侍得很好，唯一用錢的地方不過是央宗的酒店，而且也用不了多少。我是來求你幫忙做一件事……」

「說吧，十件百件我也應當效勞。」

正說著，店門外閃過了一個女人的身影。

「白珍！」塔堅乃對宕桑汪波一指，「怎麼樣？一點兒也不喜歡她了？」

宕桑汪波歎了口氣，念道：

天鵝戀上了沼池，
心想稍事休憩；
誰料湖面冰封，
叫我灰心喪氣。

「好了，不提她了。我看，她和我一樣，也是個賣肉的。」塔堅乃俏皮地說：「不過我賣的是牛羊肉，她賣的是自己的肉。」

「塔堅乃，不要這樣講吧，世上有各種各樣的人嘛，還是學會寬恕為好。」宕桑汪波停了一會兒，又念出這樣一首詩來：

死後到了地獄，
閻王有照業①的鏡子；
人間是非不清，

鏡中不差毫釐。

塔堅乃認真地聽著，有點兒激動地說：「到底有沒有這樣的鏡子？是方的還是圓的？我不知道，也沒見過。就是沒有這種東西，咱也不會害人。再說，我這一類的人是些小人物，做不了大好事，也幹不了大壞事。你可是大人物了，既能賜福百姓，也能讓百姓遭殃，可得小心啊！」

倉央嘉措深深地點了點頭：「賜福百姓的路，我至今還沒有找到；讓百姓遭殃的事，我是絕對不會做的。我也不想當這種大人物，只想能和普通人一樣地去生活。這，你是了解的。」

「你想得對，說得也知心。剛才說要我做件什麼事，讓白珍的影子給攪亂了！快吩咐吧。」

「替我去了解一個人。」

「誰？」

「她叫于瓊卓嘎……」

不多幾天，塔堅乃就完成了任務。據他了解到的情況看，央宗的介紹是可信的。于瓊卓嘎今年十九歲，中等偏高的身材，走起路來像舞蹈一樣優美。她是工布地區的人，那裏有許多森林，氣候比西北方向的拉薩還要溫濕，是出美女的地方。那裏還出產各種叫得特別好聽的鳥兒，在全西藏都是有名的。塔堅乃還從于瓊卓嘎的鄰居那裏打聽到，這位姑娘確實是一不愛錢財，二不圖享受，三

---

①業，佛教用語，指一個人一生的所作所為，有善與惡業之分。

不出鋒頭，看重的只是兩樣東西——才學和情誼。她會唱藏戲，還演過文成公主。她更喜歡唱歌跳舞，尤其愛唱郎瑪①的曲調。她有過一個情人名叫土登，不到一個月就絕交了，原因卻無人知道。現在，打她主意的人很多，其中有莊重的，有輕佻的，有真心實意的，有湊湊熱鬧的，有愛美的，有慕名的，有年輕的，有年老的，有富貴的，有貧窮的……圍繞著這朵鮮花，嗡嗡成了一團，簡直使人分不清哪些是蜜蜂，哪些是蒼蠅。于瓊卓嘎自有主見，對誰也不答應。喜歡她的男人多得像河底的石子兒，但是仙山在哪裏？有長處的男子多得像天上的星星，但是最亮的一顆卻還沒有見到。

倉央嘉措了解到這些情況之後，反而產生了一種見她的欲望。他有自己的驕傲，像一個決心制勝的將軍投入了情場。他甚至認為，不付出代價的佔領和不伴隨痛苦的幸福一樣，是沒有意思的。他覺得他不只是去追求一個女人，而是在向雄偉的布達拉宮挑戰，向生活挑戰，向一切禁錮他的東西挑戰。他不相信自己會失敗，即使失敗了，靈魂也不會屈服。他的心上自有一座須彌山②。他的腳步將按照自己的軌道運行，正如他的詩裏所寫的：

中央的須彌山王，
請你堅定地屹立著；
日月繞著你轉，

①郎瑪，一種優美婉轉、抒情性很強的拉薩曲調。
②須彌山，佛經上說它是世界上最高的山，也是世界的中心。日月星辰都圍繞著它旋轉。

方向絕不會錯！

他回覆央宗說：同意會見于瓊卓嘎。

十七　三箭與三誓

于瓊卓嘎是不常到央宗的酒店裏來的，只是在她的阿爸異常愁悶的時候，為了給阿爸打酒解愁才來一次。每次來，央宗都熱情地問寒問暖，投給她慈善的、愛憐的目光，而且總是多添些酒給她。她對央宗逐漸產生了好感，懷著感激與敬重之情。也許是因為六年以前她就失去了阿媽的緣故吧，一個不到二十歲的姑娘還是需要母愛的。

當央宗以請求的語氣告訴她，有一位很有才學的青年想和她見面的時候，她雖然有些躊躇，但也不好拒絕。她信任央宗，少女特有的羞澀和矜持又使她不能不有所顧忌。當她走近央宗指給她的那間與生人會面的小屋時，先警惕地望了望，見到門是敞開的，窗簾也是拉開著的，才放心了些。

她踏進門去，倉央嘉措站了起來。兩人無言地對視了一個瞬間，互相讓了座。央宗像招待雅座上的貴客一樣，為他倆擺好茶點和酒，歉意地說：「請二位自斟自飲吧，我還要去招呼別的客人。咱們都是熟識的朋友了，沒有什麼不可以原諒的。」

于瓊卓嘎滿意地注意到，央宗退出去的時候沒有關門。

倉央嘉措打量著這位陌生的姑娘，她的美貌果然名不虛傳，使人無可挑剔。他好像在看慣了的夜空中突然發現了一輪明媚的月亮，然而他只是遠遠地望著，而不急於挨近她。他是愛美成癖的，但也上過只崇拜外形美的當，遂使他產生了一種錯覺：越是美麗的女人越是無情。

「你想問我什麼？請問吧。」于瓊卓嘎爽直地說。

倉央嘉措心想：她允許我提問，就是願意回答我的問題，就是對我不反感。不然，客氣話說上兩句，藉口有什麼事告辭而去，誰能拉得住呢？對方既然把自己當朋友看待，自己也就應當像對朋友那樣地同她交談。

「聽說你是工布人，怎麼到拉薩來了呢？」倉央嘉措一邊為她斟著茶，一邊向她提問。

于瓊卓嘎微微地咬了一下嘴唇，控制著心中的酸楚，緩慢地說：「是的，我是工布地區的人。我們家原來有三口人，我的哥哥被徵派到這裏來修建布達拉宮，在抬石頭的時候……砸死了。他的樣子已經畫在宮裏的壁畫上。」

倉央嘉措不由地一怔。那壁畫上的情景他是見過的，那個被砸死的人的樣子給他留下了很深的印象。但他沒有想到那就是眼前這位可愛的姑娘的哥哥。他猜想他的寢宮下面也許就浸著于瓊卓嘎哥哥的鮮血……他不寒而慄了。

「四年以前，阿媽嘎瑪聽說市達拉宮修完了，我的哥哥卻沒有回家，便發瘋似地跑到拉薩來，闖進了佛殿，在壁畫上找見了兒子。」

這件事，倉央嘉措卻沒有聽誰說起過。也許宮中的人都不願談論這種令人不愉快的事，也許是根本不值得一談吧。他急著問：「後來呢？」

「後來，阿媽見到了第巴，賜給她一碗聖水。她高興地喝下去，死了。」

「啊，真是不幸！」倉央嘉措垂下了頭。

「我們當地的老爺名叫龍夏，就在阿媽死後的第二天，把馬鞭子掛在了我家的門上。我想，老爺們的這個規矩你是知道的。」

「不知道。」

「真的不知道嗎？不會吧？」

「真的。」

「那意思就是要到我家來……睡覺，如果違抗不從，就用鞭子抽打。我已經成了孤女，又是歸他管轄的農奴，我當時的處境太可怕了，就像放在大象腳下的雞蛋，暴風雪中的酥油燈。等待我的只有粉碎或熄滅……」

「那你怎麼辦了呢？」倉央嘉措急了。

「我請好心的鄰居們為我出主意。有的說：『雄鷹總是凌空翱翔，呆雁才死守著池沼。』有的說：『蟲死在螞蟻的門邊，羊死在豺狼的門邊。』有的說：『誰低下脖子，誰就會被人當馬騎。』有的說：『到了大草原，還能沒有搭帳篷的地方？』……他們雖然都不直說，但我完全懂得他們的意思。我假裝到河邊去背水，半路上扔掉了水桶，一直向西跑去。後來，我又混在朝佛的人群當中，來到了拉薩。」

「啊……」倉央嘉措如釋重負地長出了一口氣，望著他的還不是情人的情人，與其說是同情她的遭遇，不如說是敬佩她的堅強。

「問吧，還有什麼？」于瓊卓嘎也想把自己的一切都告訴他。

「聽說你在拉薩有一個阿爸？……」

「是的。但他不是我的親阿爸。他是個非常善良的老人，名叫多吉，原是位藏戲演員，後來他的眼睛失明了，我就靠織氆氌來養活他。他嘴裏不說，我心裏明白，他最怕的就是我會在他活著的時候嫁人。他就像一座古老的破舊的房子，已經歪斜了，我是支撐著他的唯一的柱子，是他唯一的安慰和歡樂。如果他聽到我們家來人，說話是男人的聲音，臉上就堆起陰雲。我不能怪他自私，我若是離開他，我也是沒有辦法的。」

「你沒有情人？」

「有過。他叫土登，也是工布人，一個長得不錯的小伙子。身體壯得像犛牛，但是在我面前卻比羊羔還要溫順，比奴僕更善於聽從。他平時沒有一點兒脾氣，不像是一個男人，倒像是一條沒有骨頭的毛蟲。他的眼睛裏老含著一種乞求憐憫的、又十分機警的幽光。我說不上他有什麼不好，但我不知為什麼總是不喜歡他，甚至從心底裏厭惡他。」

她看了倉央嘉措一眼，停頓了一下，繼續說：「我說的是真話。後來，我生了一場重病，躺了十多天，阿爸沒有能力照應我，急得像孩子一樣地哭呀，哭呀。土登日夜守護著我，伺候著我，那樣虔誠，虔誠得讓人害怕。我望著他的舉動，他的神情，感覺到害病的不是我，倒是他。他的病比我要重十倍，而且在我看來是永遠治不好的。這是一種什麼病呢？我說不上來，我琢磨了好多好多回，給它找了個名字，叫『信仰狂』。他不像在愛我，而是在信仰我。對我的信仰，就是他最大的樂趣，最大的享受，就是他的一切。我雖然沒有因此就真正地喜歡了他，但也受了感動，我不能不感激他，雖然感激不等於愛情，但它有時候也和愛情十分相似，在別人看來，是很難區別的。」

倉央嘉措的心弦發出了巨大的音響，這是個多麼聰明、多麼有思想的女子啊！又是多麼坦率、多麼善良、多麼熱誠的姑娘啊！俗話說：坦率的性格是人一生的寶貝。這幾年，除了在塔堅乃那裏，很少能夠聽到這樣坦率的談話。戥子可以量輕重，言語可以量人品。弓越彎越好，人越直越好。他覺得他的心和于瓊卓嘎的心急速地靠近了。

「我的病好了以後，一連三天，他纏著我，要和我結婚。」于瓊卓嘎接著講下去，「我沒有答應他。我明白地告訴他說：『即便你真的成了我的丈夫，也絕不能成為我的情人。』他失望了，灰心了，惱怒了。他的惱怒不是用言辭表達出來的，他沒有別的能耐了，握著刀子，對著我的胸口，逼問我愛上了誰。我什麼也不回答。他對我的信仰像大風中的帳篷杆子一樣地折斷了。這倒好，使我這麼容易地擺脫了糾纏。後來，聽說，他當了喇嘛，信仰佛去了。」

「他發現你並不真正愛他，忍痛離開了你還算是明智的。」倉央嘉措說，「他也是自食苦果。當然，他可能會一直怨恨你，因為在愛情的河流裏，要戰勝嫉妒的漩渦是不容易的。」

「你是說，他將會嫉妒你嗎？」于瓊卓嘎問。

這一問，點破了隔在他們之間的那層越來越薄的紙。倉央嘉措想握她的手，但她迅速地將雙手縮回了背後。

「聽說你很會作詩，是嗎？」于瓊卓嘎改變了問話。

「聽誰說的？」

「你的朋友塔堅乃呀。」

「我愛詩，但作得不好。」

「能不能念兩首給我聽呢？」于瓊卓嘎天真地要求他。

倉央嘉措意識到這是一種突然面臨的考試，愛才的姑娘是想試探一下他的才學。他高興起來，因為愛才的姑娘比愛財的姑娘更值得愛啊！

「什麼題目呢？你說出來，我試試看。」他自信不會被難住。

「就以我和土登的事兒為題吧。」

「行。」倉央嘉措忽閃著眼睛，稍稍想了一會兒，「我先替你作首吧。」隨之念道：

工布小伙的情意，
像蜜蜂撞上蛛絲；
剛剛纏綿了三日，
又去把佛法皈依。

于瓊卓嘎笑了：「你是在替我譏誚他嗎？」

「我再替土登做一首吧。」說罷，又念道：

方方的柳樹林裏，
住著畫眉「吉吉布尺」；
只因你心眼太狠，
咱們的情分到此為止！

「你倒替他怨恨起我來了。」于瓊卓嘎不服氣地說，「他從熱戀女人一下子又轉去熱戀佛爺，心不狠的人是做不到的。你說是嗎？」

倉央嘉措的心像是被什麼東西猛刺了一下。好在他自己並未真心熱戀佛爺，而是在熱戀女人。

「你不會也去當喇嘛吧？」于瓊卓嘎問。

「你是不是也要拒絕我呢？」倉央嘉措反問。

「如果不拒絕呢？」

「那樣，我即使已經當了喇嘛，也要還俗的！」

倉央嘉措說著，又去握她的手。這一次于瓊卓嘎沒有將手縮回，任他緊握著，撫摸著……健談的姑娘一下子沉默了。

這時候，央宗走了進來。兩個人已經同時發現了她，但是沒有彼此鬆手。好像根本沒有別人在場，又好像故意在宣布說：任你什麼人來目睹我們的秘密吧，我們不想隱瞞了，我們相愛了，一切後果我們自己全都承擔了；我們無須躲避你了，這沒有什麼不好意思的；如果你覺得不好意思，你躲我們好了，你退出去好了。

央宗並沒有退出去，她愣怔在那裏，半天才說了一句諺語：「好馬不用鞭子，有情不用媒人。」

太陽無情地向西落著，他們不能不分手了。

這一天的夜裏，于瓊卓嘎沒有睡著。一種難言的興奮使她毫無倦意。正像她天生有著坦率的性格一樣，她天生有著藝術的氣質。這種氣質開始是被工布地區的激流、森林、雪峰、花鳥滋養了，後來又被歌舞、藏戲、阿爸的彈唱綻開了，現在更被宕桑汪波的才學、詩歌、文雅放大了。她對於詩的愛好、對於詩的理解，聽到好的詩句之後的快感和激動之情，是一般人遠遠不及的。她很容易成為真誠的、有才華的詩人的知音。她自己也像詩一樣的真誠、熱情、美麗、動人。如今，她在那些專橫的、卑賤的、自私的、平庸的、無聊的男性之外，突然發現了宕桑汪波，既不像龍夏那樣想從高處來霸佔她，也不像土登那樣想從側面來襲擊她，而只是從正面作為一個平等的朋友向她走來，沒有狡獪的目光，沒有猶豫的腳步，沒有市儈的條件，沒有利害的計較。她嚮往中的幻影一下子變成了實實在在的形象。她不是決心要接受他的愛，而是已經在愛他了。她感受到從未有過的幸福。只有一點痛苦，那就是她不能對阿爸說明。

這一天的夜裏，倉央嘉措也沒有睡著。經過比較，他堅信于瓊卓嘎是他理想的情人。半日的接觸，他只能斷定對方對他是真誠的，但是還不能斷定是不是會愛戀自己。能不能得到她呢？這是個遠比該不該得到她更困擾人的問題。他覺得失掉了任何東西都比失掉她要好受得多。他有些急躁了，甚至害怕了。他後悔白天沒有及時地訴說心中的愛慕，沒有對她更親昵一些。他念叨著：

心兒跟她去了，
夜裏不能安睡；
白天又未如願，
叫我意冷心灰。

他徹夜在寢宮裏打著轉。他看見掛在牆上的弓箭，一會兒覺得自己就是箭，但不知究竟能不能將于瓊卓嘎的心兒射中；一會兒又覺得這箭就是于瓊卓嘎，已經射進了他的心窩，儘管很疼，儘管在大量地滴血，但卻再也拔不出去了。他看到成堆的哈達，他覺得自己對于瓊卓嘎的情意比哈達還要潔白，但又覺得是一片空白，急需于瓊卓嘎在上面點彩。他看到桌上的印信，覺得它雖然象徵著很高的權威，但遠不及于瓊卓嘎的手印更有力量。他看到窗外的彎月，覺得可能正如于瓊卓嘎對他的感情——缺而不滿。

他就這樣地轉著，想著……

第二天一早，塔堅乃就來了。他十分關心倉央嘉措和于瓊卓嘎第一次會面的結果，問問還有沒有用得著他的地方。

「看你的眼睛和神色，好像夜間沒有睡好？」塔堅乃疼愛地詢問。

「不是沒睡好，而是根本沒睡。」倉央嘉措苦笑著。

「怎麼樣？你對于瓊卓嘎中意嗎？你認為她可愛？很可愛？不可愛？還是無所謂？」塔堅乃開門見山地提問，像宣讀一張印著幾個欄目的調查表。

「我不回答你。你聽一聽我昨天夜裏寫下的幾首詩就明白了。」倉央嘉措從桌子上拿起了手稿。

「對，你在詩裏說的都是真情實話。你有什麼樣的心思，我一聽你的詩就全明白了。」塔堅乃端正了一下坐的姿勢，準備著細聽。

倉央嘉措朗誦起來：

搖晃著白色的佳弓，
準備射哪支箭呢？
你心愛的情人我呀，
已恭候在虎皮箭囊裏。

俏眼如彎弓一樣，
情意與利箭相仿，
一下就射中了啊，
我這火熱的心房。

一箭射中鵠的，
箭頭鑽進地裏；
遇到我的戀人，
魂兒已跟她飛去。

「好啊！」塔堅乃叫起來，「你這三首詩裏都離不開箭，就叫『三箭詩』吧。」

「我寫的詩都沒有題目。」倉央嘉措說，「不過你起的題目不錯。你再聽這三首。」

倉央嘉措又朗誦起來：

印在紙上的圖章，
不會傾吐衷腸；
請把信誓的印戳，
蓋在彼此的心上。

初三彎彎的月亮，
滿天灑著銀光；
請對我發個誓吧，
可要像滿月一樣！

心如潔白的哈達，
純樸無疵無瑕：
你若懷有誠意，
請在心上寫吧！

「巧了！這三首都是要求于瓊卓嘎發誓愛你的。」塔堅乃的確聽明白了。

倉央嘉措接過他的話說：「那麼，可以叫作『三誓詩』？」

「對了，我正要這樣說呢。」

兩人會心地笑著。

蓋丹進來稟報說：「第巴和拉藏汗在議事廳恭候您。」

「什麼事？」倉央嘉措收斂了笑容。

「不大清楚，許是關於政務吧。」蓋丹回答。

「我不懂得也不想參與政治。西藏的老百姓不是有句口頭禪嘛：『大事由第巴管著。』拉藏汗也是很能幹的。請他們去商量好了。」倉央嘉措揮了揮手。他心想，這種「恭候」不過是例行公事罷了。

「我該怎麼去說呢？」蓋丹覺得不好如實轉達六世的這段話。「你不是看見了嗎？」倉央嘉措指著塔堅乃：「就說我這裏有客人。」

蓋丹應諾著退了出去，

兩個人會心地笑著。

倉央嘉措說：「現在我們談一談你怎樣來幫我的忙吧。」

「要不要把你的『三箭與三誓』去念給她聽聽？」塔堅乃出了個好主意。

「當然要！可是，你能讀下來嗎？」

「我能背下來。我聽了一遍，就全都記住了。不信，我背給你聽。」塔堅乃說著，閉上眼睛從頭背了一遍，果然一字不差。

「請你快去吧。」倉央嘉措已經在想像于瓊卓嘎聽詩時的神情了，她一定會受到感動的，會流淚的，會因為那些詩句而徹夜難眠的。那些詩是為她寫的呀！雖說別人也能聽懂、看懂，但只有她才會全懂、最懂。

倉央嘉措這樣想著，想著，竟不知塔堅乃何時走了出去。

「多好的朋友啊，為了不打攪我的遐思，竟然不作告別。」他自言自語著走到窗前，向外望去，已經尋不到塔堅乃的身影了。只見央宗的酒店裏升起了炊煙。他聞不到煙味，但他斷定比上等藏香的氣味還要芳香。

十八　默思與退戒

倉央嘉措和于瓊卓嘎熱烈地相愛了。

他們只能白天在酒店裏相會，難得有對雙方都合適的時機。有時候客人太多，特別是那些有錢有勢的人，硬是占去了所有的房間，使他們連說句知心話的地方都沒有。在這種情況下，倉央嘉措只有強壓著熊熊的愛火。正如他在一首詩中所寫的：

在眾多的人們中間，
不要表露咱倆的秘密；
請將你內心的深情，
用眉眼向我傳遞。

相愛又不能表露，給倉央嘉措帶來了更新更深的煩惱。他甚至寫道：

壓根兒沒見最好，
也省得神魂顛倒；

原來不熟也好，
免得情思縈繞。

他在寢宮是安靜舒適的，但是作為達賴喇嘛的住處，絕對不允許任何女人進去。他考慮過把約會地點改在布達拉宮後面的公園裏，但是冬天的林卡是寒冷的，光禿禿的。他也考慮過塔堅乃的肉店，但是離他們太遠，而且這位朋友又有著特別多的朋友，整天亂哄哄的，更不是合適的地方。想來想去，只有到于瓊卓嘎的家中去最好。他請求了幾次，于瓊卓嘎都沒有答應。

于瓊卓嘎不願欺瞞她那雙目失明的阿爸，悄悄地領一個小伙子進家；也不願告訴阿爸她有了熱戀的情人，使可憐的老人去承受那即將失去女兒的悲哀。她又完全相信宕桑汪波和塔堅乃被迫共同編造的約法——在宕桑汪波的父親從北京回來以前，宕桑汪波是不能領情人進家的。這位「父親」究竟在朝廷任什麼官職？到底猴年馬月回來？只有天知道！她也十分苦惱，她為自己不能給情人提供一個相會的理想地點感到內疚，而且這也是她自己的需要呀。

于瓊卓嘎的阿爸多吉畢竟是一位聰明的老人，這些天來，他很少聽到女兒說話，而纖氇氇的機子聲卻比以往響得沉重了，他暗中猜想著：牛不吃草有疾病，人不說話有憂愁。女兒一定有了不愉快的事。他從前常誇獎于瓊卓嘎，說她輕柔的身姿像羊羔一樣可愛，悅耳的聲音像杜鵑一樣動聽。如今，他不但看不見女兒的身姿，而且連女兒的聲音也要聽不到了。這使他非常痛苦。他也曾經想過：難道真的像諺語中說的「小孩子有過錯人也喜歡，老年人沒過錯人也討厭」嗎？他又想：不會的，于瓊卓嘎是一個善良、孝順的姑娘，幾年來一直待他像待親阿爸一樣好。他想來想去，忽然明白了，狠狠地捶了一下自己的腦袋，罵自己說：「你真笨！姑娘的心事是最好猜的呀！」

趁氆氇機停止了聲響的間隙，老人喊了一聲：「于瓊卓嘎！」

「哎，」女兒答應著，側過身來望著老人，「阿爸，什麼事？」

「孩子，實話告訴我，是不是有男朋友了？」

「……」于瓊卓嘎吃了一驚。

「說吧，說吧。」老人懇求的語調裏飽含著母愛中才有的慈祥。

「有了。」女兒不再隱瞞，「阿爸，您生氣了？」

「你……很喜歡他嗎？」

「很喜歡。」

「一點兒也不像那個土登吧？」

「半點兒也不像。」

「你願意嫁給他嘍？」

「願意。可是現在不……除非您……」于瓊卓嘎下了織機，走近老人身邊說。

「除非我……唉！是我連累了你，我真該早一點死掉啊！」

「阿爸，別這麼想。我是說除非您答應了，從心眼兒裏高高興興地答應了……不然，我是不會結婚的。我可以對拉薩的八瑞相山起誓！」于瓊卓嘎替老人擦著淚水。

「那就請他常到咱們家裏來吧，我要了解了解這個人，然後再說答應不答應的話。孩子，俗話說『老牛的肉有嚼頭，老人的話有聽頭』。我希望你能尊重我的意見。」

「阿爸！我的好阿爸！」于瓊卓嘎半跪下去，吻了一下老人流淚的面頰。對於這位老人她還能要求什麼呢？她已經很滿意了。宕桑汪波可以到這裏來和她聚會了，至於結婚的事，晚幾年也行，不能性急——邁右腳也要等左腳落地之後嘛。

從此以後，倉央嘉措就經常到于瓊卓嘎的家裏來和情人相會了。多吉聽他談吐不凡，也漸漸對他有了好感。有幾次，在倉央嘉措到來的時候，這位老人竟然故意坐到大門外的石頭上去曬太陽。

塔堅乃為自己童年時代的好朋友找到了滿意的情侶而高興，唯一使他不安的是于瓊卓嘎父女二人的生活過於清苦。他想直接送錢給于瓊卓嘎，又覺得不妥；他也曾又給過倉央嘉措錢，但遭到了拒絕。他還能幫什麼忙呢？後來，他終於想出了一個好辦法：派他的一位朋友按時間去高價收購于瓊卓嘎織的氆氌，同時低價賣給她羊毛和染料，又請另一位朋友經常到于瓊卓嘎的家裏去賣些便宜的牛羊肉和糌粑。這樣來保證和提高朋友的情人的生活。塔堅乃心想，即使為此倒閉了肉店也是值得的，而且決心永遠不讓倉央嘉措和于瓊卓嘎知道。

倉央嘉措在情人的家中過著蜜月般的生活。他的喜悅甚至帶上了自豪的色彩。他真想逢人便說，但是除了塔堅乃和央宗之外又不能讓第三個外人知道。他只有在詩中宣洩得意之情。其中有這樣兩首：

印度東方的孔雀①，

①倉央嘉措以此自喻。他的故鄉門隅地區在西藏東南部，與印度東部相鄰。

工布深處的鸚哥，
生地儘管不同，
同來拉薩會合。

濃郁芳香的內地茶，
拌上糌粑最香美。
我看中了的情人哪，
橫看豎看都俊美！

這件事很快就被第巴桑結甲措知道了。

原來，于瓊卓嘎有一家鄰居，住著一個名叫路姜孜瑪的老婆子，她因為自己有這樣一個好名字驕傲了一生。直到現在，她說到「我」的時候還從來不用一個「我」字，而是必須說「我路姜孜瑪」，因為路姜孜瑪是傳說中的英雄格薩爾王的第十二個王妃。她無兒無女，孤身一人，靠了她年輕時候的情夫們的接濟，生活得也還可以。她是個有名的長舌婦，專愛探聽人家的私事，誰家哪一天吃的什麼，誰家來了什麼客人，誰家添置了一件什麼衣服，誰家的狗咬了什麼人，誰家的孩子頭上長了什麼瘡，誰家的女人看上了別的什麼男人……都是她非常關心、非常注目的大事，也都是她捕風捉影、添油加醋、四處散播的新聞。雖然有人當著她的面，說搬弄是非的嗜好是世界上最可惡的嗜好，她也毫不在乎。這在她已經成了癮，而且很深，想戒也戒不掉了，何況她並沒有半點想戒的意思。這是她最大的安慰，唯一的樂趣，精神的享受。要不，她幹什麼呢？這當然算不上是一種職業，但是她對於這種不是職業的職業的熱愛、忠誠和專心的程度，使許多勤懇於本職的人望塵莫及。

對於路姜孜瑪，一般人只是討厭她，並不了解她。她有過自己的黃金時代，年輕的時候也頗有幾分姿色，加上她特有的、一般女人學不來的風韻，也曾使不少的小伙子為之傾倒。在某些人的耳朵裏，這位「十二王妃」也是小有名氣的。現在，她老了。正像秋天會使花朵枯萎一樣，年齡也會使青春凋謝。她最基本的資本永遠地、無可挽回地失去了，今生今世是再也回不來了。人力也好，佛法也好，天大的權勢，如山的珠寶，自古以來唯獨在載走年華的車輪之前絲毫無能為力。然而並非是所有的長者都能坦然地對待這種必然的變化，心平氣和地接受衰老的來臨。有的人用多做些有益的事來增大生命的價值，有的人用珍惜時間來延長自己的壽命；也有的人用謀求虛名來實現自己的不朽，還有的人用吃喝玩樂來預支必死的補償；更有的人對所有新生的、美好的、豔麗的東西統統懷著嫉妒和仇恨，想毀滅一切他們不可能再次得到的東西——這正是路姜孜瑪人老珠黃之後的心理。

于瓊卓嘎的小土屋，臨小巷的那面牆上有個不大的窗戶，方格的木欞上雖然糊著像粗布一樣厚的藏紙，但並不隔音。路姜孜瑪時常像幽靈似地遊蕩在窗下，希望能聽到什麼可供傳播的東西。自從聽到了陌生男子的聲音後，她興奮極了。她一次又一次地屏住呼吸，豎起耳朵在冷風中偷聽，終於聽到了兩個人不能在第三者面前說的一些話。然而她並未滿足，又開始注意起宕桑汪波的行蹤來，終於也又有了收穫。她依然不感到滿足，但她這一次卻未去傳播，而是想等待一個人。她等到了，這個人就是土登。

她迎著土登走上前去，熱情地招呼著：「土登拉，你這身袈裟多好看啊！你在哪座大寺裏呀？」

「就在這裏。」土登併攏五指，指了指布達拉宮。

路姜孜瑪馬上習慣地壓低了聲音，「我告訴你一件事，你可不要對別人講啊？你的情人于瓊卓嘎又有了情人啦！」

「她已經不是我的情人了。」土登冷冷地說，「我現在是佛門弟子，絕不再談論這種事情。」

「咳，俗話說『貓兒聞不得鼠氣，喇嘛看不得女人』。你們佛門弟子未必都那麼守規矩。大喇嘛的風流事我聽見得多了，總不能只准大喇嘛殺羊，不准小喇嘛灌腸吧？得了，那麼好的姑娘，我就不相信你能和她一刀兩斷！」

「真的，信女人不如信佛爺，信佛爺來世幸福，信女人一生煩惱。」土登說著逕自走了。

路姜孜瑪失望地站了一陣子，轉身走到于瓊卓嘎的窗前，朝著那窗戶狠狠地啐了一口，便扭動著全身，又到一個三十年前的情人家「借」錢去了。

事情本該就這樣完了。不料在第二天中午，路姜孜瑪又碰上了替寺院催租回來的土登。

「你等等！」她趕上去說，「昨天我忘了一件大事，非告訴你不可呀！」

「什麼大事？」土登不耐煩了。

「于瓊卓嘎的新情人兒啊，我看就是你們布達拉宮裏邊的，他總是從那個方向來，朝那個方向去。」

「僧人麼俗人？」土登問。

「穿著打扮嘛，倒是個俗人。」

「不可能是佛宮裏的。你一定看錯了。」

「一點兒不會錯！這一回我說的可是真話。八成也是像你一樣的小喇嘛，換了衣服出來替你超度姑娘來了！哈……」

土登回到宮中，一面聽經師講經，一面想著路姜孜瑪的話。他現在已經不信佛爺而又改信權勢了，因為信佛只能在來世得到好處，信權勢卻能在今世就嘗到甜頭。據他所知，世上權勢最大的只有兩個人：一個是坐在北京皇宮裏的皇帝，另一個就是坐在第巴交椅上的桑結甲措。皇帝離他太遠，坐得太高，他不可企及，到死也見不上面；第巴可是近在眼前的，只要向他走近三步，就能夠改變自己的命運，迅速地飛黃騰達。第一步是博得他的好感，第二步是求得他的賞識，第三步是獲得他的器重。為此必須向他報告些什麼，自願充當他的耳目，哪一個當權者不希望自己耳目眾多呢？土登認為路姜孜瑪向他提供的線索使他有了報功的機會，於是決心去求見第巴。不巧，政府的一位僧官告訴他，第巴外出巡查去了，地點雖然不遠——拉薩西郊的堆龍德慶，但要三天以後才能回來，並且問他為什麼不去求見達賴。

土登當然知道論地位達賴比第巴要高，但同時也知道這位達賴六世年紀太輕，對於政教事務很不熱心，恐怕不會像第巴那樣需要他這樣的效力者。要想投靠哪一家，得把大門認準。他又想：老虎有十八種跳躍的本領，狐狸有十九個可鑽的山洞。我何不腳踩兩隻船呢？於是又決定先求拜六世達賴。

倉央嘉措愉快地允許了他的求拜。

土登誠惶誠恐地跪在六世的腳下，請求六世為他摸了頂，敬獻了一條上好的哈達。

「你我同在佛門，不要拘泥尊卑，有什麼話只管講吧。」六世和藹地說。

「熱壺裏倒出的奶茶是熱的，誠實的人說出的話是真的。請佛爺相信我的真誠。」土登臉朝著地毯，像宣誓一般地說著。

「說吧，說吧。」六世鼓勵他。

「地不長無根的草，人不說無根的話。尤其在佛爺面前，我絕對不敢說謊。」土登繼續在引用諺語。

「說吧，說吧。」六世對他這段不精煉的序言已多少有點兒厭煩了。

「稟告佛爺：宮裏有人不守教規。」

「怎麼回事？」

「我親自聽人說，有人常到一個姑娘家去。」

倉央嘉措吃了一驚，好在土登一直虔誠地低著頭，沒有發現他突變的神色，停了一會兒，他厲聲追問：「什麼人？」

「不知道。只是聽說他從宮裏去，又回宮裏來。至於那個姑娘，我從前是認得的，怕是一個『活鬼』吧？」

「姑娘叫什麼名字？」

「于瓊卓嘎。」

倉央嘉措的頭「嗡」地大了起來。于瓊卓嘎分明應當是一位聖潔的仙女，怎麼能被稱為「活鬼」？他不能容許任何人對于瓊卓嘎有任何的污辱。

「你叫什麼？」六世強壓住怒火。

「土登。」土登回答之後，生怕達賴喇嘛沒有聽清，記不住他這位維護法規的功臣，又重複說：「土登。我叫土登！是朗傑扎倉①的。」他得意起來，暗自猜想一定博得了佛爺的好感。但他哪裏知道，「要射虎，卻射著了老鷹」呢！

倉央嘉措恨不能一腳把他踢出去，但他忍住了。

「我知道了。此事不可再對別人去講，待我查明以後親自處理。你，去吧。」倉央嘉措不是向他揮了揮手，而是朝他抬了抬腳。

「是是。我隨時聽從佛爺的召喚。」

土登又叩了個頭，倒退著出去了。

土登等了些天，六世並不召見。他估計，他的告密沒有達到預期的目的。第巴也已巡視歸來，於是不再遵守對六世許下的諾言，又向第巴稟報了一遍。第巴誇獎了土登兩句，並嚴令他不得宣洩此事。

第巴派心腹人問過了路姜孜瑪，又經過暗中查訪，斷定那個常到于瓊卓嘎家去的小伙子就是六

①朗傑扎倉，達賴的儀仗隊性質的組織，有一百多名喇嘛，職事是每當達賴下山出行時，為他鳴鑼擊鼓，聲張儀威。

世達賴。經過深思熟慮之後，他覺得不宜直接向六世達賴挑明，最好是用一種堂堂正正的理由，不傷面子的辦法，使倉央嘉措對于瓊卓嘎的感情冷卻下來。而且一定要他冷卻下來，以免引起事端，對政教大業產生不利影響。

桑結甲措終於找到了這種辦法，他借用三大寺堪布的名義上奏六世達賴說：「您已經到了應當受格隆戒的年齡。廣大僧眾一致建議您到山裏去閉關①修行一個時期。」

倉央嘉措當然沒有斷然拒絕的理由，但他心裏明白，一定是那個土登又把他的情報提供給了第巴，第巴才設法把自己調開的。他雖然不想報復土登——他認為蔑視比報復更符合他的習慣，但也不甘心受制於小人。他藉助於自己的尊位找了個藉口，聲稱身體欠佳，暫時不能進山。這樣，修行的事就拖下來了。顯然，任何人都不能強迫命令他啟程。

他感到一根有力的繩索已經從他的腰間移到了胸部，並且在開始拉緊。繩索的一頭在于瓊卓嘎的手中，另一頭在第巴桑結甲措的手中，無論他往哪邊靠近都會使自己窒息。

他對于瓊卓嘎是既感激、又內疚。感激的是她給了他深厚的、美妙的愛情，使他得到了金頂「牢房」之外的一片翠藍的天空；內疚的是對她隱瞞了不能娶她的達賴身分。他對桑結甲措則是既感激、又憎恨。感激的是他畢竟還尊重他的地位，給他留了面子，勸他去修行也是出於愛護之心；憎恨的是死守著黃教的教規，板著嚴肅的面孔，要求他只能像一個清心寡欲的孩子，不允許他像普通的成年人或者紅教教徒那樣生活。

---

①閉關，佛教修法的一種形式。閉關修行時不出門，不見人，只允許一人送來飯食。

如今他所面臨的關於修行的事，成了他的一大心病。他的思緒更加紛亂，心情更加複雜。他曾經天真地設想，如果不是第巴而是于瓊卓嘎讓他去修行的話，那他會自覺自願，毫不拖延地前去，他也就不會說「身體欠佳」之類的話了。他寫道：

眷戀的意中人兒，
若要我學法修行，
我小伙子絕不遲疑，
走向那深山禪洞！

有時候，他也閃過這樣的念頭：乾脆去修行好了，何必自尋煩惱？在佛學中鑽研，在佛海中漫遊，倒是一種安慰。不是也確有不少人自小進寺，老死寺中，一生不違教規嗎？我既然身為達賴，有此法緣，為什麼總不安分呢？但他畢竟下不了那樣的決心。現實的東西總是比虛幻的東西更有力量，民間的陽光總是比寺中的油燈明亮。花一樣盛開的于瓊卓嘎是無法在他心中凋謝的。這種矛盾，也留在了他的詩稿上：

若依了情妹的心意，
今生就斷了法緣；
若去那深山修行，

又違了姑娘的心願。

結果，他還是拖著不走。他坦率地寫道：

戀人長得俊俏，
更加情意綿綿。
如今要進山修法，
行期延了又延。

第巴桑結沒有辦法，只好修正了原來的建議，告訴倉央嘉措說：「既然貴體欠安，那就不必去山中修行了，每日在宮中默思吧。」

這樣做，倉央嘉措只好接受了。

默思，乃是佛教的術語，意思是觀想，每日靜坐在那裏，心中想像著自己所要修的神的形象。

他是怎樣默思的呢？看看他下面寫的這幾首很有名的詩吧：

默思上師的尊面，
怎麼也難以出現；
沒想的情人的容顏，

卻總在心上浮現。

若能把這片苦心，
全用到佛法上面，
則在今生此世，
成佛倒也不難！

前往德高的喇嘛座前，
求他將我指點；
可心兒無法收回，
已跑到戀人身邊。

最後，他實在默思不成了，只想再到于瓊卓嘎那裏去，但又不能出宮。他想像著，若是于瓊卓嘎能夠前來就好了。她怎麼能來呢？她怎麼敢來呢？除非她是一種供品，否則是不能進到宮中來的。啊，那個像錦葵花一樣美麗多姿的姑娘，要是變成供品，我就會喜歡到佛殿中去默思了。

他寫下了這樣一首詩：

生機勃發的錦葵花，

如果去做供品的話，
把我這年輕的玉蜂，
也帶進佛殿去吧！

他感到那根有力的繩索已經從他的胸間移到脖子上來了，熱烈的想像被冰冷的現實扼死了，反而使他的氣悶和煩躁達到了頂點。他毅然拋棄了受罪的默思，拒絕再到佛殿裏去。

剛剛繼承了汗位的蒙古和碩特部的拉藏汗的兩隻耳朵，從打探者和告密者口中，聽到了倉央嘉措的韻事，竟然同準噶爾部的新首領策妄阿喇布坦發表了一個聯合聲明，說六世不是真達賴。倉央嘉措知道這一情況之後，只是笑了笑，毫不介意。他已經早有思想準備了。

第巴桑結甲措則有些恐慌了，他的容忍也已經達到了極限。但對於達賴喇嘛又奈何不得，尤其這位六世是他進行政治賭注的最大資本，他絕不能打碎這隻頂在自己頭上的瑪瑙盤子。怎麼辦？經過一番苦思之後，決定求助於六世達賴的師傅五世班禪。

不久，五世班禪發來了信件，正式邀請倉央嘉措到後藏的日喀則去，他要親自在扎什倫布寺為倉央嘉措主持受格隆戒的儀式，並對不羈的六世達賴進行勸導。

倉央嘉措只好同意啟程。也許是因為這件事過於重大，也許是都覺得應當參加這隆重的儀式，也許是基於別的什麼原因吧，第巴桑結甲措，蒙古的拉藏汗，三大寺的堪布，全都隨同前往。

這是康熙四十一年（西元一七〇二年）的事情。倉央嘉措一路上沉默寡言，怒氣沖沖。哲蚌寺、堆龍德慶、羊八井、南木林……這些有名的地方，他都無心前去訪問！甚至連雅魯藏布①和年楚

②的流水都不能衝開他的笑容。

他怎麼會有笑容呢？他的心抽搐著。他坐在用黃色錦緞蒙起的轎子裏，什麼也看不見，隨著轎身的起伏搖擺，像是被投進了河流的一片落葉，無根無枝，逐波飄蕩。此去的目的地是明確的，是班禪駐錫的日喀則，而生活的目的卻沒有方向。

轎外是喧騰而雜亂的馬蹄聲，更加惹得他心情繁亂。前呼後擁的王公、大臣、高僧、武官以及侍衛、隨從，嚴格按照各自的地位和身分排列著，不差半個馬頭地前行著。這個壯觀的行列，幾乎包括所有宗教界、政界、軍界的重要人物。他們有時沉思，有時低語；或洋洋自得，或心事重重。倉央嘉措經常感覺到，他們的衣冠楚楚、肥頭大耳的外貌同他們的不那麼光明正大的內心很不協調。他們總是想通過主宰他人的命運使自己的命運遠勝他人。世上有許多人對他們看得過高，甚至千般敬畏，萬般羡慕。倉央嘉措則認為他們甚是可憐，因為他們私心太重，其中沒有幾個人能為眾生做出多少值得稱道的事情。他們之間還往往勾心鬥角，時明時暗地去抓對方的弱點，將對方的黑暗當作自己的光明。唉，他們活得也真不容易啊！倉央嘉措又覺得，自己不是更為可憐嗎？因為他正是被夾行在這些人的中間，而且脫身不得。他們之間為了某種需要倒還可能暫時妥協，在一定的時間裏相安無事，而他倉央嘉措卻不能在任何時候同他們妥協。論地位，他在他們之上；論思路，他在他們之外；論自由，他在他們之下。這是怎樣的矛盾啊！

---

①雅魯藏布，江名。江在藏語中叫「藏布」。

②年楚，後藏的一條河名。河在藏語中叫「楚」，有的譯作「曲」。

倉央嘉措不時地掀開簾子向轎外張望。一路上，路面被打掃得乾乾淨淨，道路兩旁，一處接一處地燃起了敬佛的松枝，香氣瀰漫著廣闊的山野和低矮的村舍。成千上萬的農牧民跪倒在路旁，紛紛將家中僅有的銀錢、酥油、糌粑，連同潔白的哈達敬獻到他的轎前。倉央嘉措覺得他們比自己還要可憐。他不只一次地含著熱淚自言自語：你們向我祈求幸福，我的幸福又向誰去祈求呢？

一路上，他想為自己找一條可走的生活之路，卻怎麼也尋思不出。他想：按照第巴的暗示，不過問政教方面的大事，這種做法我試過了，但是並不能擺脫困境，第巴和拉藏汗像兩道不同方向的激流，在我身邊撞擊著，不停地捲成可怕的漩渦，開始也許只會濺濕我的衣服，日後也許會把我捲入水底吧？潛心宗教，默思修行我試過了，我的心總是不能入定，看來只有俗緣而沒有佛緣，除了幾首詩，別無收穫。忘掉情人，壓抑情義，我也試過了，但是做不到；如果她不愛我，或者她不像我愛她一樣地愛我就好辦一些，可我們卻偏偏如此地和諧一致，心心相印！在遊園、射箭、彈唱、飲酒中寄託情懷，尋求安慰，我更是試過了，那只能暫時地麻痹一下自己，過後更加痛苦。

他實在沒有別的辦法，要真正擺脫這種種矛盾，想來想去，唯有走下尊位，脫掉袈裟！如果再不下決心這樣做，那就太晚了。而現在，正是機會。

他又一次掀開簾子，扎什倫布寺的金頂在陽光下閃耀，日喀則就在面前，為他授戒的上師五世班禪就在面前。他不能再忍耐下去了，不能再猶豫不決了。時間和地點都合適，或成或敗，只得由命運去安排。

當他來到扎什倫布寺中，望見比他大整整二十歲的五世班禪羅桑益西遠遠地走過來迎接他的時候，他便跑向前去，脫下袈裟，雙手捧著，跪倒在師傅的面前，孩子似地哭喊著：「我不受格隆戒！連以前受的格楚戒也退給您！我要過自由的生活！」

五世班禪驚呆了，這情景完全出乎他意外，以致使他半天說不出話來。

三大寺的堪布、拉藏汗、第巴桑結甲措紛紛趕到跟前，勸他不要退戒。有的人流著淚跪下懇求他；有的人說他一定是得了什麼病症，想扶他先去休息……但是，都沒有任何效果。

達賴喇嘛他已經當夠了！

他本來就不想當。

十九 雪地上的腳印

日喀則這座後藏的名城，坐落在年楚河平原上，比起拉薩所在的拉薩河河谷來，要寬闊平坦得多。但是倉央嘉措的心情卻比在布達拉宮時更為鬱悶。

他拒絕受格隆戒的態度誰也無法改變，他退格楚戒的行動雖然不能為五世班禪所接受，但他自以為是已經退了。這些事情的內幕，當時是很少有人知道的，只有幾個頭面人物清楚。他們不但不會宣揚，而且還竭力保守秘密。因為教主退戒關係重大，它傷害著班禪的面子，動搖著第巴的座椅，降低著黃教的威信。只有拉藏汗沉靜地觀察著，等待著事態的發展，表現得有些超然，同時繼續在操練自己的兵馬。

第巴和班禪的出發點雖然不同，但有著共同的想法，即挽留六世達賴在扎什倫布寺多住些日子，希望他還會有回心轉意的可能。

倉央嘉措也明白他們的用意，但為了表示自己不願再受黃教教規的約束，便時常穿著俗裝到街上去遊逛，並故意當著班禪派給他的侍從的面，向一個背水的姑娘表示好感，好讓他們相信自己決心還俗。

這位姑娘名叫江央，有兩個誘人的特徵：眉毛特別細，皮膚特別白；然而卻是一個對人無禮貌、毫不動感情的人。倉央嘉措從河邊到街上一直跟著她，不自然地獻著殷勤。她卻一言不發地低頭走著，既無怒氣也無笑容，直到家門口才說了一句話；「少爺，你找錯人了。」隨後，就關上了大門。

倉央嘉措苦笑了一下，心想：人生真有意思，有些事你會拒絕別人，有些事又會遭到別人的拒絕。他們拒絕和被拒絕的理由是千差萬別的。像這背水的姑娘，一定拒絕過不少人吧？她的理由是什麼呢？大概是驕傲於自己的美麗，美麗是幸運的，也確實是可愛的，但它並不永恆。回到寺中，他寫了這樣三首詩：

我心如新雲密集，
對你眷戀求愛：
你心如無情狂風，
一再將雲朵吹開。

木船雖無心腸，
馬頭猶能向後顧盼：
無情無義的人，
卻不肯回頭看我一眼。

你那皎潔的面容，

雖像十五的月亮：
月宮裏的玉兔，
壽命卻已不長。

因為六世達賴喇嘛在這裏頗受注目，他和背水姑娘的事，很快在寺內的一些人中私下傳開了。倉央嘉措知道以後，想到那些「向房主借到房子，還想和主婦睡在一起」的達官貴人，又想到許多穿著袈裟的人的風流韻事，深感不平。他寫道：

我和紅嘴烏鴉，
未聚而議論不暇：
彼與鷂子、鷹隼，
雖聚卻無閒話。

他故意把這些詩拿給班禪去看。班禪憂心忡忡地發現，他對約束的反抗，已經開始越過了放蕩的界線。班禪對他完全失望了。這也叫人各有志，水各有路吧。責備是沒有用的，他於是和第巴商定，請駕回宮。

倉央嘉措回到布達拉宮，整日悶悶不樂，因為第巴仍在暗中千方百計地阻撓他去山下會見情人。

第巴詢問過蓋丹以後，也十分擔心六世的身體。他從蓋丹那裏看到了六世的一首近作，遂決定立即去看望他。那首詩是這樣寫的：

請看我消瘦的面容，
是情人害我生病。
已經瘦骨嶙峋了，
縱有百醫也無用！

桑結來到達賴的寢宮，見倉央嘉措正在吟哦他的詩稿，消瘦的面頰上垂掛著淚滴，沉浸在詩與情的攪拌中。六世的身體看起來雖然不像詩中講述的那樣羸弱，卻顯然不像一個健壯的小伙子了。桑結是個頗有文化素養的人，從藝術的角度，他早就暗自讚賞倉央嘉措的詩歌了。現在看到這種情景，就像看到一隻在籠子裏朝著天空哀鳴的小鳥，不禁動了憐惜之情。

桑結彬彬有禮地問候了六世的飲食起居，然後恭順地說：「您需要什麼，只管吩咐好了。」

「我需要什麼，你是知道的。」六世不滿地回答著，又習慣地走到窗前，仰望著春日的長空，一動不動。

「唉，怎麼說呢？」桑結停了半天才歎息道，「俗語說：青春像彩虹一樣短暫，生命像花朵一樣易謝。請佛爺千萬保重聖體，顧及大局，靜下心來默思修行。您在其他方面的需要，我都照辦不誤。」

倉央嘉措突然轉過身來，雙目直視著桑結，大聲地說：「權力——給你！自由——給我！給我——自由！」說罷，抱住頭，痛苦地坐了下去。

桑結感到，一場不愉快的辯論是不可避免了。政治經驗告訴他，一是要冷靜，二是要準備做適當的讓步。

「黃教教主的自由，您都是有的。」桑緒在這句回答中，特意把邏輯重音放在了「黃教」二字上。

「可是連我出宮門都受到很大的限制。」六世爭執說。

「我的佛爺呀，那樣做……影響不好。如果，您只是去公園散散心，那當然沒有什麼，可……」

「是的，」六世馬上把他的話接過來：「我正是要去公園。我的骨節都快要生鏽了，我的馬術和箭術都快要荒廢了！」

「這倒是我的失職之處。說起來，我也很久沒有跑馬射箭了。不過，作為第巴，作為您的助手，理應不辭勞苦，盡心公務。您是需要多活動活動聖體的。從明天起，您就常到公園去吧。不過，為了安全盡量不要讓外人發現為好。」桑結有了告辭的意思，想這樣結束這場談判。

「我有個想法，」倉央嘉措的詩人的想像力活躍起來，「從宮後面偏下方的石牆上，另外開一個小門，這樣，不用來回走那麼多路，上下那麼多臺階，就可以直接到附近的公園裏去了。也不易被人看見。」

他述說得很實在，像一個建築師那樣地計算著。他又是興奮的，心中充滿了某種模糊的嚮往。

他等待著桑結的明確回答。這位扁頭第巴的頭，有時也是圓滑的，他既不說行，也不說不行，甚至從面部表情上也難找出一點贊成或者反對的影子。倉央嘉措急切地催問了幾次，他依舊一聲不吭，像一個啞巴。這種在某種事情上保持沉默的本事，這種對什麼都不表明自己態度的做法，不是任何人都能學得會的，這大概也是善於處世和處事的一種才能吧？你著急也罷，生氣也罷，都無濟於事。反正權在他手裏，他不點頭是辦不了的。

第巴的不吭不響，不坐不走，不是不非，使倉央嘉措動怒了。他從箭囊中拔出一支箭來，「啪」地折為兩截，丟在第巴的面前：「如果連這個要求都不答應，那麼從今天起，在任何場合我都拒絕再穿袈裟！你把我趕出宮去好了！」

桑結驚慌了，連忙辯解說：「請您息怒。我是怕在宮牆上破土，冒犯了神靈。」

「我不就是神王嗎？這是你們都承認了的，皇帝也是承認了的，蒙古人也是承認了的！」

「是的，當然是的。我是想，總要選一個吉祥的日子……」

「那就叫我的卦師去卜個卦好了。」

第巴桑結甲措在五世達賴圓寂之後，這才第一次感到了達賴喇嘛的權威；在聆聽了皇帝七年前的那個敕諭之後，第一次嘗到了被訓斥的滋味。他感到這位黃教叛逆者竟抽出了一支利箭，向他的頭上射來……

布達拉宮的後牆上，終於挖開了一個旁門。倉央嘉措有了個便於出入的通道。但他無法擺脫侍從的跟隨，任他發怒也好，懇求也好，既不能將他們斥退，也不能將他們勸回。他們寧可得罪善良的佛爺，也不敢違抗嚴厲的第巴。第巴的命令是下得很死的。因為自從發生了六世在日喀則退戒的事件之後，他就忘不了拉藏汗向他射來的冷峻目光。五世達賴死後秘不發喪，倉央嘉措被確認為轉世靈童，以及十五歲時突然坐床，都是他一手導演的。他使固始汗的子孫們蒙受了不被放在眼裏的恥辱，他們是不會輕易忘記的。六世的放蕩一定會為他們提供報復的藉口，所以他決心不再讓六世單獨活動了。但他多少也意識到現在這樣做為時已晚。真是顧此失彼呀！原先他擔心六世會醉心於親自抓取政教的實權，使他降為名副其實的助手，因而有意放縱了這位年輕的教主，希望六世把興趣放在其他方面。這一點，他毫不費力地達到了預期的目的。但是多情而又癡情的倉央嘉措卻沒有把自己的腳步停留在使第巴滿意的標準線上。詩人完全無視第巴對他的自由的限制，執意地追求著自己所嚮往的生活。第巴知道，倉央嘉措對於他並無敵意，目光中從來沒有拉藏汗望他時的那種難測的險情。從根本上講，他還是個天真的、任性的孩子，而且是個聰明善良、有脾氣、能寫一手好詩的、世上少有的孩子。要是讓這樣一個孩子既不進政治的圈子，也不出宗教的格子，那是很困難的。明著來吧，他不敢，又不忍，也無效；只有暗著來，從暗中設法控制他，約束他，必要時從側面給以警告。事已至此，他只有採取這樣的辦法了。

倉央嘉措為了擺脫侍從的跟隨，曾經想過各種辦法，但都不可取。唯一可取的，是由他自己掌管旁門的鑰匙。有一次他用命令的口氣讓看門人把鑰匙交給他，看門人卻磕著響頭拒絕了。這位看門人把鑰匙揣在懷裏，跪在地上死都不起來，嘴裏反覆地念著一句經文似的話：「求佛開恩，這是小人應盡的職責。」

看門人不是別人，正是曾被于瓊卓嘎拒絕過的土登。看守旁門的任務是第巴交給他的。他自感已經取得第巴的信任，成了第巴的心腹；他的投靠使自己得到了好處，他從一個為達賴搖旗吶喊的小喇嘛，突然成了一個單獨掌管達賴的旁門的人。在他看來，這把鑰匙比官印還要值得誇耀，因為它是第巴交給的。單憑這一點，他就堅定了對於第巴的信仰。對於第巴，他心中時常湧現著兩種感情，一是想用阿爸這個詞來稱呼他，一是想更加效忠出力。有時候，他又感到自己已經是一個很了不起的角色了，他似乎已經分享到了第巴的一部分權力，又似乎是介於第巴和達賴之間的人物了。

六世平時是不在黃昏和黎明以及天氣不好的時候去公園遊逛的。所以土登常常利用這些時間來貪睡。但是他為了表示更加盡忠守職，又特意找來了一隻黃狗看門，這隻狗好像一個難得的長者，既慈祥，又聰敏。倉央嘉措十分喜歡它，每次出門都帶上一大塊用上等酥油和糌粑調和的粑塊給它吃。老黃狗對六世好像有了感情，它時常搖著尾巴來親吻六世的靴子，從來不對六世發出吠聲。

倉央嘉措從喇嘛工藝酥油花的製作上得到了啟示，有一次他帶著一塊和得較硬的糌粑來到旁門，故意藉口讚美門鎖做得別緻，從土登的手中拿過了鑰匙，接著又趁土登不注意的時候，在糌粑上深深地印下了鑰匙的模型。隨後，他把模型交給了塔堅乃，由塔堅乃的鐵匠朋友照原型複製了一把鑰匙。這樣，六世達賴終於靠自己的智慧獲得了獨自出入旁門的自由。

有了這把鑰匙，他就可以擺脫掉土登和那些侍從的監視，趁人們不注意的時候，打開那個小小的旁門，去和于瓊卓嘎約會了。

一個冬天的夜晚，倉央嘉措輕輕地敲著于瓊卓嘎的房門，他一邊低聲呼喚著于瓊卓嘎的名字，一邊不時地回顧，這時，沒有人影，沒有腳步聲，只有布達拉宮和附近藥王山上的經幡在冬夜的冷風中瑟瑟地搖動，伴隨著遠處野狗的狂吠和殿角上鐵馬的叮噹聲。他屏住呼吸，感到十分愜意。他感到自己正置身於詩境和夢境的交融之中。

于瓊卓嘎從夢裏驚醒，聽出是宕桑汪波的聲音，這正是她熟悉的、盼望已久的聲音，是世界上最悅耳、動聽的聲音。她用激動得發顫的手披上衣服，開了房門，撲上去緊緊摟住情人的脖肩。

他們並不需要藉助語言，就充分地表達了別離之苦和思念之情。

「我很想給你買件禮物帶來，可是不知道買什麼合適……」倉央嘉措抱歉地說著，他確實為此難過。為于瓊卓嘎買東西，就是花得分文不剩他的心裏也是甜絲絲的。

于瓊卓嘎立刻制止他說：「我不需要你給我買什麼東西，你只要愛我就行。」她說的是真心話。倉央嘉措深深地感動了，同時心裏也默念起這句話：「是的，于瓊卓嘎，只要你愛我就行。你多麼需要我的愛，我也多麼需要你的愛呀！」

隔壁的阿爸多吉沒有聽見宕桑汪波的到來。在昏睡中，在夜色裏，在生命的盡頭，在這三重黑暗的覆蓋下蜷伏著。後來，他醒來了。盲人的耳朵是特別靈敏的，他很快就聽出是女兒和宕桑汪波在談話。他躺著想了很久，又坐起來想了很久，經過激烈的思想鬥爭，穿上衣服摸到女兒的門前，輕輕叫著女兒的名字。

他們兩人一左一右將老人扶進屋裏坐定，等待老人的責備。

「是宕桑汪波嗎？」

「阿爸，是我。」

「我要問你幾句話。」

「請說吧。」

「你喜歡我的女兒嗎？」

「這您知道，很喜歡。」

「永遠愛她嗎？」

「永遠！」

「在我去世以前，不要讓她離開我，行嗎？」

「當然行！」

「好孩子！我把女兒託付給你了，發誓吧。」

多吉雖然什麼也看不見，倉央嘉措還是跪在他的面前雙手合十說：「我向大昭寺裏文成公主帶來的佛像發誓……」

老人滿意地笑了。雙手摸索著，激動地說：「我雖然不是活佛，讓我為你們摸頂，為你們祝福吧。」

兩人同時把頭低下，向老人的手掌伸去。老人摸著他們的頭頂，喃喃地說著祝福的話，究竟說的什麼，誰也沒有聽清。只聽見他的聲音越來越小，手也越來越抖。突然，聲音沒有了，乾枯的雙手從他們的頭上無力地滑落下去……

老人死去了，懷著對女兒的愛和對宕桑汪波的信任，放心地死去了。他的死，像乾透了的樹葉無聲地飄落到地面那樣自然，像一盞燃盡了酥油的燈在無風處熄滅那樣自然。

多吉的去世對於宕桑汪波來說，是一個突然遇到的難題，他必須盡到未婚女婿的責任，安排老人的天葬；他必須考慮于瓊卓嘎今後的生活。但他自己又不能出面。作為達賴喇嘛，他無法去做普通人應當做的這些普通的事，然而他又在追求著而且已經得到了普通人過的生活。他像天空，可以亮起閃電，卻不能發出雷聲；他像大地，可以長出花草，卻不能顯露泥土；他像溫泉，可以湧出熱流，卻不能直奔大海；他像山峰，可以直插雲霄，卻不能移動一步。難堪、困窘、彆扭、遺憾、痛苦、焦急……如同亂箭不停地朝他射著。但他終不避開，也終不後悔。

他安慰泣不成聲的于瓊卓嘎，告訴她說：「近日我有緊急的公務，實在不能前來。阿爸的後事和你的生活，我將託我的好朋友塔堅乃來安排，請你一定照他的話去辦。」說完，向多吉的遺體施禮告別，匆忙地離開了。他抬頭望了望星辰，已經是後半夜了，便飛快地趕往塔堅乃的肉店。

塔堅乃對他在深夜裏突然到來十分驚異，急忙問：「你怎麼出來的？」

「我在宮後開了個旁門。忘了？鑰匙不就是你給配的嗎？」

「就你一個人？」

「就我一個。」

「天哪，你怎麼一個人獨自出來？有什麼事？」

「有件事得要你秘密地去辦。我們進去說。」倉央嘉措說著就要往內室走。

「不行。」塔堅乃擋住了他。「有她在裏邊，不方便。」

「誰？」

「我已經結婚了，在你去日喀則的時候。她名叫倉木決，我們倆是……」

「祝賀你！……不過這個以後再說吧。天亮以前我必須趕回宮去。」

「好的，我明白。有什麼吩咐就說吧！噓，小聲些。」塔堅乃把耳朵湊了過去。

塔堅乃接受了倉央嘉措的託付以後，執意要將他護送到布達拉宮的旁門。當他們走到旁門門口的時候，農家的公雞已經發出了第一聲報曉的啼叫。

天，更黑了。

塔堅乃遵照倉央嘉措的布置，妥善地為多吉在拉薩北郊的天葬臺上舉行了天葬。不久，又在央宗酒店的院中蓋了一間石砌的小屋，幫于瓊卓嘎搬來住。從此，央宗把于瓊卓嘎認作乾女兒，于瓊卓嘎作了央宗酒店的幫手。

當天夜裏，倉央嘉措便到央宗酒店裏和于瓊卓嘎約會。于瓊卓嘎第一次以當壚女的身分請倉央嘉措喝酒。他從來沒有這樣快意過，即席就留下了詩歌：

純淨的水晶山上的雪水，
鈴蕩子①上面的露珠，
甘露作釉的美酒，
智慧空行母②當壚。

①鈴蕩子，藥用植物川藏沙參的別名。屬桔梗科。
②智慧空行母，仙女名。

和著聖潔的誓約飲下，
可以不墮惡途①。

酒後的于瓊卓嘎，恰似染了一層朝霞的花朵，更加美麗動人。倉央嘉措當晚在這裏過了夜：

白晝看美貌無比，
夜晚裏肌香誘人；
我的終身伴侶啊，
比魯頂②的花更為豔麗。

次日清晨分手時，他們戀戀不捨地相互道別：

帽子戴到頭上，
辮子甩到背後。

①惡途，指六道輪迴中的畜牲、餓鬼、地獄三道。係佛經中的用語。
②魯頂，即吉才魯頂，哲蚌寺附近的園林。

說：「請慢走。」

說：「請慢坐①。」

說：「心裏又難過啦！」

說：「不久就會聚首。」

當他悄悄回到了布達拉宮旁門的時候，看門的老黃狗搖著尾巴迎接他，他也留下了詩作：

鬍鬚滿腮的老狗，
比人還要乖；
別說我夜裏出去，
天明時才回來。

又是一個深夜，倉央嘉措在酒店裏住宿。上天似乎要給有情人多一些磨難，這一夜，拉薩下了大雪，而倉央嘉措又必須在黎明之前回到宮裏。

他回去的時候，雞叫了，雪也停了。他掩好寢宮的房門，把脫下的俗裝丟進衣櫃，把靴子扔在

①慢坐，西藏人告別時的禮貌話，意思是「留安」。

靠火盆的地方，開始了疲勞之後的酣睡。

過了一陣，土登起床了。雪後乍晴，天亮得似乎特別早。土登站在自己的門口伸了個懶腰，見太陽還沒有露面，正後悔沒能再多睡一會兒，突然，發現有一串腳印，深深地印在鋪滿了新雪的地面上。他急忙近前察看，啊，不好！一定是有外賊進來偷盜宮中的寶物了。他迅速打開旁門，果然，從門外一直延伸到向下的斜坡路上，又一直延伸到視線不及的遠方。他感到一陣恐懼，禁不住喊了一聲：「來人啊！」但又立刻掩住了自己的嘴巴。心想：這事不可聲張，應當趁著路上還沒有雜人、清晰的腳印還在的時候，趕快順著腳印去查找賊人的來處，這樣，如果宮中沒有丟失寶物，他就把他的失職掩蓋起來，如果宮中丟失了寶物，他就可以提供出可靠的破獲線索，至少能夠將功折罪。他向四周望了望，不見有任何動靜，暗自慶幸剛才的喊聲沒有被人聽到。於是飛快地沿著腳印一路尋去，不一會兒就順利地找到了央宗酒店的門檻，腳印消失了。再明白不過了，賊人是從酒店出來的。他沒有敲酒店的門，不想打草驚蛇，有了這個收穫也就足夠了，他轉身往回跑，跑進旁門後把門鎖好，又狠狠地踢了老黃狗一腳。

下一步，該查找腳印的去處了。

土登的腳尖和腳印的腳尖朝一個方向並排著向前移動，越走越害怕，越走越急促。當他來到達賴喇嘛寢宮的門前時，幾乎嚇昏了：賊人竟然一直進入了達賴的臥室，啊，天哪！別是刺客吧？如果是，根據腳印來看是單程的，刺客一定還沒有出去。真該死，為什麼剛才沒有想到腳印是單程的呢？刺客也罷，賊人也罷，反正還在達賴的寢宮裏呢。他驚出了一身冷汗……可轉眼又一想，好啊，立功的機會到了！如果能夠像貓逮老鼠一樣，突然捉住刺客或者賊人的話，就將名揚全藏乃至全國，也定會受到第巴的最高獎賞而飛黃騰達——一個看門的小喇嘛，一下子就變成護教的大英雄！但他想來想去，總感到沒有力擒敵手的把握，還是智取為好。於是，他以蝸牛的速度輕輕推著達賴的房門，門慢慢地開了道縫。這時候，早晨的霞光已經從朝東的窗戶上射了進來，他看見六世達賴正仰面睡著，嘴裏掛著微笑，胸前的被子隨著均勻的呼吸一起一伏。他困惑了，如果有刺客的話，絕不會到現在還未動手。此刻他不敢驚動達賴，只得從門縫中鑽進半個頭去向房中巡視，望來看去，沒有什麼可疑的跡象，後來，他發現了達賴的那雙靴子，上面的雪剛剛化掉，由於木炭火盆的炙烤，濕漉漉的雪水還冒著熱氣；再回頭看外面雪地上的腳印，形狀、大小和六世的靴底一模一樣。他一下明白了，完全明白了！真想不到，竟是佛爺自己剛從酒店歸來。而酒店裏只住著兩個女人：央宗和于瓊卓嘎。

他望著安睡在霞光中的六世達賴，望著那張熟悉的、對他一直是冷漠的面孔，偷偷地帶上房門，向第巴告密去了。

第巴桑結甲措重賞了土登，並讓他在暗中查清兩件事：是誰給六世達賴和于瓊卓嘎牽的線？又是誰給六世達賴複製了旁門的鑰匙？但他沒有特意囑咐土登要對腳印的事嚴守秘密，因為這是土登的智力所及的。然而世界上有一種怪現象，某些本來應當是長期有效的規定，只要過幾天不重申，就有人認為它是自動失效了。於是，人們便可以佯裝不知或者遺忘已久，去肆無忌憚地違反它了。

諺語說：夏天管好放牧鞭，冬天管好火盆，平時管好嘴巴。管好嘴巴，對於大多數人來說，並不是容易的事，土登當然也在內。何況土登對於自己獨家掌握的特大新聞充滿了自豪，對於六世達賴不重視自己心懷著不滿，更由於六世和于瓊卓嘎的關係復燃了他的嫉恨之火。他也是有三五個友好的，他的每一個友好又會有三五個友好……結果，通過老公式的演算——「我只告訴你一個人」，加上「千萬不要對別人講」，等於「讓許多人知道」——這便使六世達賴的秘密傳到了民間。奇怪的是人們並不震驚，也沒有譴責他的意思，僅只是當做趣聞、軼聞和傳聞罷了。而在一些上層人物中間，則掀起了曾經壓在心中的軒然大波，因為這會涉及到他們的政治利益。

這些傳聞也到了倉央嘉措的耳邊。他既沒有惶恐不安的心情，也不想追查那個追查他腳印的人。他願意正視並且承認自己的所作所為。他覺得，為了于瓊卓嘎，為了自由地去生活，即使被廢黜也是值得的、而且是他求之不得的。一個本來就不想當達賴的人，還怕當不成達賴嗎？

為此，他寫下了幾首坦率的、後來得以廣為流傳的詩篇：

夜裏去會情人，
破曉時大雪紛紛；
保密還有何用？
雪地留下了腳印。

人家說我的閒話，
我自認說得不錯；
我那輕盈的腳步，
到女店主家去過。

住在布達拉時，
是日增·倉央嘉措；
住在宮下邊時，
是浪子宕桑汪波。

休道日增·倉央嘉措，
約會情人去啦！
他所尋求的，
不過是普通人的生活。

事情就這樣幾乎公開化了。有人來勸戒他，他反駁說：「你們喜歡美好的女子，我也喜歡。你們說我浪蕩，難道你們要的我不能要嗎？」

唯一能對他採取行動的只有第巴，而第巴也真的要對他採取行動了。

二十 第巴的「吃土精神」

轉眼又是早春，布達拉宮後的龍王塘園林裏，比去年又多了一層新綠。

倉央嘉措的那一把旁門的鑰匙，是沒有人敢沒收的。土登的權力已經是公開的名存實亡了。只有老黃狗一如既往地懷著對於六世達賴的愛，一如既往地臥在那裏。

白天，倉央嘉措穿著華麗的俗裝，帶著他的不必要再去擺脫的隨從，在龍王塘搭起華麗的圓帳，和于瓊卓嘎、塔堅乃一起跳舞，唱酒歌。有時，明月出山了，興致仍未盡，就和于瓊卓嘎在林卡中過夜。

夜間，他單獨去酒店的時候是不聲張的，只有塔堅乃一人在必要時迎送他。土登也只好睜一隻眼閉一隻眼，懷著敵意，也懷著為第巴立新功的迫切心情，等待著第巴的命令。

第巴桑結甲措已經得到了準確的情報，為六世達賴牽線找女人的是塔堅乃，為六世達賴配製房門鑰匙的也是塔堅乃。此外，他還得到了倉央嘉措的幾首新作。一首是：

那個巧嘴鸚哥，
請你閉住口舌！
柳林的畫眉阿姐，

要唱一曲動聽的歌。

一首是：

這個月過了，
下個月來了；
在吉祥明月的上旬，
我們將重聚一道。

還有一首是：

柳樹愛上了小鳥，
小鳥對柳樹鍾情；
只要雙雙同心，
鷂鷹也無隙可乘！

第巴撫著抄來的詩稿，又慨歎了許久。

第巴明白，柳樹就是于瓊卓嘎，小鳥就是六世達賴。他呢，則不得不承認是在扮演鷂鷹的角色了！

啟明星亮了，又一個黑夜將盡。塔堅乃伴送倉央嘉措回宮，見他進了旁門，才放心地轉身順著坡道往回走。布達拉宮後面的坡道不像前面的大路那樣，沒有巨大條石砌成的臺階，也沒有回頭線。它有些像通往戍樓的馬道；而由於北面是護牆，南面是宮牆，則又像是甬道。只要體力好，上去下來都是很快的。塔堅乃忽然想到妻子倉木決這幾天隨時有生孩子的可能，為了在關鍵時刻能盡到做丈夫的義務，也為了能及時享受到做父親的愉快，他加快了腳步，連蹦帶跳地向山下奔去。

突然，從宮牆腳下的排水洞口「嗖」地竄出一道黑影。塔堅乃一時間看不清是人是鬼，似乎那黑影的面部還戴有一張唱戲用的假面具。待他去抽腰刀時，那黑影已經貼近到他的身邊……他感到五臟六腑一下子化成了冰塊，腦子裏「轟隆」一聲，似乎被一場神山的大雪崩深埋了。他隱約地聽到自己大喊了一聲，緊接著，一切都歸於永恆的寂靜……

六世達賴剛剛鎖好旁門向寢宮走去，突然聽到一聲尖厲的慘叫從坡道方向傳來，他不禁停下腳步側耳細聽，卻什麼聲響也沒有了。他敏感到是發生了某種不幸，急忙轉身跑回旁門，重又打開了銅鎖，藉著星光巡視著坡道。

塔堅乃像臥佛般地躺在地上，鮮血順著坡道向下流淌。倉央嘉措見他十分喜愛的知心朋友竟然成了這個樣子，真是悲痛欲絕！他撲倒在塔堅乃的身邊，捧起那熱乎乎的頭。塔堅乃那一雙不閉的眼睛閃著強光。十多年來，從門隅到拉薩，從田野到土屋，從肉店到酒店，從林卡到佛宮，它一直這樣閃著、閃著……多麼熱情，多麼誠懇，多麼爽朗的眼睛啊！它比佛前的酥油燈明亮百倍！它是雨後的陽光，黑夜的星光，十五的月光，是專為照耀他倉央嘉措的生活的天空而出現的。如今，居然要永遠地熄滅了，在深深的友誼的大海上沉沒了，只剩下一片黑色的波濤……

他的滾燙的淚水滴在滾燙的血水中，一起向宮下流淌。好半天他才顫顫巍巍地站起身來，雙手舉向天空，高喊著：「快來人哪！」

過了一會兒，土登揉著惺忪的睡眼首先走來，仔細看了看屍體，大驚失色地說：「這不是塔堅乃先生嗎？太不幸了！」然後又合十著雙手說：「謝天謝地，佛爺無恙。」

天漸漸亮了，喇嘛們也漸漸趕到了現場。人們低聲議論著，但是誰也提供不出兇手的線索。倉央嘉措當即傳諭：為超度塔堅乃誦經三日，以達賴的親屬的規格舉行葬禮。然後才在眾人的護送下，踉踉蹌蹌地回宮去了。

倉木決在聽到丈夫被害的噩耗以後，哭得昏了過去。她一醒過來，就像一頭發瘋的母獅，抄起肉店的快刀就要自殺。朋友們有的兜肩抱住她，有的抓住她的手腕，好不容易才把刀奪下來。他們百般勸解她，終是無用。後來只好從酒店裏請來他們敬佩、信任的女人——央宗。

央宗拍著倉木決的肚子說：「為了你這快要出生的孩子也得活下去！讓你的孩子代替他阿爸活在世上吧。」

倉木決恍然大悟了，抱住央宗說：「對呀，我怎麼光想著那個大東西，把這個小東西忘了呢？阿佳央宗，多虧你提醒了我，不然的話，大家笑我沒出息、懦弱，死後也升不了天，都在其次，可憐的塔堅乃可就完完全全地沒有了。」

「咱們認作乾姊妹吧。」央宗提議說，「讓我們做一對互相幫助的女店主。」

第二天，倉央嘉措含著眼淚來看望了朋友的遺孀，留給她許多銀子，並且告訴她：「我一定要求第巴盡快地查出兇手，為塔堅乃報仇！」

倉木決說：「往後，就全靠你、阿佳央宗和朋友們了。」她癱軟在坐墊上，那樣子很容易使人聯想到沒有骨刺的魚，或者一碗溶化了的酥油。可惜她這種既不使人厭煩也不使人恐懼的神態，塔堅乃在生前卻一次也沒見到過。她對丈夫的愛，是用近似於虐待狂的方式來表現的。

「宕桑汪波，我怎麼也想不通，塔堅乃是個忠厚老實的人啊，從沒有害人的心腸，對朋友很講義氣，也沒聽說和什麼人吵過嘴，打過架，他得罪了誰呢？妨礙了誰呢？……」倉木決流著淚訴說著，直視著對方請求解答。

「是啊，是啊，我也不知道。」倉央嘉措皺緊了眉頭，沉思著。

「我還有個想不通的事，他為什麼偏偏死在那個地方？他是個俗人，又不認識一個喇嘛，深更半夜到那裏去幹什麼呢？他和布達拉宮有啥關係喲？」

「我……也不知道。請放心吧，我一定給他報仇就是了！」

倉央嘉措往回走著，懷著對這位嫂子深深的負疚之情——雖然塔堅乃的護送不是他的要求，而且他曾多次拒絕過。還有一件事也使他深懷歉意，即曾經寫過一首譏諷倉木決的詩。這首詩寫道：

無論是虎狗豹狗，
餵熟了它就不咬；
家中的花斑母虎，

熟了卻越發兇暴。

倉木決哪裏像什麼母老虎呢？他悔不該聽信了塔堅乃在受到妻子訓斥之後的一面之詞，太急於為朋友抱不平了。介入人家的家務事，十有八九是費力不討好的，不是多此一舉，就是留下笑柄，或者後悔莫及。

聰敏的倉央嘉措對於人類的醜惡和殘暴的一面是遲鈍的。

對於塔堅乃的死，他經過了千思百想才懷疑到了第巴桑結甲措的身上。他想，要叫小鳥和柳樹——他和于瓊卓嘎——分開的，只有他，他就是那隻鷂鷹。這隻鷂鷹不能直接捕捉小鳥，因為沒有倉央嘉措這隻「小鳥」，第巴也就不成其為鷂鷹，而只會變成風雨中的公雞了吧？是的，他只有在「小鳥」的周圍或者「柳樹」上才好顯示他的力量。

作為詩人的倉央嘉措，自知不是作為政治家的桑結甲措的對手。再者，人家因為留心他，抓到了他破壞教規的把柄；他卻因為不留心人家，沒掌握人家搞什麼陰謀的證據。況且他並不想與第巴爭權，何苦去和第巴正面衝突呢？如果衝突起來，第巴顧忌到達賴的地位，當然不會把他怎麼樣，但是會使第巴手下新得的爪牙、舊有的耳目和閒得無聊的人們活躍起來，使那些以損人為本領、以害人為樂趣的無賴又有了喊喊嚓嚓的內容，有了密謀鑽營和邀功請賞的機會。這一點，他是不願意向他們提供的。他認為，不提供渾水就是對摸魚者的最大懲罰。

但他畢竟是一位達賴，死者又是他的好友，而且把鮮血流淌在護送他回宮的路上。可憐的嫂子倉木決和未出生的侄子都期待著他去報仇，他是絕不能不查兇手的。他決定請他的卦師幫他尋找兇手。

他的卦師很快就把兇手查了出來。令他吃驚的是，兇手就是夜間從宮牆的排水洞鑽出去又鑽了回來的土登。第巴桑結命令在逮捕土登的時候，先用那把從背後刺殺塔堅乃的刀割掉他的舌頭，因為據悉他曾對佛爺出言不遜。當天，土登就被正法了。這件事，就此了結。

第巴的豪華的客廳裏，一位肥胖的稀客、遠來的下級正幸蒙召見。他向第巴彙報了工布地區近年來的社會情況、農業收成和財政收支等等。第巴全都細心地聽著，不時地點點頭表示滿意，最後，熱情地對他說：「龍夏先生，你很能幹。只要有我在，你的一切權力都會得到噶丹頗章政府有力的支持和保護。還有什麼私事要辦一辦嗎？辦好了再回去吧。」

龍夏為能得到第巴這樣的賞識而大感意外，把腰彎成九十度，吐了吐舌頭說：「雄獅要雪山來保護，猛虎靠森林來隱藏。河小浪大，是仗著高山的雪水；官小勢大，是仗著上司的支持。我龍夏一定效忠第巴，在用得上我的時候，我會使出九頭犛牛的力氣！」

「謝謝。慢走！」第巴欠了欠身子。

龍夏剛退出客廳，一個神秘的人從隔壁的房中走了出來，把龍夏拉在一邊，小聲地問：「龍夏先生，你這次到拉薩來帶了幾個侍從？」

「三個，一文兩武。你問這個幹什麼？」

「三個，足夠了。哎，幾年以前你是不是有個奴隸叫于瓊卓嘎？」

「是的是的，她逃跑了，到現在也沒有下落。」

「她就在此地。」神秘人物說。

「啊，你是說讓我把她抓回去？」

「奴隸逃跑是違反法規的，你當然有權抓她回去。」

「對對。說實話，我早就想叫她伺候我了。可她一跑，我就沒有辦法了，心想這麼大個西藏，要去找個小姑娘，豈不是騎在馬上找螞蟻嗎？沒料到魚兒蹦得再高也還是落在了網裏。請快告訴我她在什麼地方？」

「不遠，就在山下央宗的酒店裏。」

「請問你的尊貴的名字，我要怎樣感謝你呢？」

「對我最好的感謝就是不要想知道我的姓名，也永遠不要讓人知道我對你說過什麼話。不然……」神秘人物的兩道眉毛擰到了一起。

「我懂，我懂，請放心，請放心！」龍夏鞠著躬後退到樓梯口，幾乎摔了下去。一個轉身，他那馱著二百多斤肥肉的皮靴子響著打夯一樣的節奏，下樓去了。

自從塔堅乃被殺以後，倉央嘉措也像是從背後挨了沉重的一擊，感到有一種無法治癒的痛楚。像是為了忠於朋友的遺願似的，他更加頻繁地、大膽地、不分晝夜地獨自出入旁門，去和于瓊卓嘎相會。也許是因為他的朋友死於穿袈裟的人之手吧，他竟然在任何場合都拒不再穿袈裟。他還寫了這樣兩首詩，公然貼在寢宮的牆上：

大河中的金龜，
能將水乳分開；
我和情人的身心，
沒有誰能拆開！

背後的兇惡龍魔。
沒有什麼可怕；
前面的香甜蘋果，
捨命也要摘它！

他決定不再對于瓊卓嘎隱瞞自己的身分了。于瓊卓嘎是那樣尊重他，信任他，從不懷疑他的來歷，也不追問他的身世，單憑這一點，也足夠使他感激不盡，感動不已了。

他在于瓊卓嘎的房中來回地踱著步子，思想上又產生了顧慮，如果他宣稱自己原來是化了名的達賴喇嘛，于瓊卓嘎會怎麼樣呢？也許會因為震驚嚇昏過去，也許會因為怕違佛法不敢再和他來往，也許會因為結婚無望而傷心地離去，也許會不相信，說我是在開玩笑……不管怎樣，是到了告訴她的時候了，因為愛情的果子已經完全成熟了，兩人的名字已經注在命運冊上，有什麼磨難都應當共同承擔了。或是緣分已盡，或作終身伴侶，我再不能像皮鼓一樣有兩副面容了。既然愛她，為什麼不能尊重她知道了真情以後的選擇呢？不，她早就選擇好了，天塌了也不會再有別的選擇……

此刻的倉央嘉措已經不需要什麼主見和判斷能力了，他只是要說他認為應當說的話罷了。

于瓊卓嘎的眼神隨著他的身形來回轉動著，終於忍不住了：「你呀，想說什麼或者想問什麼，我都可以聽從，都可以回答，就像我們第一次見面時那樣。來，坐下談吧。」

倉央嘉措沒有就坐，望著窗外問：「你……知道我是誰嗎？」

「知道。」于瓊卓嘎平靜地回答。

「知道？」倉央嘉措驚奇地轉過身來望著她，「不會的，你怎麼能知道呢？」

「外面的傳言比你能夠聽到的要多得多，我的心眼兒也比你估計的聰明得多，不對嗎？」

「那你說我究竟是誰？」

「你就是你。我愛的就是你這個人，我才不管你是乞丐還是國王，是叫宕桑汪波還是叫倉——央——嘉——措。」于瓊卓嘎故意把他的真名字拉著長音，孩子般地朝他微笑著。

「你知道我是達賴喇嘛？」

「我不是說出了你的真名了嗎？」

「那為什麼沒告訴我？」

「你也沒告訴我呀。」

「你不嫌我的地位太尊貴嗎？」

「我只怕你不像一個普通的人。」

「不恨我隱瞞了你？」

「你只是隱瞞了身分，可沒有隱瞞你的心哪！」

「我是不能結婚的，我對不起你，不能娶你……」

「別這樣說。不相愛，娶了有什麼用？若相愛，不娶也會幸福！」

「于瓊卓嘎！」倉央嘉措喊了一聲，撲上去緊緊地抱住她，淚水一滴滴落在她的髮辮上，像一顆顆閃光的珍珠；于瓊卓嘎的淚水也大顆大顆地落著，打在他的手上，像一串珍珠閃光。

第二天上午，倉央嘉措又向酒店走去。望見布達拉宮前的四方柱形的石碑下圍了一群人，他又動了好奇心。想走過去看個究竟。一陣六弦琴聲傳來，一個蒼老的聲音隨即唱起了歌。他傾耳細聽，那歌詞正是他早期的詩作。他不禁想起了次旦堆古，莫非是他流浪到了拉薩？他急忙擠進人群一看，唱歌人他從未見過，背也不駝，顯然不是次旦堆古。人群中發出了一片唏噓讚歎之聲，有人默默地記誦著歌詞。唱歌人抓住時機，停止了彈唱，轉著圈向聽眾要錢。倉央措嘉從懷裏掏出一塊銀子來，等待他走近時送他。這時，一位中年婦女一邊給錢一邊問他：「真感動人！是誰編的歌詞？」

「有幾首是我寫的，有幾首是集體創作。」唱歌人謙虛地鞠著躬回答說。

倉央嘉措把銀子揣回懷中，扭頭走了。

遠遠地，他就望見了央宗。女店主好像早就站在門前急切等待他的到來。這種情況是很少有的。更使他意外的是，央宗一望見他，竟然躬著腰跑上前來，「卜通」一聲跪在他的腳下，哭泣著說：「佛爺呀！饒恕我的罪過吧！」

倉央嘉措急忙扶她起來：「有話進去說。」

酒店的門是掩著的，今天顯然沒有營業。一張張木桌、一排排卡墊，都沉靜得像深山幽谷中的石頭。倉央嘉措預料到一定發生了什麼不幸……為什麼央宗要乞求寬恕她的罪過呢？他望了一眼央宗，這才發現她那貼著亂髮的臉上，從前額到耳根有一道紅腫的鞭痕。

倉央嘉措心上一陣痛楚，上前掠開她臉上的亂髮：「阿媽央宗，快請坐下，慢慢說，是誰欺侮你了？」

央宗卻不敢就坐，躬著身連連回答：「是，是。昨天晚間，我在于瓊卓嘎的房中聊天。她告訴我說，您不是宕桑汪波，您就是達賴喇嘛。我又害怕，又高興。害怕的是什麼地方怠慢了您，犯了對佛爺不敬的大罪；高興的是您經常賜福我這小小的酒店，您還喜愛著我的乾女兒，這是我們用生命也換不來的榮幸啊！我們娘兒倆說呀，說呀，一直說到半夜。忽然，聽到有人敲門，我當是您來了，不敢讓您在門外久站，急忙奔去開門。咳，都怨我！他們……」

「他們是強盜？」

「他們一共三個人，都用黑布蒙著頭，只露著一對眼睛，手裏都提著馬鞭，有一個還提著牛毛繩子。什麼話也沒講，一把推開我闖進了于瓊卓嘎的臥房，堵上了她的嘴，捆住了她的手和腳就往外抬。我撲上去，扯住女兒的衣服死不鬆手。他們一頓鞭子把我抽倒在地，就……就把女兒搶走了。我爬起來往外追，只見有一個官府老爺穿戴的人騎在馬上，指揮那三個人都上了馬。我清清楚楚地看見于瓊卓嘎被撂到最前面的一匹馬上……」

央宗說到這裏，又跪倒在倉央嘉措的腳下哭了起來。接著，她昏過去了。

整個酒店寂靜得像倒塌了多年的古廟。倉央嘉措一動不動地站在那裏，像是這廟裏剩下的唯一的一根柱子。

他聽到于瓊卓嘎的聲音從遙遠的馬背上傳來：「你是至高無上的達賴呀！為什麼不能保護你心愛的人啊？」

塔堅乃死別時的眼睛，土登狡詐的眼睛，第巴陰鬱的眼睛，拉藏汗斜視的眼睛，多吉失明的眼睛，于瓊卓嘎多情的眼睛，釋迦牟尼佛像微笑的眼睛，班禪師傅無可奈何的眼睛……這一切，都圍住他旋轉著、旋轉著，越轉越快……

「剩下的柱子」也倒在了酒店的地上。

被激怒得發狂的六世達賴急著召見第巴，一連等了四五天，第巴桑結才進宮來，氣喘吁吁地連連道歉，說是因公到外地去了一趟，剛剛趕回拉薩，飯都沒吃就跑來聆聽佛爺的旨意了。

「你知不知道于瓊卓嘎現在何處？」六世指著第巴的鼻子追問。

「哪個于瓊卓嘎？」第巴一副摸不著頭腦的樣子。

「酒店的于瓊卓嘎！」

「哪個酒店？」

「央宗的酒店。」

「那些地方我從來不去，也沒有人向我報告那裏發生了什麼事情呀。」

「你是不是第巴？」

「是的。」

「是不是達官貴人們的首領？」

「是的，佛爺。」

「他們隨便抓人，你管不管？」

「當然應該管。不過，如果抓的是盜賊、兇手什麼的，或者是逃跑的奴隸、欠債人之類，法規則是允許的。聽佛爺的意思，好像是于瓊卓嘎被抓走了，但不知是哪家老爺抓走了她，理由又是什麼？」

「你真的一點也不知道？」

「唉！俗語說：『只有一張嘴，吃糌粑就不能吹笛子。』我實在太忙了，這類事情應當由地方官員來過問。」

「他們？兔子能拉車，要駿馬幹什麼？告訴你，我和于瓊卓嘎關係非同一般，你一定要親自給我把她找回來！」六世開始怒吼了。

「佛爺，請息怒，請冷靜。」第巴桑結像一個乾涸了的海子，扔進多重的石頭也濺不起浪花來，「現在的形勢不大好啊，我們都像是門檻上的豌豆——滾進滾出還不一定。外面的傳言很多。牛的犄角易躲，人的舌頭難防啊。您雖然是尊貴的達賴，也不能不有所顧忌。您不會不知道這句諺語：『螞蟻聚在一起，連獅子也會被叮死』……」

「死？」六世冷笑了一聲，「人不想到死，雖聰明也是傻子。死並不可怕，可怕的是死得不明白，像塔堅乃那樣。」說著，把事先準備好的刀子和繩子從睡鋪下面掏出來，往第巴面前一丟：「如果你不去查找于瓊卓嘎的下落，我就自殺，上吊！」

桑結甲措嚇得跳起來，趕忙把刀子和繩子拾起來揣在懷裏，躬身應諾說：「我去查，一定盡力去查！」

正在這時，蓋丹進來稟報說有個喇嘛要求見達賴。倉央嘉措還沒有回話，第巴桑結就連忙說請。他巴不得此刻能有個什麼人來轉移一下話題，把他從尷尬的局面中解脫出來。他急忙擦了擦汗，坐回到卡墊上去，裝做正和達賴議事的樣子。

來訪者叫來龍吉仲，是第一次求見達賴。當他見到六世達賴的時候，簡直不敢相信這就是他們的教主。因為坐在他面前的倉央嘉措竟然穿著俗人的藍緞子衣服，留著長髮，幾個手指上都戴著鑲有寶石的戒指。總之，完全不像是僧人。

他呈上了一封信，退立在一邊等候詢問和諭旨。

倉央嘉措打開信件，只見上面寫著：

至尊的達賴佛：

我極想去布達拉朝見您，但由於年老體弱，力不從心。今世怕無緣得識佛面了……

我尊敬您，因為您是五世的轉世；我熱愛您，因為您是偉大的詩人。正是出於這種感情，我又替您擔心，擔心您將紅教的根芽萌發於黃教的宮中，讓平民的歌舞縈繞於教主的座前。

您的詩歌已如無足之風，無翼之雲，走遍山川，飛越南北，不分男女貴賤，盡皆傳誦。它的情理文采，我只能暗中讚歎，雖想唱和，卻不能，也不敢。

外界對您有不少傳言。據我看來，眾生對您並無不敬，近知有首新歌在拉薩傳唱，其歌詞原是您的作品，眾生略加改動，一變而為對您的讚頌：

在布達拉宮，
他是日增·倉央嘉措；
在拉薩，在「雪」①，
他是快樂的小伙。

諺語說：水面雖然平靜，也得留神暗礁。又說：老虎的花紋在皮外，人的花紋在心裏。聽說，有個蒙古的大官就編了下面的幾句來辱罵您：

黃邊黑心的烏雲，
是霜雹的成因；
非僧非俗的沙彌，
是佛教的敵人。

我想，這首歌表面上是指向您的，但恐怕還有更為複雜的背景。或者設想得更可怕些，它透出的該不是『笛聲變成箭聲，乳海變成血海』的不吉祥的信息吧？
請您多思，願您保重！
敬獻哈達一條。

您的弟子叩拜

倉央嘉措看完了來信，慘然一笑。沉思良久之後，問來龍吉仲：「寫信人是誰？」

「他不願在這張紙上留下名字。」來龍吉仲回答，「但他囑咐我說，如果佛爺要問，可以口頭稟告，他就是敏珠活佛。」

「我知道他。」第巴懷著敬意插話說，「他是位山南的高僧，也是五世當年的詩文密友。今天，我才知道他依然健在……」他很想知道信的內容，但不便索取。

倉央嘉措把來信揣在懷裏，取出紙筆，寫了下面的回信：

尊敬的活佛閣下：

到處在散布傳播，
賦煩的流言蜚語；
我心中愛戀的情人啊，
眼睜睜地望著她消失。

心愛的意抄拉姆，

①雪，藏語的音譯，指布達拉宮下面的一片地方。

本是我獵人捕獲的：
卻被權高勢重的官家，
諾桑甲魯搶去①！

核桃，可以砸著吃，
桃子，可以嚼著吃；
今年結的酸青蘋果，
實在沒有法子吃！

這就是目前我所想的事情。別的我管不了，也不想管。
我衷心感謝你的勸戒。也許一切平安，也許已經晚了。
回敬一條哈達。

倉央嘉措

①這首詩係借用藏戲《諾桑王傳》的故事。意抄拉姆（仙女）、獵人、諾桑都是戲中的人物。戲中的獵人得到仙女後，因等級不同不敢收受，把她獻給了王子。倉央嘉措則寫成是王子搶去了獵人手中的仙女，正體現出他的民主精神。

倉央嘉措把信交給來龍吉仲，從牆上取下弓箭，丟下第巴和送信人，帶領著一群隨從到公園去了。

第巴桑結滿懷的苦惱毫不掩飾地堆積在臉上。來龍吉仲真不想再增添第巴的憂愁，但是此次前來的任務才完成了一半，還有重要的話要對第巴說。

「郎色喇嘛好嗎？」桑結想起了那個二十年前常來替敏珠活佛送信的人。

「我不認識郎色。我只是偶然地見到了敏珠活佛。」

「活佛對我個人有什麼話要說嗎？」

「這正是我要向您轉達的，他很關心您的未來，正如關心西藏的安寧。他得到了可靠的消息……」

「什麼消息？」桑結急問。

「拉藏汗不只一次地向皇帝奏報，說您和噶爾丹一樣是一個野心家，說他父親達賴汗的死是您下的毒，說六世達賴的放蕩行為是您引誘的。說您專橫，獨攬西藏的政教……」

「啪」地一聲，桑結的手拍在桌面上，像護法神似地站了起來，卻一句話也沒說。

「請第巴冷靜。」來龍吉仲顯然有充分的精神準備，對於第巴的發怒並不驚慌。他接著說：「敏珠活佛希望您不要貿然採取任何行動，一切聽從皇帝的裁決，以免給眾生帶來不幸。他還說，老虎的兇猛，狐狸的狡黠，孔雀的虛榮，都是當首領的人斷不可取的。他說，這可能是他生前最後的幾句話了……」來龍吉仲哭泣起來。

「我現在決心學一個歷史人物，那就是二十歲時當了乃東的萬戶長，帕莫竹巴王朝的創立者絳曲堅贊！」桑結甲措冷峻的臉上放出了堅毅的光彩，「當時，薩迦王朝的軍隊俘虜了他，給他戴上一頂犛牛尾巴做的帽子，讓他跟在一輛牛車後面走著，對他進行百般侮辱。」桑結冷笑了一聲，撇了撇嘴，又搖了搖扁扁的腦袋，繼續說：「絳曲堅贊被押解到薩迦附近的鎮子上，許多人從門窗裏探出頭來譏笑他，向他扔土塊。他不但不害怕，不躲避，反而仰起頭，張開嘴來接土塊。他笑著說：『是的，我正在吃薩迦的土，不久我就要吃掉薩迦了！』後來怎麼樣呢？他終於實現了自己的誓願，建立了統治西藏二百六十四年的帕竹王朝。他關押了蒙古王公們支持的大臣，改變了蒙古王公們沿用的規矩，而惠宗皇帝妥歡帖睦爾還是封他為大司徒。」

桑結說到這裏，突然提高了嗓門兒，幾乎是在呼喊地說：「你可以告訴敏珠活佛，告訴全藏的人，如果必要，我也能吃拉薩的土！讓他們等著看吧！」

二十一　大昭寺前的恩仇

一年一度傳大召的日子又要到了。所有僧人都像迎接最盛大的節日一樣興奮，忙碌。當然，也有少數人想在法會期間達到其他目的，如訪親友、報私仇、做生意、欺女人之類。

在這個時刻，高踞於布達拉宮裏的倉央嘉措，作為六世達賴喇嘛，他倒無動於衷；作為風流詩人，他則極不平靜。因為第巴桑結曾經向他報告說，已經打聽到了于瓊卓嘎的下落——回到了工布地區，但是不清楚在哪個莊園，正在進一步追查。時間又過去一個多月了，仍沒有半點消息。他只有用詩歌來寄託對于瓊卓嘎的思念。他揮筆寫道：

會說話的鸚鵡，
從工布來到這方，
我那心上的姑娘，
是否平安健康？

在四方的玉妥①柳林裏，
有一隻畫眉「吉吉布尺」。

你可願和我結伴而飛，
一起去工布地區？

東方的工布巴拉②，
多高也不在話下；
牽掛著情人的心啊，
就像奔騰的駿馬。

江水向下流淌，
流到工布地方。

……

剛剛寫到這裏，第巴走了進來。

第巴告訴他，傳召活動明天就要開始了。他的經師以及教過他經典的格西喇嘛如促陳達傑、格列絳措、格隆嘉木樣查巴、德敦日甸林巴、熱強巴查巴群佩……等人，都希望他能去大昭寺公開講

①玉妥，拉薩一家貴族的姓氏。
②巴拉，拉薩和工布之間的大山。

經。但是考慮到目前的形勢有些緊張，為了保證他的安全，還是不去為好。

從藏南到拉薩以後，倉央嘉措又自覺地或被迫地學過不少各種教派的經典，其中有《甘珠爾》、《菩提道廣略教誡》、《菩薩隨許法》、《根本咒》、《秘訣》、《續說》、《生滿戒》、《供經咒》……等等，從博學多識方面來說，也夠得上是一位精通五明的高僧了。但他除了在不得已的情況下，隨著三大寺的高僧登座做一點補充性的講解外，從不熱衷於講經布教。第巴的建議正合他意。他覺得他不能賜福於眾生，正像別人也不能賜福於他。

傳大召從正月初五開始，到二十六日結束，一共要進行二十一天。每天都有上萬人擁擠在大昭寺南側講經台前的廣場上聆聽高僧講經，真是水洩不通。雖然有鐵棒喇嘛指揮著那些被稱為「蓋拐」的可以隨意打人的喇嘛在維持秩序，人們還是不斷地向講經台前湧去。不少人嚮往能有機會在這裏望見達賴。

正月十六，是倉央嘉措滿二十周歲的生日。這一天，他一個人坐在宮裏，倍感無聊，便開了旁門，穿著俗裝來到大昭寺前看熱鬧。

他擠在人群中，有一種小溪裏的魚第一次游進了大海的愉悅。這的確是一個海，萬頭攢動如滾蕩的浪花，人們熱烈地交談和大聲地呼喚如波濤在喧囂，大昭寺則成了一座金色的珊瑚島。然而上空並不晴朗，灰暗的雲低垂著，像一團團撕不開的羊毛，幾乎要纏繞住拉薩所有的樓房。一道道經幡在冷風裏抖動。那些連著房角和木柱，用來掛經幡的牛毛繩子，似乎隨時有綳斷的可能。也許是由於天氣的緣故，他發現有些人的臉上也布滿陰雲。

他漫無目的地走著，擠著，沒有人注意他，沒有人認識他，沒有人理會他。而且時常被什麼人粗野地推搡著，兩隻腳也多次被人踩得生疼，但他毫不在意。他想，如果此刻他以達賴喇嘛的身分出現在講經臺上，誰還會踩他、推他、擠他呢？所有的人都會敬畏地吐出舌頭，虔誠地伏在地上；眼前這個喧騰的海也會立刻化為平靜的湖面，他就是一座神湖上的仙山，人們會甘心情願地讓他踩在他們的頭上……想到這裏，他苦笑了。那不是他願意看到的情景。他不想踩在別人的頭上，也不願別人踩在自己的頭上。誰的腳也不是神聖的，人們都應當一樣平等地在地面上走路。

他來到幾個牧民模樣的人的身邊，無意中聽到了他們的談話。

一個說：「我走了幾百里路，為的是能見到達賴佛，哪怕遠遠地望上一眼也好。可是，直到今天也不見佛爺在大昭寺前升座。唉，我們沒有福氣呀！」

另一個說：「是啊，我們來一趟拉薩好不容易喲！一年才有這麼一次機會……」

又一個說：「俗話說：既然來背水，就不能空著桶回去。還是再等幾天吧。」

一個手搖著經輪的老阿媽擠到了近前，她顯然聽到了這幾個人剛才的談話，用誇耀的口氣插進來說：「我可是比你們有福氣！啊嘖，不過差一點讓人把我擠死。」她幸福地回憶著，「那是二十多年前的事了。有一天，在哲蚌寺的門前，五世達賴坐在一把檀香木做的木椅子上，專門給朝拜他的人摸頂。他坐得太高了，人們又是彎著腰像爬一樣地從他的腳下走過，怎麼能摸得著呢？就是摸得著吧，那麼多的人，非把佛爺的手累腫了不可。啊嘖！佛有佛的智慧，他拿著一根長長的細木棒，木棒頭上拴著長長的布條，就像漢家傳說中那個釣魚的姜太公一樣。我們一個個走過去，讓布條拂到頭上。我不敢抬眼看，也不敢停留，我的頭擺偏了一點，那布條剛好擦到我的右耳朵上，當時我只覺得渾身一麻，心尖上像滴了一滴聖水那樣清涼。從那以後，我就老覺著右耳朵上有個看不見摸不著的東西，也說不上像是掛著？像是貼著？像是釘上啦？可它比金子的、珍珠的、寶石的耳環都貴重得多！直到如今，我的右耳朵聽什麼響動都比別人靈。不信，你們隨便哪個人用最小最小的聲氣說句話試試。」老阿媽急速地搖著經輪，等待著接受挑戰的人出現。

人群中發出幾聲讚歎，一雙雙羨慕的眼睛無聲地閃動著，誰也不敢站出來進行這種試驗，因為那將意味著對於達賴活佛的不信任、不尊崇，弄不好還會有被信徒們當場打死的可能。

倉央嘉措的嘴唇微微掀動著，而且發出了聲音：「唉，你們哪裏知道？我就是你們求見不得的達賴喲！」他自言自語地感歎，幸虧沒有人聽見，包括右耳朵最靈的老阿媽在內。不然，他就會招來大禍，人們肯定會把他當做瘋子、騙子或者褻瀆神靈的罪人；如果有誰發出聲討，他就會立時被狂怒的人群踩成肉餅。

他繼續向前擠去，聽到幾個人在爭吵。

「那你說，達賴佛為什麼還不登臺講經？」一個喇嘛紅著臉反問著一位官員。

「很簡單，為了安全。」官員說。

「難道還有人敢碰達賴？」一個壯漢子駁斥他。

「『大鵬不濟，麻雀來欺』。」另一個穿著華貴的人先引用了一句諺語，接著，偷覷了一下四周說，「對於達賴佛，我們不會不敬，可他們不敢不尊嗎？」

「他們是誰？」喇嘛怒目圓睜了。

「他們就在拉薩。」官員說，「作為一支軍隊，他們是太少了；作為一夥強盜，他們是太多了。」

「你是說……」喇嘛忽然將後面的話嚥了回去。他聽得出官員的話裏帶有明顯的挑釁性。

人群一陣騷動，一隊蒙古士兵擺動著蛇一樣的隊形從躲閃的人群中鑽過來。

「這就是『他們』！」穿著華貴的人乘機點破了主題……

爭辯者們一下子變啞了，空氣凍結了。倉央嘉措心中打了個寒噤。

「唵、嘛、呢、叭、咪、吽！」不知是誰念出了六字真言①。

「唵──嘛──呢──叭──咪──吽──！」海潮一般的應和聲響起來了。

倉央嘉措的眼前捲起了一陣狂風，一團撕不開的黑雲吞沒了大昭寺的金頂。他閉起眼睛，世界更黑暗了。

突然，他感到腰間被什麼東西碰了一下。他睜眼一看，蓋丹正站在他的身邊。他知道在這種場合蓋丹是無法稱呼他的，看那滿頭的大汗就能猜想到定有急事找他。他於是默默地走出人群，匆匆趕回布達拉宮。

走在路上，倉央嘉措問跟在身後的蓋丹：「什麼事？」他並不回頭，只是邊走邊望著潔淨的天空和安詳的宮殿。

「皇帝派人來啦！」蓋丹先看了看四周，低聲回答。

在第巴桑結的哀求和監督下，倉央嘉措剃去了長髮，沐浴了全身，穿上用燒檀香木的濃煙熏過

---

①六字真言，原係觀世音的咒語，首先出現在《大乘莊嚴法王經》中，後在西藏人民中廣泛傳播。

的袈裟，坐在佛殿的正中，會見皇帝的使者。

原來，康熙皇帝在接到拉藏汗的奏摺之後，十分認真地考慮了半日。奏摺中對倉央嘉措是否確為五世達賴的轉世替身表示懷疑，並列舉了他的放蕩行徑作為假達賴的證據。康熙皇帝自然不會在達賴的真假上去費腦筋，他從中窺知了第巴桑結和拉藏汗的不和，擔心的是西藏的政治危機和可能發生的軍事衝突。對於達賴的真假，他既不能漠不關心，也不能忙作結論。身為一國之主，對這個邊遠地區的、都擁有一定實力的雙方，採取調和的辦法才是上策。於是，派來了恰納喇嘛作為使臣，做個認真調查的姿態；同時又對恰納面授機宜，不要說出有利於任何一方的話來。

第巴桑結和拉藏汗一起陪同皇帝的使者來到布達拉宮的佛殿。精明的恰納喇嘛出示了一下聖旨，代表皇帝檢驗達賴的儀式就在十分緊張的氣氛中開始了。達賴的真假，決定著拉藏汗和第巴桑結的政治命運，這是誰都明白的事。大殿裏鴉雀無聲，繚繞的香煙也散發著疑團。只有倉央嘉措心地坦然，對他來說是真也無罪，假也無辜；真的也罷，假的也罷，都是由不得他自己的。

恰納請六世脫去衣服，裸體坐在寶座上，仔細地、反覆地察看著他的上上下下，前前後後。第巴桑結和拉藏汗的四隻眼睛則一直緊盯著恰納的每一個舉動和臉上的任何一點細微的表情，盡力捕捉著每一個有利或不利於自己的徵兆。這是一次無聲的決戰，主宰是皇帝，倉央嘉措只不過是一個不幸被選中的靶子。

恰納喇嘛不動聲色地察看了很久，又不動聲色地結束了察看。他靜靜地站在殿中，依然不動聲色。

桑結甲措和拉藏汗誰都不敢發問。恰納知道他們都在等待結果。

「此喇嘛不知是否是五世達賴的化身……」恰納說。

拉藏汗的臉上露出了笑容。

「但確有圓滿聖體之法相。」恰納接著說。

桑結的臉上也露出了笑容。

恰納喇嘛再也沒有說第三句話，拜了拜倉央嘉措，告辭回京向皇帝覆命去了。

第巴和拉藏汗兩人的笑容，使倉央嘉措得到了一些寬慰，他以為兩隻兇猛的獅子已經回到了各自的雪山。

他又懷著散心的目的向大昭寺前走去。雖然已經剃了光頭，因為這些天來滿城都是僧人，沒有人會注意他，他便索性穿了件普通的袈裟。這一回，他既不是倉央嘉措，也不是宕桑汪波，而只是一個沒有名字的年輕喇嘛了。

在一個無人的小巷的角落裏，有一個同樣年輕的喇嘛在祈禱，聲音雖然低微，詞句卻能聽清。倉央嘉措在他的身後停下腳步，他並非有意偷聽，而是怕打斷那虔誠的祈禱。這個小喇嘛所選擇的祈禱地點也使他不無好奇之心。幸好小喇嘛是跪在地上的，蜷曲著身子，低著頭，閉著眼睛，雙手合十在額前，而且那樣專心致志，絲毫沒有覺察到背後有人。那禱詞十分奇怪，一遍又一遍地重複著這樣幾句話：「萬能的佛呀，慈悲的佛呀！讓六世達賴出來吧，讓我看看是不是他？」

倉央嘉措不再懷疑自己的耳朵了，祈禱者肯定是一個曾經見過他的人。是的，那帶著心靈的顫抖的聲音裏，有一種他所熟悉的東西，但他一時無法辨清這究竟是誰。他毫不猶豫地走到祈禱者的面前，輕輕地咳嗽了一聲。

祈禱者驀地站起身來，睜大了眼睛望著他。啊！五年過去了，衣服變了，身材高了，辮子剪了……那一雙眼睛卻絲毫未變，少女的羞澀，初戀的真情，依然在目光中閃亮。

「仁增汪姆！」倉央嘉措喊了起來。

「阿旺嘉措！啊，不……倉央嘉措！」仁增汪姆叫了一聲。

倉央嘉措和仁增汪姆並肩坐在林果路邊的林卡裏，互相訴說著離別以後的遭遇。別人望去，像師兄弟倆在溫習著師傅傳授的經典。

冬天的林卡一片枯黃。只有覓食的野狗踏在落葉上的響聲。這景色遠不像錯那山谷的春天，沒有桃花，沒有鳥鳴，也沒有拂面的暖風。身下的綠茵，醉人的田野，成婚的遐想……都遙遠得無法追回了。貼近他們的唯有舊情。舊情是以往的花朵結下的種子，丟在石頭上就會乾癟，埋在泥土中又會發芽。

仁增汪姆被迫嫁人以後，正像她不愛自己的丈夫一樣，也得不到丈夫的愛。後來，她明白了，丈夫對她的唯一要求是替他生一個兒子，只要生了兒子，就算還清了債務，是走是留，債主就沒有興趣再來過問了。天遂人願，仁增汪姆果然做到了。孩子長到三歲，丈夫對她也冷淡了三倍，她對阿旺嘉措的思念卻增長了三倍。後來，她聽說阿旺嘉措成了倉央嘉措，到了拉薩，當了六世達賴。她想，只有自己也穿起袈裟，才能與倉央嘉措同走一路，才能有機會在佛海上飄浮到一起。於是毅然進寺院當了尼姑。本來就不想阻攔她的丈夫，更沒有阻攔她的理由了。江孜的朗薩姑娘在出嫁以後替扎青巴家生了一個兒子，又出家當了尼姑，不是被編成藏戲了嗎？因為皈依佛法是最光明正大、受人尊敬的行為，尤其對於年輕的母親，更是難能可貴的。

仁增汪姆作為錯那地區僧尼中的一員，終於有了到拉薩來參加傳召活動的機會。但她對於倉央嘉措就是達賴六世的說法仍是半信半疑。十多天來，她天天自始至終地擠在大昭寺的講經台前，眼巴巴地期待著達賴出現，卻總是失望。她決心堅持到底，等到最後一天。一個人一旦有了某種心願，產生希望是容易的，產生絕望則是困難的，在愛情上尤其如此。也許是上天不負有心人吧，現在，她終於如願以償了。

當初意外地分離，使他們互相痛苦過，懷疑過，誤會過，怨恨過，如今全都過去了，諒解了，由愛轉成的恨，還是會轉成愛的。

倉央嘉措通過大嫂倉木決的幫助，在離大昭寺不遠的一個僻靜的窄巷裏租到一間小房，他和仁增汪姆以外地來的一對喇嘛弟兄的身分住了進去。

他們哪裏知道，早就有幾個不同年齡的男人對仁增汪姆的美貌垂涎三尺了。雖說仁增汪姆為了自身的安全，在啟程來拉薩之前，已經將尼姑打扮改為喇嘛裝束，但她畢竟沒有受過女扮男裝的訓練，而且她的女性特徵太明顯了，可以說是一個最像女人的女人，所以終究沒有逃出那些具有特殊眼神的人的搜索。當她和倉央嘉措住進那間小房之後，更加引起了追逐者們的追逐。因為事到如今，幾乎可以最後判定了——她是女人。

這些天來，第巴桑結正忙於關係到自己存亡的大事，重託蓋丹去照顧早已無法管束的達賴並負責他的安全。倉央嘉措在亂紛紛的地點和亂紛紛的時刻竟然找到了一個暫時的小小的世外桃源。自從于瓊卓嘎被搶走以後，他再沒有到央宗的酒店去過，也再沒有盡興地喝過酒。現在，他又喝醉了。酒醉，情也醉，他雙重地醉了。他為醉倒在仁增汪姆的身邊而洋洋得意：

一次喝酒沒醉，
二次喝酒沒醉，
因為幼年的情人勸酒，
一杯便酩酊大醉。

他不願仁增汪姆稱呼他「達賴佛」，讓她直呼倉央嘉措。他認為仁增汪姆才是自己心中的「佛」，而自己只是教徒心中的偶像。兩個人雖然都穿著袈裟，但他認為仁增汪姆更值得尊敬，因為她是為了能見到情人才當尼姑的，更具有人的勇氣和神聖意味。他對仁增汪姆低聲唱道：

你是金銅佛身，
我是泥塑神像；
雖在一個佛堂，
我倆仍不一樣。

他們整日整夜地在一起，說不完的知心話，真正地做到了推心置腹，無話不談。從佛教到人生，從幼年到青年；對也罷，錯也罷，亮點也好，污點也好，完全沒有隱瞞，絲毫不必顧及，一切都能理解，全部可以諒解。拉薩的夜，從來沒有像現在這樣短！他寫道：

白色的桑耶①雄雞，
請不要過早啼囀，
我和幼年相好的情人，
心裏話還沒有談完。

他們兩人雖然都長成了真正的青年，相貌也有了變化，但是從兩顆心的貼近來說，好像並沒有分別過，或者分別以後什麼也沒有發生過。用不著費力剪接，一下子就把往昔和現在併在了一起。他們在利用今天的機會彌補前天的損失的時候，是可以完全忘卻昨天的。因此，彷彿一切又都回到了前天。時光這個東西，可以無情地強制任何人長大、衰老、死亡，卻不能征服愛情。

當他倆把拉薩的小房當作錯那的山谷重溫舊情的時候，偷聽他們談話的已不是鸚鵡和小鳥了，仁增汪姆的追逐者們日夜不捨地想法接近他們的門窗。這些在傳召的日子裏閒得無聊、企圖渾水摸魚的人，眼見即將到手的獵物落入了一個年輕喇嘛的懷抱，心中便猛烈燃燒起嫉恨之火。他們自然地結成了聯盟，經過短暫的商議，做出了輕率的決定：在夜間衝進去，殺掉男的，搶走女的；必要時可以用維護教規的名義。

①桑耶，地名，即桑耶寺所在地。

黑夜。響成一片的狗叫聲淹沒了密謀者的腳步聲。他們握著腰刀，提著繩索，迅速地向倉央嘉措和仁增汪姆居住的小房聚集。他們大約有四五個吧，到了門口，卻誰也不肯首先上前破門。其中一個膚色最黃的小伙子挺身向前，舉起刀來晃了晃，說：「看我的！」他用腳蹬了蹬門扇，門扇被緊頂著，於是輕聲發出了號令：「大家要像一群犛牛，我說一聲『吉、尼、松！』①就一起扛！」其他人興奮地答應著，有的挽著袖子，有的緊著腰帶，有的拍一拍腰刀。熟睡在房內的倉央嘉措和仁增汪姆對於門外發生的事情，對於臨頭的災難，一點兒也沒有想到，半點也沒有覺察。

當那個領頭者的口令喊到「尼」的時候，突然從窄巷的入口處湧進一隊武士，跑在最前面的一個大吼著：「滾開！」剎那間，那群企圖破門的「犛牛」逃散了。武士們也隱去了。沒有衝突，沒有流血，沒有追擊，一切又恢復了平靜，只有狗依然在叫個不停。

第二天清早，大昭寺前又沸騰起來，傳召活動又進入高潮。大街小巷都灌滿了人的江河，人的溪流。蓋丹穿著俗裝擠進人群來到倉央嘉措的「別宮」，正碰上倉央嘉措要出門。

「你也……想還一還俗嗎？」六世認出了蓋丹，打趣地說。

「進屋去說。」蓋丹轉身關門。

「你怎麼知道我在這裏？」六世微笑著問。

「我們有責任保護佛爺呀。」

「唉，我倉央嘉措保護不了別人已經很慚愧了，還要別人來保護我嗎？再說，我也不需要保

①吉、尼、松，藏語一、二、三！

護。」

蓋丹把昨天夜裏門外發生的事對他說了一遍。倉央嘉措吃了一驚。他不願連累仁增汪姆，提出要把她轉移到別的住處去，自己也回布達拉宮。

「不行，三天之內您哪裏也不要去，就住在這裏。」蓋丹鄭重非常地說，「仁增汪姆也不要出去。你們的飲食自有人按時送來，叫門的暗號是連敲兩個五下。」

「為什麼？這是怎麼回事？」六世迷惑不解地追問著，猜想將有神秘的大事發生。

「路上和宮中都沒有這裏安全。」蓋丹回答說，「外面很亂，您千萬不要出去。詳細情況我也說不清，請不必多問了。」蓋丹說到這裏，放慢了說話的速度，加重了語氣：「這些話，是第巴親口教我稟告佛爺的。」蓋丹說完，帶著滿臉的愁苦走了。

倉央嘉措無心去猜測關於第巴的事情，因為那往往是他猜測不準的。正如諺語所說：糌粑口袋是緞子做的，裏面的糌粑卻是豌豆磨的。

使他心有餘悸的倒是昨天夜裏門外發生的險情。他掏出了隨身攜帶的紙筆，又沉吟著做起詩來。仁增汪姆輕輕地走過來，伏在他的肩頭上。這個曾經一字不識的姑娘，自小就喜愛倉央嘉措的詩篇，而倉央嘉措的處女作就是為她寫的。自從當了尼姑以後，她有了在寺院裏學習藏文的機會，況且，倉央嘉措的詩寫得通俗、明白，她此刻竟能一句一句地讀下來：

杜鵑鳥來自門隅，
帶來春天的地氣：

我和情人見了面，
身心都愉快舒適。
心腹話沒向爹娘講述，
全訴於幼年結識的情侶：
情侶的牡鹿太多，
私房話被仇人聽去。

倉央嘉措握住她的雙手，驚喜地說：「想不到你也識字了，而且念得這樣好！如果讓我來念，也不過是這樣。可見念詩一不靠聲音，二不靠手勢，三不靠表情，最主要的是得有感情。我們倆的感情一樣，所以念起詩來也會一樣。」

仁增汪姆歪著頭，微笑著，羞澀地瞟了他一眼，指著詩稿問：「你寫的『牡鹿』這個詞兒指的是什麼？」

「當然指的是那些追逐你的人。」

「你把他們看作是仇人嗎？」

「如果是真正的情敵，」倉央嘉措特別強調出那個「情」字，「我倒可以敬他三分。但是他們是一些惡人，他們想搶奪你，殺掉我，不算仇人嗎？」

仁增汪姆點點頭：「你應當感謝第巴保護了你，派人趕走了那些牡鹿。」

倉央嘉措垂下了雙手，冷冷地說：「是應當感謝他呀，如果不是他，我們還不會分手呢！哼！保護？他能保護我一輩子嗎？他整天想的只是保護他自己吧？好了，不要說他了……」

這時，門外突然響起雜亂、沉重、急促的腳步聲。緊接著，在整個拉薩的天空裏，迴盪著人的喊叫，馬的嘶鳴，狗的狂吠，刀的叮噹……

倉央嘉措站在院子裏側耳聽著。他從來沒有聽到過這樣令人魂飛魄散的喧囂，好像世界的末日已經來臨，好像遠古時候曾經發生過的洪水又在吞沒人間。

他不能出去，也沒有必要出去，他能做些什麼呢？外面的一切都不是按照他的意志發生的，他的意志也左右不了外面發生的事情。他只知道拉薩正陷入一場災難，隱約地感到這場災難的製造者或者受害者中間少不了第巴桑結甲措和拉藏汗兩人。

他想歎息，但是有一種像怒火一樣的東西堵塞了他的胸膛；他想祈禱，又有一種像悲哀一樣的東西卡住了他的喉嚨。

事後他才知道：在大昭寺前的法會上，第巴桑結的幾個親信曾經向拉藏汗的家臣挑釁；拉藏汗的家臣勃然大怒，動手殺死了第巴的親信。於是，桑結甲措立即糾集兵力展開了驅趕蒙古駐軍的戰鬥。措手不及的拉藏汗被迫退出了拉薩。

事後他才知道：在許多被誤傷喪命的群眾中，就有那位搖著經輪的老阿媽，她直到斷氣的時候，還用手捂住那隻被達賴五世的手中物蹭觸過的耳朵。

事後他才知道：第巴桑結和拉藏汗的手下人，都有背叛舊主、投靠新主的政治賭徒出來表演。

這些人的心中，沒有國家，沒有民族，甚至也沒有父母，更沒有是非之分；但他們都有強烈的愛憎——愛自己、憎別人。因此，他們才永遠用兩隻腿交替地走著背叛與投靠之路。

拉藏汗退出了拉薩，拉薩真正成了桑結甲措的一統天下。大昭寺前的傳召活動又繼續進行。昨天流在地上的鮮血，今天都已沒入了塵埃。好像什麼也沒有發生過，或者那場廝殺已經是遠古的事了。雨過天晴，誰還記得雨傘？白天來了，誰還想到燈光？

蓋丹來到小巷，恭請六世回宮，並且轉達了第巴的「堅決要求」——讓仁增汪姆立刻離開拉薩，不然就難免落入強盜們的黑手。

倉央嘉措心裏明白，他們不分手是不行的，于瓊卓嘎的下場就是例證。何況這位十分能幹的第巴，因為剛剛趕走了拉藏汗，氣焰正盛，對於一個違反了教規的普通尼姑，還不敢下毒手嗎？他想到這裏，決意不再設法留住仁增汪姆。兩個人抱頭啜泣了半天，懷著永別的悲哀分手了。

倉央嘉措一回到布達拉宮，立即寫下了這樣三首詩：

蜂兒生得太早了，
花兒又開得太遲了；
緣分薄的情人啊，
相逢實在太晚了。

涉水渡河的憂愁，
船夫可以為你除去：
情人逝去的哀思，
有誰能幫你消失？

太陽照耀四大部洲①，
繞著須彌山回轉不休：
我心愛的情人，
卻一去不再回頭！

拉藏汗懷著「沒碰在山岩上，反摔在平壩中」的忿懣退到藏北草原，在達木地區重整了蒙古的八旗兵丁，迅速地轉回馬頭向拉薩進攻。桑結甲措沒想到他的對手竟然反撲得這樣快，這樣猛。待他布置好抵禦的兵力之後，拉藏汗的軍隊已經進入了拉薩。突然降臨的激烈火拼，徹底驚散了大昭寺前的法會。男女老少哭喊著祈求佛爺賜給和平，但是無濟於事。政治鬥爭已經轉化為軍事鬥爭，正如諺語中說的，到了「地換一層草，羊換一身毛」的時候了。

一些真正潛心於宗教事業的人，是反對流血的。他們無心於權力的爭奪，極端厭惡那種張著猛

①印度神話裏把人類居住的世界分為四大部洲，佛教採用此說。

虎嘴、生著野牛角的亂世者。他們知道，拉藏汗想的是要保持並且復興祖先們在西藏取得的特權，第巴桑結則想的是要保持並且擴大自己在西藏的絕對統治；前者佔有的優勢是得到了皇帝的默許，後者佔有的優勢是手中有一個達賴。他們都是宗教的高級信徒，卻在為各自的利益廝殺。

有人出面調停了。調停者是拉薩三大寺的代表，還有一位重要的人物是嘉木樣協巴——拉藏汗的經師。

雙方達成了停火協定。由於拉藏汗有著軍事優勢，桑結甲措只得被迫退位，辭去了第巴的職務，由他的兒子阿旺仁欽來接替，和拉藏汗共同掌管西藏的事務。這樣，西藏上空的暴風雨暫時停息了。

桑結甲措是不會甘心退出政治舞臺的，他來了個人退心不退，他的兒子阿旺仁欽只是他的影子。他的力量還很大，真正的決戰還在後頭。

倉央嘉措坐在布達拉宮裏，置身於事變之外，忙於爭權的人們也似乎都忘記了他。但是這種忘記只是暫時的，當他們想起他的時候就會決定他的命運；不幸的是，他是達賴六世，他們怎麼能不想起他呢？

他很希望桑結甲措和拉藏汗能夠和平相處。西藏有一個康熙皇帝統管著就足夠了，為什麼還要爭當小土皇帝呢？他對於這兩個人越來越厭煩了。他認為桑結甲措幹的是「本想燒死蝨子，結果燒了衣服」的事情；拉藏汗幹的是「用棍子打水，最後會濺濕自己」的事情。他自己呢，不但會被濺濕衣服，而且最終連濕衣服也會被燒得精光。這種預感，他早就有過，現在是更加明顯和迫在眉睫了。想脫身是不可能的，他已經進入流星的軌道，急速地滑落將是唯一的歸途。流星在滑落的時候是會閃出美麗的光芒的，他能閃出這種光嗎？人們會看到這種光嗎？他將消失在何處？是他熟悉的南方，還是陌生的北方？不，也許像一隻被射落的鷹吧。他在憤怒中寫下了憤怒的詩篇：

岩石夥同風暴，
散亂了鷹的羽毛；
狡詐虛偽的傢伙，
弄得我不堪煩惱！

詩人的煩惱，如果只用詩人的死亡才能排除，那當然是個悲劇。

二十二　桑結之死

布達拉宮的每一扇窗戶都在冷風中緊閉著。五世達賴的靈塔前燈火通明，照著一張張嚴峻的臉面，人們如坐針氈地盤坐在厚厚的羊毛墊上。一個重要的會議已經進行了很長時間。

這是康熙四十四年（西元一七〇五年，藏曆木雞年）年初的一天。因為第巴桑結和拉藏汗之間又發生了軍事衝突，各方人士不得不再次出面調停。他們選擇五世達賴的靈塔作為談判地點，是很有意義的，因為五世達賴曾經是一個待人寬厚、維護團結的象徵。

參加會議的有桑結甲措、拉藏汗、六世達賴、拉莫護法、達克孜夏仲、班禪的代表、三大寺的堪布……衝突的雙方互不相讓，為維護各自的權益，爭當西藏的主宰，長時間地爭執。如果不是頭上有一座五世的靈塔，身邊有一位六世的活身的話，他們真會拔出刀來見個高低的。

激烈的爭吵震顫著幽靜的佛殿，樑柱間發出刺耳的回聲。倉央嘉措坐在正中的位置上，一言不發。他應當是這裏至高無上的仲裁人，但是實際上他和一具泥塑的佛像沒有什麼區別。他既不會調動軍隊，也沒有政治才能。他能為西藏的安寧做些什麼呢？

正如他已經對桑結和拉藏汗都失去了好感一樣，那兩個爭權者也已經對他失去了好感。別的人也只是間或用懷疑、迷惑、憐憫、同情的目光望一望他。他感到自己坐在這裏完全是多餘的，這裏本來就不應當有他的席位。他的身邊坐滿了這一類大人物，更使他感到異常孤獨，甚至有一種憤懣之情。他想：如果坐在這裏的是一群牧民、歌手、賣酒女，或者是像塔堅乃、于瓊卓嘎、仁增汪姆、敏珠活佛、央宗、次旦堆古、多吉、改桑、那森……那樣的人，他將會多麼快活啊！如果不是聽這樣一些人為權力爭吵，而是換上另一些人在爭論詩歌，那他一定是積極的參與者，一定會熱烈地發言，激動地站起來高聲朗誦自己的新作，甚至會興奮得流出熱淚。而現在，他卻只能啞口無言。

不知什麼時候，會議竟做出了決定：衝突的雙方脫離接觸，把不相容的水火分開——拉藏汗離開拉薩，回到青海去，在那裏可以和西藏保持和諧的關係；桑結甲措也離開拉薩，到雅魯藏布南岸的貢嘎去，在那裏可以給他以莊園的補償。

過了幾天，拉藏汗和桑結甲措果然都離開了拉薩。一個向北，一個向南，兩支馬隊蕩著煙塵，分別消失在羅布林卡以西的大道上。

人們望著那蕩去的塵土，像看到雹雲的消散，從善良的願望出發，以為災難真的隱去了。其實，暫時的協議是很難得到遵守的。因為拉藏汗和桑結甲措誰也沒有得到勝利，誰也不肯認輸。他們不是嬉戲的山羊，不是天真的兒童，必然爭鬥到最後一刻才肯甘休。正如滔滔的江河，一旦氾濫，不淹沒大片的土地是不會恢復平靜的。

拉藏汗佯裝回青海，到了那曲卡①就停止前進。他在那裏集結了附近的蒙古軍隊，重又向拉薩進發。桑結甲措則調動了十三萬戶的兵力前去迎擊。一場大戰又到了一觸即發的時刻。

①那曲卡，即藏北的黑河。

三大寺的代表慌了手腳，急忙請上六世達賴，一同奔赴前方去維護協議的執行；同時派人星夜急馳日喀則，請班禪親自出面調解。

倉央嘉措很久沒有在郊外馳馬了。今天騎在馬上的心情，是他從來沒有經歷過的。他覺得他的身下不是一匹有生命的駿馬，而是一隻奇形怪狀的牛皮船，手中的韁繩像一根無力划水的槳板，平靜的大道變成了洶湧的河流……他為什麼來到這裏，要到哪裏去，去幹什麼，是誰讓他這樣做的，他全都茫然。他的大腦好像處在了麻痹狀態，只覺得一陣陣的風、一股股的浪噎在他的喉嚨。

他長舒了一口氣，用靴子的後跟猛磕了一下坐騎的肚皮。駿馬仰了仰頭，抖了抖鬃毛，「吙兒」地叫了一聲，這使他稍微清醒了些。

他平日是喜歡射箭的，也有一手嫺熟的弓法。但他今天卻沒有攜帶弓箭，他甚至厭惡弓箭了，因為他感到拉藏汗和桑結甲措都在用箭頭互相瞄準著對方，都想射落對方頂在頭上的權力的果子。這樣一種遊戲，他是絕不參加的。他甚至從沒想過用箭去射死一隻兔子，更不要說去瞄準人的頭頂或喉嚨了。

此刻，三十二歲的五世班禪羅桑益西也在催動快馬向前線進發。他雖然知道拉藏汗和桑結甲措對於六世達賴的行為有不同看法，也聽說過他們之間在修練問題上存在著分歧，但他明白這不是一場宗教戰爭。他也明白自己的權力遠沒有達賴那樣大（儘管六世達賴的權力實際上是由桑結甲措代為行使的），但他和達賴同作為兩大教主之一，被藏蒙人民稱為他們的「兩隻眼睛」，對於調解教徒之間的糾紛自然有著義不容辭的責任。

班禪在到達蘇波拉山口的時候，得到了達賴的通知，說調解已經成功，雙方同意停戰，按照原來的協議，拉藏汗回到青海，桑結甲措回到山南。於是，班禪向著遠方作了祈禱，便又折回扎什倫布寺，繼續讀他寫在貝多羅樹葉上的梵文經去了。

達賴一行也踏上了回返布達拉宮的征途。在這次來往的路上，儘管灑滿了春天的陽光，美麗的拉薩河谷又穿起了繡花的綠裙，倉央嘉措卻沒有聽到一句歌聲，也沒有見到遊林卡的人。歡樂被戰爭扼死了。

倉央嘉措回到宮中，剛想坐下來吃一點東西，蓋丹就呈上來密封的信件。六世打開一看，只見上面寫著這樣幾行字：

至尊的達賴佛慧眼下閱：

前面已經有過一個裝扮五世達賴的人，我不想裝扮我的父親。我自知生不逢時，長不逢家，也不具備第巴之才。我決心離去，並且決心不向任何人報告我的下落。為此，特意向您謝罪。我十分敬愛您，也喜歡您的詩，只恨無緣為您效勞。山要崩，繩子是捆不住的。但我不挨白塔染不上白粉，不摸鍋底沾不上黑灰。望您多多保重。

弟子阿旺仁欽叩拜

拉薩沒有了軍隊，新的第巴——桑結甲措的兒子阿旺仁欽逃遁了，沒有了行政長官，成了權力的真空。

這真空總會有人來迅速填補的。一切乾涸的窪地都會盛滿積水。

倉央嘉措用顫抖的手指夾起桑結之子的告別信，緩慢地向酥油燈的火焰上湊過去。一片片的黑灰在屋子裏飛揚著，正像是阿旺仁欽的黑色的悲哀……唉，阿旺仁欽扇著悲哀的翅膀飛走了。而他自己，卻是飛不走的，他的地位使他無處可飛，除非死掉了才會給他找一個轉世的替身──那叫做達賴七世。

他的目光又落在了掛在牆壁的弓箭上，下意識地將身子往後一仰。因為他看到有一支利箭從袋囊中跳了出來，那箭頭正對準著他的喉嚨……

在夜色的掩護下，一支幾百人的蒙古騎兵正從藏北草原向拉薩輕裝疾馳。它像一支寧折不彎的箭，掠過了當雄，掠過了旁多，掠過了沙拉寺，直插拉薩市區，兵不血刃地佔領了聖地，迅速填補了權力的真空。

遠在貢嘎繼續調集兵馬的桑結甲措，得到消息後為時已晚。他狠狠地捶了一下自己的扁頭，氣惱得久久說不出話來。他感到自己的軍事謀劃的確比拉藏汗稍遜一籌。

他探知拉藏汗的後續部隊還在源源不斷地開進拉薩。他反覆計算著自己的兵力，總感到不足使用，用武力奪回拉薩的辦法，暫時是不可取的。

諺語說：想占有神一樣的高位，就要有鬼一樣的計謀。桑結甲措此時不由得想起一個人來，這就是拉藏汗的內侍丹增旺傑。

丹增旺傑是一個藏族人，早年曾經跟桑結甲措學過藏醫學，後來桑結寫完了那部《藏醫史》著作，還親自送了他一本。這本書刻印得相當精美，內容也十分豐富。它不但論述了藏醫學的起源和發展，還介紹了歷史上藏學家的貢獻和重要的醫典。丹增旺傑把它看作是第巴對他的友誼的象徵，始終懷著受寵若驚的感情。在拉薩時，他幾次託人向桑結透露自己的心願：離開拉藏汗，到桑結主持的噶丹頗章來服務。桑結婉言拒絕了他，那時候的桑結就隱約地感覺到讓他留在拉藏汗的身邊要比留在自己的身邊有用。

桑結甲措選中了一名心腹，把自己手上的一隻寶石戒指交給他，讓他緊繫在蓬亂的頭髮裏，化裝成瘸腿乞丐，牢記著秘密的指示，星夜趕赴拉薩去找丹增旺傑。這位「乞丐」在拉藏汗的府第前哀叫了三天才見到了丹增旺傑，密約他到八角街一座樓外的牆邊商談大事。

丹增旺傑按時來到預定的地點，假乞丐已經趴在地上等候著。

「你認得這個嗎？」假乞丐從亂髮中取出了戒指，警覺地望了望四周。

丹增旺傑已經知道他是被迫卸職的第巴派來的心腹，所以很容易地認出了它是桑結甲措獨有的無價之寶，遂鄭重地說：「我並沒有懷疑你，何必帶這樣貴重的證物？第巴桑結甲措是我們藏族的大英雄，也是我的恩師。現在，災星正照臨在他的頭上，他有什麼吩咐，你就轉述吧。」

假乞丐剛要說話，一隊蒙古騎兵列隊走了過來。為首的頭目叫達木丁蘇倫，很得拉藏汗的寵信，他是認得丹增旺傑的。

「尊貴的老爺，可憐可憐我這殘廢的苦命人吧！求佛賜福給您和您的子孫！」假乞丐用前額貼著地面，聲帶顫著哭音，兩隻手並排地向前伸著。

丹增旺傑急速地背過身去，擋住達木丁蘇倫的視線，順手把那個貴重的戒指像小錢一樣地扔在假乞丐的手上，假乞丐順勢緊握在手心裏，不停地道謝。

騎兵過去了。達木丁蘇倫回過頭來，向丹增旺傑微笑了一下，似乎在讚賞他的善行。

馬蹄聲遠了。假乞丐從地面抬起頭來，又把戒指送回到丹增旺傑的懷中：「這是第巴送給你的。日後還有重謝呢。」

「先生，這個……其實是用不著的。」說著，把戒指戴在手上。

丹增旺傑的話不是假的，他早就願意不取報酬地為第巴效點兒勞了。當然，第巴這樣地看重他，特別是將自己身上的貴重物品贈給他，他也是求之不得的。因為它不但有很高的經濟價值，更是很高的榮譽。越是想當大人物而當不了大人物的人，越是愛好虛榮。丹增旺傑就屬於這一類。只要有大人物的吩咐，他什麼事都幹得出來。

「快說，此地不宜久停。」他催促著。

「好。你是懂醫藥的，毒死他！」假乞丐從牙縫裏擠出最後三個字來。

「誰？」

「第巴的……對手。」

「我……照辦！」

在分手的時候，從他們頭頂的樓窗裏隱去了一個女人的頭。這個女人就是貴族小姐白珍。

當擔負著市區巡邏任務的達木丁蘇倫又出現在八角街上的時候，白珍站在門口向他招手：「將軍閣下，請過來，我有話說。」

達木丁蘇倫見她生得美貌，聲音又那麼嬌柔悅耳，不禁有了幾分好感，像孩子一樣順從地下馬走了過去：「小姐，有什麼事情？」

「有錢嗎？」白珍低聲問。

「有。」達木丁蘇倫低聲答。

「多嗎？」

「我……不知道……你要多少？」達木丁蘇倫說著從懷裏拎出了鼓鼓的錢袋。

白珍認真地估量了一下，慢聲細氣地說：「不算少，也不算多。」

「現在，我一共就有這麼多。不過還可以……你的確……太漂亮了！」達木丁蘇倫拍了拍錢袋，慷慨地遞了過去。

「你不要誤會。」白珍沒有接他的錢袋，「我要和你談的是另外一種買賣，我想把我所看見和聽到的重要情況……賣給你，它會使你得到更高的官位，收回更多的錢財。」

達木丁蘇倫失望了，不過又立即產生了另一種希望。他懂得：有時候靈魂的交易比肉體的買賣更為有利可圖。於是急切地追問：「你看見了什麼？」

「一個藏族乞丐和一個蒙古官員在神秘地交談。」

「你聽見了什麼？」

「毒死他。」白珍也從牙齒縫裏擠出這

「毒死誰？」達木丁蘇倫驚愕了。

「『第巴的對手』，明白了嗎？」

「啊？……」

「值嗎？」白珍伸出了手。

「值，太值了！」達木丁蘇倫趕忙把錢袋捧過去。

「歡迎你夜晚再來。」白珍提著錢袋轉身進了大門，又回過頭來，向達木丁蘇倫拋出嫵媚的一笑。

拉藏汗接過丹增旺傑端上來的牛奶，沒有像往常那樣趁熱就喝，兩眼直視著恭立在身邊的丹增旺傑。丹增旺傑謙卑地微笑了一下，更加謙卑地低下了頭。

拉藏汗拿出了事先準備好的象牙筷子和銀勺子，分握在左右手中，伸到牛奶碗裏慢騰騰地攪著，銳利的目光依舊直盯著丹增旺傑。

不一會兒，微黃的象牙筷子和白亮的銀勺子都變成了黑色。

拉藏汗的身子微微顫動了一下，用低沉而平靜的語調說：「丹增旺傑，這奶子有些涼了，你來喝吧。」

丹增旺傑知道事情已經敗露，一時沒了主意，強壓住滿心的恐懼與慌亂，喃喃地回答說：「是，是……我給您去換……換一碗熱的來……謝王爺，這一碗……我喝，我喝……」說著直往後退，並不上前端碗。當他退到門邊的時候，一個急轉身剛要逃跑，一隊持刀的蒙古武士已經排列在門外，像一座雪山擋在他的面前。

拉藏汗拍了一下桌子，丹增旺傑噗通一聲跪倒在地，一邊不停地叩頭，一邊坦白說：「我不認識桑結甲措，也沒有貪圖他的錢財，我只是聽信了街上的謠言，說王爺您向大皇帝上告了達賴佛爺，說六世是假的，不是真的。我想不通，我是為了維護達賴的真身才做出這樣的蠢事，是魔鬼纏著我讓我犯下大罪的啊！我們都是信佛的人，求王爺為我驅鬼吧，求王爺饒恕吧！」說罷，號啕大哭起來。

「我是要驅鬼的。」拉藏汗冷笑了一聲，「這鬼就是桑結甲措！他是大鬼，你是小鬼，要除大鬼，先除小鬼！」拉藏汗乾脆地揮了一下手，武士們把丹增旺傑拖了出去。

丹增旺傑的腰間被墜上石頭，拋進了拉薩河的波濤。他最後看到的是一張露著得意笑容的大臉，這張臉屬於達木丁蘇倫。

拉藏汗望著那碗下了毒藥的牛奶，就像望著一堆烈火，這烈火越燒越旺，把他心頭的怒火引燃得比山峰還高。他不由得聯想到他的父親達賴汗的突然死亡，想必也是遭了桑結甲措的毒手。他對於桑結的仇恨達到了頂點，決心將那個扁頭第巴及其追隨者徹底消滅。他立即又給康熙皇帝上了一份奏摺，歷數了桑結甲措的種種罪惡和六世達賴不守教規的行為。他密封好奏摺，指令各驛站星夜派快馬趕送北京。接著就調集軍隊，親自訓練、整編，準備進攻山南。達木丁蘇倫真的被提升當了將軍，擔負了從側翼插向敵後，切斷桑結退路的重任。

春天的貢嘎像彩色地毯一般絢麗。小朵的野花簇擁著一棵棵垂柳，像一群群盛裝的男女在暖風中跳著圓圈舞。北面的江水是深藍的，南面的山巒是淡綠的，天空的雲片是潔白的，地面上飄著帶有香草氣息的炊煙。

這裏的地勢稍低於拉薩，雅魯藏布江面也比拉薩河面稍寬一些。如果不是阻隔著一江一河，不利於向北發展的話，一千多年前雅礱部落的首領松贊干布就不一定把他的大帳遷到現在的拉薩，而有可能在這個如情似夢的地方安營紮寨了。

現在，桑結甲措把它當做了自己的戰略要地。因為這裏是西去後藏、北去拉薩、南去山南各地的通道，而且有著足夠的糧草。

一望無際的草灘上正聚著兵馬。土洞裏、岩縫中的蛤蚧由於歷來無人捕捉，竟改變了夜間出動的習性，隨時竄出來擒獲食物。

桑結故意不進房子，他坐在大帳裏，並且按照古代武士的模樣裝束自己，以表示他不是一名卸職的第巴，而是收復失地的統帥。

外面傳報：工布地區的首領龍夏率領著一千騎兵趕到了。桑結一聽，如獲至寶，趕忙迎出帳去，像接待老朋友似地接待了龍夏。

「你真是救火之水啊！」桑結拉著龍夏的手說。

「我這股水可是流來得不易呀！」龍夏擦著汗，露出了邀功請賞的神態。

「是的是的。」桑結感慨地說，「拉藏汗佔領了拉薩，堵塞了向東的通道，卡住了半個西藏的脖子。喀木地區、三十九族地區、波密地區、工布地區……許多路的人馬都過不來了。老兄，你是從東面開來的唯一的一路兵馬……」

「我不來誰來？」龍夏拍著胸脯說，「你在拉薩把于瓊卓嘎交還給我，這恩情我不能不報。論公職，我是你的下屬；論私交，你是我的朋友。我可以沒有長官，但不能沒有朋友。俗話說：脫掉羽毛的箭射不遠，失去朋友的人活不長。是不是？」

桑結點了點頭，臉上泛起微笑，心中卻不大高興。他覺得這個土皇帝今天說話的口氣和在拉薩的時候大不相同了，已經不把他當尊嚴的第巴看待了，竟然和他攀起朋友來了。但是有什麼辦法呢？他為奪回失去的權力，正面臨著一場決戰，兵力又十分缺少，龍夏的一千騎兵是萬金難買的殺敵寶刀啊。好在他畢竟來了，來了就好，何必和他計較？狗就是瘋了也還是認識主人的。

桑結甲措剛剛讓龍夏下去休息，自己也想閉上眼睛養養神（他已經兩天兩夜沒有睡覺了），下人稟報說有一位遠路而來的喇嘛求見。他本想拒絕見客，忽又想到也許是從六世達賴身邊來的人，說不定會帶來什麼對他有用的消息，於是強打起精神來說了一個「請」字。

一位頭戴紅帽的老喇嘛，在武士的跟隨下朝大帳走來。地上的綠草把他的袈裟襯托得格外鮮豔，遠遠看去像一朵大雞冠花。他邁著平穩小步，整個身子由於過於肥胖而一左一右地晃動著，纏繞在手腕上的念珠在陽光下一明一暗，像是神秘的佛光。

桑結甲措欠起身來相迎，他注視著這位長者，挖掘著內心深處的記憶，一時卻怎麼也挖不出對方的名字和身分來。

「你是尊貴的桑結甲措？」對方先開口了。

「是的。請問你是誰？從何方而來？」桑結有些狐疑地反問。

「這倒不關緊要。」對方沒有直接回答他的問話，自動坐在墊子上，鬆開腕上的念珠一個子兒一個子兒地快速捻掐著，「只要你能認真聽取我的意見就夠了。無論出自誰人之口，忠言總是忠言。」

桑結擺動了一下扁頭，眉心微微一皺。他不能排斥這樣的可能：這位老喇嘛是拉藏汗派來的說客。轉念一想。不會，拉藏汗也是信奉黃教的，不會派一個紅帽派的喇嘛前來。咳，不去管它，且聽對方說些什麼吧。他裝出一副十分恭敬和虛心的樣子，俯下身子說：「請講。」

「恕我直言了。」對方又把念珠纏繞到手腕上，「達賴六世還很年輕，又十分善良、聰明，他的詩才在西藏的歷史上實屬稀有。因此，僧俗人等對他衷心愛戴，無不敬仰。可是，在拉藏汗的眼中，他是你一手扶植起來的。這一點，回想康熙二十四年發生的事情，便……」

桑結甲措聽到這裏，渾身震動了一下，嘴角抽搐著想說什麼。

「請不必激動。」對方揚起手掌，意在制止他的辯解，接著說，「所以，你越是與拉藏汗交惡，越是對達賴不利。為了保護達賴，我勸你勿動刀兵。」

「我一人做事一人擔當，與達賴無關。」桑結揮了揮拳頭：「再說，六世的坐床是大皇帝批准了的，也得到了藏、蒙民眾的擁護。人們也知道他不大關心政事，誰能把他怎麼樣呢？」

「拉藏汗是不會這樣看的，這，你不可能一無所知。還有，大皇帝因為你暗助噶爾丹，對五世的圓寂秘不發喪，找到轉世靈童久不上奏，對你已無好感。諺語說：疾病進入膏肓就得料理後事，上司與你作對，就得設法離開。我勸你還是偃旗息鼓為好，也免得妄殺生靈。」對方眼含熱淚，又掐開了念珠。

「可是拉藏汗已經下了決心要置我於死地，我是欲罷不能了。至於大皇帝嘛，只要我奪回拉薩，趕走拉藏汗，手中有了實力……大皇帝是個尊重事實的英主……不會加罪於我的。」

「如果戰敗了呢？」

「……」桑結甲措是一個從來沒有經歷過真正的、徹底的失敗的人。對他來說，失敗都是短暫的、局部的，而且總是能化險為夷，所謂失敗只是意味著捲土重來。所以他無法對這個問題立即做出回答。

「我勸你還是以退為妥。你可以隱居山林，也可以受戒為僧，我將盡力保護你的安全。」對方拉長了聲音說，「漫長的春天有三寒三暖，漫長的人生有三苦三甜。翻過一山，必有一谷；上上下下，行路之理。望你再思再想。」

桑結甲措用比對方快兩倍的速度回答說：「我沒見過獅子夾尾巴，也沒見過犛牛縮犄角。與其厚顏老死，不如英勇戰死！」

「看來我的話對你像是往石頭上潑水，滲不進去了。求佛保佑你吧。」老喇嘛閉了閉痛苦的眼睛，起身告辭了。

桑結甲措懷著紛亂複雜的心情急忙相送，同時追問道：「請問，你到底是哪方的高僧？」

「你忘了？」對方回過身來說：「三十多年以前，在五世達賴的寢宮裏，我們曾經見過一面。那時候，你還不到二十歲，也還沒有當上第巴。後來，我和偉大的五世還經常有書信往來……」

「您是敏珠活佛？」桑結甲措驚叫起來，「我的確沒有認出來，請您寬恕我的怠慢和……無禮……」

敏珠活佛再沒有看他一眼，逕自走去了。

桑結甲措像一個不肖的兒子跟在不再理他的父親身後，默默地走了一段訣別的路。路上他隱約地聽到敏珠活佛自言自語地重複著兩句話：「五世培養了他，他卻毀滅了六世！」

桑結甲措的人馬從曲水渡過了雅魯藏布，以龍夏的一千騎兵為先導，浩浩蕩蕩地向東北方向的拉薩進發。

拉藏汗的軍隊也從拉薩向西南開拔。達木丁蘇倫的精銳騎兵則從拉薩西面的堆龍德慶快速插向敵後。

一場大戰就要在拉薩的遠郊展開了。

龍夏來到前線，轉過一個在巨石上刻有佛像的山嘴，驀地看到一片耀眼的亮光。那是拉藏汗的軍隊已經在平川上迎面列開了陣勢，盔甲和刀槍像繁星一樣密密麻麻，閃閃爍爍。龍夏並沒有見過戰爭，更不曾上過戰場，只不過是個有權調動和統領一些人馬的地方首領。當他面對著這般壯觀的景象時，不禁發起怔來。桑結甲措臨時拼湊的軍隊，在儀容上是無法同它相比的。他意識到這就是他要與之廝殺的對手時，立即不寒而慄了。仗，還沒有開始打，他就已經徹底地敗了。

龍夏正在進退無措的時刻，從拉藏汗的陣中飛出一騎，在距他一箭之地的高坡上射過一封信來，上面寫道：

龍夏先生：

我可以證實，桑結甲措送還給你的美女于瓊卓嘎，原本是六世達賴的情人。如果你想得到六世和我的寬恕的話，就請不要幫助那個欺騙你傷害佛爺心靈的傢伙了。不然，我將用我的刀為你舉行葬禮，而且，這很容易辦到。記住，我的這些話像山上滾下的石頭，是收不回去的。

拉藏汗

龍夏讀完信，嚇得面如土色，幾乎沒有片刻猶豫，便舉起馬鞭向他的一千騎兵大喊一聲：「撤回老家！」

這當然是很得人心的命令，那些僅僅為了服從老爺而拋妻別子的農奴們，轉眼之間就從戰場上消失了。

正想一舉擊敗拉藏汗的桑結甲措，像一隻從山岩上起飛的大鷹突然折斷了一扇翅膀，向著絕望的深谷墜落下去……拉藏汗用靴子狠狠地夾了一下戰馬，像一隻飛箭似地直射過來。蒙古騎兵對這位總是身先士卒的英勇的統帥是引為自豪的，立即緊跟著拉藏汗向前奔馳。桑結的兵馬像是被洪水沖垮的堤壩，頃刻被粉碎在滾滾的波濤之中。桑結甲措即使是畫著龍紋的金鼓，這時也無法自鳴了。他只好轉身南逃，回山南去培植未來的希望。

在路上，他被繞行到他的背後的達木丁蘇倫俘獲了。達木丁蘇倫用刀背拍打著他的盔甲，嘲笑說：「壘起的牛糞算不了寶塔，穿著戰袍的不一定是英雄。」說罷一陣狂笑。

桑結聽著這笑聲，就像刀尖在挖他的耳朵。他憤憤地反駁說：「是劣馬把英雄摔在了地上，是壞人把我出賣給了你們。」從此，便不再說話了。

他被帶到了堆龍德慶的那孜，作為罪犯關押起來。

拉藏汗立即把他的勝利飛報給朝廷。拉藏汗的奏章足足用了一大張藏紙，這種手工製作的紙雖然不太潔白，卻又柔又韌，像是絲絹。上面密密麻麻地寫滿了桑結甲措歷史的罪惡、現實的反叛和被俘的經過，以及西藏目前秩序的良好，人心的安定，又說倉央嘉措如何耽迷酒色，不守清規，不理教務，絕對不是真正的達賴，請皇帝下旨廢黜。

就在呈送這份奏章的使者向著北京進發的同時，康熙皇帝為了查詢西藏的動亂情況，調解拉藏汗和桑結甲措的矛盾，又特意派恰納喇嘛和阿南卡兩位使者由北京向拉薩進發。北去南來的雙方在途中錯過了面談的機會。

這是康熙四十四年七月上旬的事情。

桑結甲措坐在那孜的牢房裏，整日默思著自己的命運。半生中，他認為世上的事情無非只有兩種，一種是要幹，一種是要等；在等中幹，在幹中等。什麼也不能幹，什麼也幹不成，只能消極地等待，這種狀況，這種心境，在他還是第一次。他等待著什麼呢？他能等來什麼呢？他反覆地推測著。拉藏汗會放過他嗎？不會的，新賬舊賬要和他一起算。皇帝會赦免他嗎？不會的，皇帝是不會疼愛一個沒有了實力的欺君者的。有誰會來搭救他嗎？有誰呢？誰願意為一個下了台的第巴去和拉藏汗強悍的軍隊廝殺？六世達賴會替他說情嗎？唉，由於倉央嘉措是他確認的靈童，又不守教規，拉藏汗是不會聽從這位六世的佛旨的……他想來想去，只能得出一個結論，他等的只有一樣東西——死！

他原本覺得六世達賴對不起自己。是他給了這個放牛的孩子如此之高的尊位，親自教這個聰敏的少年以知識和經典；這個孩子卻從不領情，而且鬧出許多破壞教規的事，給他惹下很難收拾的麻煩。而現在，他竟第一次感到也有些對不起六世達賴了。是他把倉央嘉措這一條嫩綠的柳枝折斷了，插進了佛殿的淨瓶。這淨瓶中的水不就是自己的權力嗎？當水乾涸的時候，柳枝也會失去它最後的生機……

他想到這裏，忍不住向拉藏汗提出請求說：「我使達賴佛擔憂受驚了，我要向佛去當面謝罪。」

拉藏汗沒有答應他的請求，只是同意將他的意思向達賴轉達。第二天，也真的轉達了。

又過了一天，拉藏汗派人給他送來了倉央嘉措的一首詩。詩中寫道：

熱戀的時候，
情話不要說完；
口渴的時候，
池水不要喝乾；
一旦事情有變，
那時後悔已晚。

桑結甲措的眼睛盯在「後悔已晚」上，發出了最後的內心獨白。

「是啊，晚了！我後悔什麼呢？我如果把自己的全部精力都用在著作上，我留下的東西將不只現有的這些，我會成為更大的大學者的。個人的專權是頸上的枷鎖，傳世著作是頭上的花環啊……一顆星管一個時辰。我要隕落了，隱去了……沉香剁百塊，其香依然在。我將留下的……是什麼氣味呢……」

七月十五日，就在那孜，桑結甲措被拉藏汗下令殺害了。終年五十二歲。有人說他是被拉藏汗的一個妃子下令殺害的，對於第巴這樣的重要人物，一個妃子敢做出這種決定嗎？真是的，什麼事都會有各種說法！

二十三　詔執京師

皇帝的兩位特使恰納喇嘛和阿南卡到達拉薩的時候，桑結甲措已經不在人世了。事情的發生出乎意外，使他們十分震驚。

也許是出於對「殺生」的厭惡，也許是基於對失勢的弱者的潛意識的同情，也許是由於事先知道康熙皇帝並未打算除掉桑結，恰納喇嘛對於拉藏汗殺害桑結的舉動明顯地表現出不快。他追問拉藏汗為什麼擅自對桑結執行死刑？拉藏汗吞吞吐吐，一時不知怎樣回答才好。後來，才說是手下人為了報私仇才這樣幹的。並表示：如果聖上認為不當，甘願受罰。

恰納和阿南卡也還聽到了一些另外的說法。有的說拉藏汗在六月間以三路大軍奪取了拉薩，桑結甲措逃往貢嘎，被殺於久龍。有的說桑結甲措在被捕的當天就被處死了，而拉藏汗確實並不知情。有的說是拉藏汗假借達賴的名義讓桑結投降之後，卻沒有保留他的性命；在這之前桑結是住在拉薩的宅第中的，拉藏汗率兵攻打他的住宅，他逃到城外的一個堡寨中固守，當時，是達賴向他下了投降的命令。

二位使臣雖然拜望了六世達賴，但也無法弄清事實的真相。桑結甲措確實被殺了，這已是無可挽回的事實。他們也毫不懷疑，雙方在多年的爭鬥中相互使用過暴力和陰謀。於是他們帶著疑慮和頹喪，返回了京城。遂將情況寫成奏章，上報康熙皇帝。

臘月的北京。天氣晴朗。整天在乾清宮忙於政務的康熙皇帝，捨不得抽一點時間到外面去曬曬太陽，他的眼睛總是習慣於盯在奏章上。他從八歲即位，十四歲親政，已經當了四十四年皇帝。他經常外出遠行，專心操勞於軍政，難得有閒暇之日和遊樂之情。

他剛剛恩准了言官周清源的請求，命各省建立育嬰堂。接著就收到了恰納和阿南卡關於西藏之行的奏章，立刻便俯下身去批閱起來。

在此之前，他已經看過了拉藏汗的奏章，對於桑結甲措的失敗並無惋惜，而且在內心裏感到某種滿足。他一直在思考西藏的形勢，等待恰納的報告，然後再做出新的決策。現在恰納的奏章到了，他反覆地看了幾遍，又把拉藏汗的奏章抽出來，再看了一遍。事情已經是明擺著的了，桑結甲措死了，拉藏汗掌握了西藏的實權，而且，看起來他比桑結更能忠於朝廷。剩下的問題是對於六世達賴究竟應當如何處置了。

康熙皇帝考慮：拉藏汗所奏請的「廢第巴所立假達賴」的做法，是不可取的。因為藏族人和蒙古人都衷心信仰達賴喇嘛，倉央嘉措即使是所謂的假達賴，也畢竟有著達賴喇嘛的名號。蒙古各部照樣信服他，這無形中對蒙古各部也起著一種維繫穩定的作用。如果就此將他廢掉，很可能會引起藏族人的不滿和蒙古人的混亂。他還考慮到，也不能讓六世達賴落到另外的蒙古部落手中，特別是不能落到新疆的準噶爾部落首領策妄阿喇布坦的手中。這位噶爾丹的侄子，因為助剿他的叔父而有功於朝廷，被劃地在阿爾泰山以西至伊犁一帶游牧。他隨著實力的發展，野心也發展了起來。這個自立為汗的人常常露出東侵的指爪，對他是要警惕和防範的。如果不將達賴喇嘛掌握在朝廷的權威之下，而被策妄阿喇布坦迎去，就會成為那個野心家的新招牌，會籠絡去其他蒙古部落的人心，助長其吞併他人的氣焰，加速其反叛朝廷的進程。對！還是先把達賴弄出西藏為好。

康熙皇帝在考慮成熟之後，下了一道聖旨，任命護軍統領席柱和學士舒蘭為金字使臣①入藏宣諭。

席柱和舒蘭經過四個多月的跋涉，由北京到達拉薩。拉藏汗跪接了聖旨。聖旨中說：桑結以為拉藏汗終為其患，密謀毒殺未遂，欲以武力驅逐。拉藏汗遂集合人馬討誅桑結，安定了西藏，可詔封為翌法恭順拉藏汗。至於其奏請廢黜桑結所立之六世達賴，當執獻京師。

拉藏汗接過了「翌法恭順拉藏汗」的金印，面北謝恩。他已經做的事得到了皇帝的承認，他所希求的封王（不是靠世襲得到的那種汗位）也已經成為現實。下面的大事就是送走倉央嘉措了。

「大皇帝還有什麼聖意？」恭順汗恭順地問。

席柱本來就想緊接著談這個問題，立刻回答說：「還有，桑結的妻子也要執送京師。」

「她已經自殺了。」拉藏汗肯定地說。

席柱噢了一聲，表示知道了。接著說：「關於執送假達賴的事，對外可以說倉央嘉措是欽遵大皇帝的諭旨，親往京都朝覲。」

拉藏汗卻沉默不語了。他和康熙皇帝，還有那個策妄阿喇布坦以及別的有識之士，雖然都知道這位達賴六世是桑結甲措的政治產物，但是達賴畢竟是達賴，頭上有著神聖的佛的光環。桑結的死亡，並不簡單地等於達賴的消失。他猶豫了半天，終於開口說：「如今政局方穩，桑結餘黨未除，

---

①遇有軍政要事，皇帝便讓使臣持上特製的有碗口大的銅牌，字表鍍金，昭示沿途驛站作為緊急通行的憑證。

達賴之偽善不為眾生所信知。如果他遠離西藏而去，萬一民心生變，眾僧離散，恐怕會給大皇帝添憂啊！」這位新受封的恭順汗，在這個問題上卻不大恭順了。

「那……待我回奏皇上以後再說吧。」席柱見他不願立時送走達賴，且言之有理，也就不好再談下去了。心想：這位汗王既然覺得手裏攥著個達賴對他有利，就讓他攥著好了。

席柱和舒蘭的奏聞到了京城。康熙皇帝正在同諸大臣議事，看過以後隨手交給大家傳閱。大臣們相視無語，一時不知道究竟應該發表什麼意見。皇帝笑了笑說：「拉藏今雖不從，日後必然自動執之來獻。」

正如康熙所預料的那樣，拉藏汗為了把桑結的勢力翦除淨盡，想來想去，總覺得把六世達賴留在身邊對自己弊多利少。不管怎麼說，這個倉央嘉措總是桑結權力的一個象徵，也是桑結罪惡的一個佐證。拉藏汗終於又決定將六世達賴執獻京師了。

他做了幾件進一步鞏固和加強自己勢力的事，以防止在弄掉倉央嘉措的時候發生騷亂。他找來他前年委任的新第巴隆素，布置了嚴密封鎖布達拉宮的任務；他籠絡和收買了一批西藏的著名人士（如日後在西藏歷史上扮演了重要角色的年輕俗官頗羅鼐等），以增強當地人對他的支持；他大肆搜捕桑結甲措的親信、部下、餘黨，只是那個假乞丐沒有抓到，他已經逃往新疆的準噶爾蒙古部落，向策妄阿喇布坦搬兵為桑結報仇去了。凡是敵對人士，能逮捕的立即逮捕，有的不便於或不必要逮捕，就派人監視起來。

對於倉央嘉措的處置就要開始了，年輕的詩人終於被推進漩渦的深處，快要沉入水底了。

倉央嘉措聽到桑結的死訊，心頭頓感悲涼，往日的怨恨，好像都化作了惋惜。作為一位博學多才的人，倉央嘉措本來對他就懷有敬仰之心，只是由於追求不同，才使他們兩人未能成為至交，甚至相互做了些傷害對方的事。

基於對死者的寬恕，倉央嘉措默默地走進了桑結的書房，見桌面上擺著厚厚的一疊手稿，便輕輕地拿起來翻閱，原來是這位第巴生前寫下的六世達賴倉央嘉措的傳記第一部。他懷著好奇、感激、疑慮的複雜心情坐在桌前讀起來。

窗外，烏雲密布；室內，燈已熄滅。倉央嘉措讀完了前面的一部分，覺得有點頭昏，便放下手稿，閉目養神。書中對他的描述，使他無法安靜下來。桑結寫他在幼年的時候就自己聲稱「我不是小人物」，「我是從拉薩布達拉來的」，「我要到布達拉去」；還說，「我珍視自己的小便，不要胡亂倒掉，你們要是喝了，就會得到福力。」寫他看見母親撚線，就說：「用不著這樣，我會給你吃穿的！」然後將線錘奪去扔掉。還寫他吃喝總要求先於別人，否則就不高興，竟然命令別人說：「有什麼最好的食品就送來。」倉央嘉措覺得這些記載十分可疑。他記得，他從小就沒有把自己視為特殊的貴人。

他轉而想到：如果由我來寫第巴桑結甲措的傳記，我該怎樣評價他呢？我當然不會像他神化我那樣去神化他。他神化了我，不是也有人在否定我，說我是假達賴、花花公子嗎？我即使神化了他，也還是有人否定他的。因為我們畢竟都是曾經活著的人啊。但願不要因為他做過錯事甚至有過罪過就把他視為糞土吧，但願也不要因為他做過好事甚至有過功績、最後遭到殺害就被視為大英雄吧。

可惜的是，倉央嘉措不但沒有機會寫他的傳記，而且連他寫自己的傳記都沒有看完，就被押出了布達拉宮。

五月初一。

春天來得遲些的拉薩，低窪的草地上剛泛出一層嫩綠，陰沉的天空又灑下了雪霰，滿城垂柳的枝條已經很柔軟了，卻仍在冷風中抖動著，瑟縮著，不敢吐芽。

從布達拉宮到拉藏汗的府第，沿途都戒了嚴。蒙古軍隊和新第巴隆素的武裝按照細緻的分工，把守著各自的地段。雖然沒有爆發戰爭的跡象，但那異常肅穆的氣氛卻令人窒息。人們的心都像快要繃斷的弓，不知道究竟又要發生什麼重大的事情。遠遠地可以望見，各大寺院的活佛和一些蒙古高僧陸續在拉藏汗的門前下馬，慌張地走了進去。他們都是被「請」來的。被「叫」來的只有一位，這就是六世達賴喇嘛倉央嘉措。

西藏歷史上少有的、專門針對達賴喇嘛進行的宗教審判會開始了。

會議的召集人和主宰者拉藏汗，是與會人士中唯一不穿袈裟的人。當他環視四周，意識到這一點以後，特殊感和孤立感同時向他心頭襲來。

倉央嘉措被指定坐在一個普通的位置上，對於達賴來說，這就意味著被告席了。此刻他所能享受到的唯一優待，是背後被允許站著一位貼身的侍從——蓋丹。這位年過六十的喇嘛，已經有了近似三朝元老的自我感覺，臉上總是表露出莊重和漠然的神情。

拉藏汗偷覷著倉央嘉措。倉央嘉措正在用目光向到場的活佛們、堪布們、高僧們默默地問候。

人們的眼睛也都不約而同地跟著倉央嘉措的目光轉動。他們似乎從來沒有見過這樣的目光。他們覺得世上的任何詩人和畫家都不可能把它描畫出來。它比太陽熱，又比月亮冷；它像大海那樣深沉，又像小溪那樣清淺；它充滿友愛，又透出疑慮；溫馴中含著堅強，平和中藏著憤慨；既有少女的柔弱，又有老人的固執；天真多於成熟，坦率多於隱藏……是在尋求同情嗎？不像；煽動反抗嗎？不是。人們終於從中找到了最令人揪心的東西——訣別。

拉藏汗坐在卡墊上搓了一下手心裏浸出的汗液，用發布軍令的語調說：「眾所周知，倉央嘉措不守佛門清規，屢次破壞戒律，乃是個風流浪子，不是位真正的達賴，理當把他廢黜。請諸位發表意見吧。」

人們面面相覷，長時間地沉默不語。坐滿了人的議事大廳，竟像一座連風聲也沒有的空谷，只有窗外傳來細微得難以辨聽的沙沙聲，大概是雪霰還在下著。

「如果沒有不同的看法，就一致決定了。」拉藏汗催促著，威脅著。

「請聽我講。」敏珠活佛合十著雙手說，「達賴佛行為不檢，乃是迷失菩提之故，況且出身於紅教世家，不慣黃教清規，也為眾生所知，恐不宜說他是假的。」

俗語說：一鳥飛騰，百鳥影從。敏珠活佛又是五世達賴的密友，歷來德高望重。經他這樣一說，鼓舞了大家為六世達賴辯護的勇氣。會場頓時活躍起來。

「是啊，他只是遊戲三昧，實際上未破戒體。」一位堪布接著說。

「對於六世，民間流傳著這樣一首詩歌：『雖有女人陪伴，從來未曾睡過；雖有女人陪伴，從來未曾沾染。』這前一句顯然是太誇大了，後一句倒確是事實。」熱振寺的活佛做了一個十分肯定的手勢。

「從一世達賴到現在已經二百八十餘年，至於哪一世達賴是真是假的事，我們從來未聽說過，連想也不敢想啊！」另一位活佛用請罪的口吻說。

「四世達賴是蒙古人，我們西藏人也沒有誰說他是假的。」大廳的一角傳來了一個蒼老的聲音，聲音有些低啞，話裏卻帶著刺兒。有人瞅了拉藏汗一眼，暗暗地替那位插話者擔心。插話者竟是伺奉在六世身邊的蓋丹。

「六世的坐床是皇帝批准了的，聽說皇帝至今也沒有認定他是假的。此事非同小可，請拉藏王爺三思而行。」哲蚌寺的堪布有些激動了，但是在極力忍著。

大家七嘴八舌地講著自己的看法，卻沒有一個人說倉央嘉措不是真達賴，也沒有一個人提到第巴桑結甲措。桑結甲措已經死了，倉央嘉措卻必須拯救。儘管人們對這個年輕人的遭遇和處境懷著各種各樣的複雜心情，有一點卻是共同的，那就是心裏都裝著他的詩歌。

「好了！」拉藏汗站了起來，「諸位的慈悲胸懷是可敬的，但事實不能靠說情來改變。大家好像都忘記了，我發現倉央嘉措不是真達賴已經有五年了。康熙四十年我就曾經和策妄阿喇布坦共同聲明過，不承認他是真達賴。他本人並沒有提出異議，還親自到日喀則向班禪退戒，願意放棄尊位。事到如今，你們又何必為他辯解呢？」拉藏汗壓著怒氣，卻提高了嗓門兒，「現在，我鄭重宣布，大皇帝已經下詔，叫我將倉央嘉措送往京師。這就是說，大皇帝已經認為他不配再坐在布達拉宮的尊位上了！」

會場裏響起了一片驚歎聲。

拉藏汗環視了一下眾人，接著說：「我還要告訴諸位一件事，桑結甲措在我的食物中下毒，想毒死我，才招致殺身之禍，未得好報。如果還有誰對我居心叵測，我看也難逃懲罰。糌粑要嚼著吃，言語要想著說。長短要丈量，真假要辨別。這就是我最後的忠告。」

會場上恢復了靜默。會議在靜默中散了。

人們都回到了各自的寺院。倉央嘉措卻沒有能夠再回布達拉宮，而且從這天起，再也不能回去了。他被帶進了設在拉魯的拉藏汗的兵營，成了不戰不降的俘虜。

倉央嘉措在大門外用目光與大家告別時，臉上充滿了悽楚的表情。他特意走向敏珠活佛，在這位早已知名、初次見面的長者面前站了一會兒，嘴角抽搐著，熱淚無聲地流了下來。也許是想起了自己早已去世的父親……

倉央嘉措被關押到拉藏汗的營房以後，就失去了一切自由。拉藏汗只同意派蓋丹回布達拉宮去取他的私人用品，其他任何人不得前來探視。

蓋丹在回宮以前，怕六世達賴忍受不了這種孤寂，過於悲痛，勸慰他說：「請佛爺寬心，到了京城，皇帝會以禮相迎，給你優厚待遇的。當年五世達賴不就是例子嗎？」

「我和五世不能相比啊！」倉央嘉措歎了口氣說，「我在皇帝的眼中，恐怕和在拉藏汗的眼中一樣，只不過是桑結甲措戴過的一頂舊帽子罷了。」他停頓了一會兒，又悽楚地說：「蓋丹，我是把你當朋友看待的，我的一切你也是了解的。過去，我曾經為了得到生活的自由想不當達賴；現在，真的不當達賴時倒失掉了自由的生活。從囚徒到囚犯，從佛宮到兵營，我的翅膀一直是傷殘的，我的天空一直是低矮的，我多麼羡慕那林中的小鳥兒啊！」倉央嘉措泣不成聲了，蓋丹也聽得老淚縱橫。

天上傳來了鷹的叫聲，地面傳來了戰馬的嘶鳴，卻都那樣的陌生，那樣的遙遠，在他聽來，像是來自一個不知名的世界。

倉央嘉措接著對蓋丹說：「有人說我不是真達賴，這本來就是件連我自己也搞不清楚的事情。是的，我不守清規，我破壞了戒律。我親近過不少的女人，正如我讚賞過各色的鮮花，崇拜過各樣的山峰。我既是六世達賴，又是宕桑汪波，但是我歸根結蒂只是倉央嘉措。日有日蝕，月有月蝕；樹不能無節疤，人怎能無過錯？我輕信過，也輕浮過；我荒唐過，也悔恨過；但我從無害人之心……我反覆地思想，多次地比較，在女人當中最理解我的，最諒解我的，為我受折磨擔風險最多的，我真愛的，我最愛的，到頭來只有一人……」

「于瓊卓嘎？」蓋丹問。

「對，你猜對了！」倉央嘉措有了欣慰的笑容，「我和她今生是再也不能相見了。請你回宮以後，設法告訴塔堅乃的妻子倉木決或者酒店的央宗，讓她們一定替我到工布地區龍夏的莊園去一趟，把我的情形告訴于瓊卓嘎，並且把我最後的一首詩交到她手裏。」說著，從懷裏掏出一張紙條。蓋丹不知道上面的詩是什麼時候寫好的，也不知道他在懷裏揣了多少個日夜。蓋丹雙手接過來，匆匆一瞥，只見上面寫著這樣幾行：

在這短暫的一生，
多蒙你如此待承！
不知來生少年時，
能不能再次相逢？

蓋丹把紙條捧在手上，忍不住像孩子似地大哭起來，比達賴五世圓寂時哭得更為傷心。他對五世只懷著崇敬，對六世卻充滿著愛憐。

六世達賴受審判、被囚禁的消息，立刻在拉薩引起了極大的震動。人們從遠處近處高處低處望著金碧輝煌的布達拉宮，感到裏面全都空了，只剩下一個石砌的外殼。達賴寢宮的窗外上方，黃色的遮簾垂了下來，像是在掩蓋它失去了主人的悲哀。

對於達賴喇嘛的信仰，對於年輕詩人的喜愛，對於無辜受害者的同情，對於本族首領的偏袒……像一顆顆火星聚集到人們的心中，冒煙了，燃燒了，變成了熊熊大火。

商店紛紛關門罷市，人們用停止一切活動來表示抗議。白日的拉薩忽然變得比黑夜還要冷清，只有拉藏汗軍人的靴底在街巷裏發出咯咯的響聲。

布達拉宮下的酒店反鎖了大門。這是罷市時間最長的一家，女店主央宗到工布去了。她發誓除非于瓊卓嘎已經死了，否則絕不在完成蓋丹轉交給她的任務以前活著回來。

半個月後，一七〇六年六月十七日（藏曆火狗年五月十七日），倉央嘉措在達木丁蘇倫將軍率領的軍隊的押送下，在皇帝使臣席柱和舒蘭的陪同下，從被關押的地方拉魯嘎才出發，踏上了前往北京的路程。

六世達賴終於被拉藏汗用武力正式廢黜了。

這是一支特殊的、罕見的押送俘虜的隊伍，沒有繩索，沒有刑枷，沒有囚車。為了不過分刺傷人們的心，拉藏汗下令不准這類物件出現在這支隊伍之中，並且允許倉央嘉措騎在一匹很神氣的大馬上，依然穿著氆氌之鄉結底雪①特織的袈裟。

倉央嘉措閉起眼睛，不忍看正在與他遠別的一切。這一切，包括一粒石子兒，一個房角兒，一陣風，一朵雲……今天他都充滿了惜別之情。

忽然，他聽到遠處有一種又像狂風又像雷鳴的聲音，這聲音越來越近，使拉薩顫動，使天地交渾……倉央嘉措不由得睜眼觀看，只見數不清的人群從四面八方朝他湧來。勢不可擋的人潮迅速地吞沒了拉薩的土地，喧嚣著、跳蕩著向前合流。達木丁蘇倫一聲口令，士兵們立刻向四周散開，形成了一道圓形的堤岸，阻擋了推進的人潮。倉央嘉措被圍在這個不大的空圈兒中間，一時不知怎樣才好，只希望不要再發生不幸的事情。

軍官和士兵們厲聲呵斥著，命令群眾退去。似乎誰也沒有聽見。席柱用力踩住馬鐙，從鞍子上

①結底雪，貢嘎以東的一個村莊。

挺起身來，使盡全身的力氣大聲喊著：「父老兄弟姐妹們，大清的臣民們！我是皇帝的使臣。你們的達賴佛爺，是奉皇帝的詔請，到北京去朝覲的。請大家放心，不久就會回來！不要驚嚇了佛體，快快散開，各安生理去吧！」

稍稍安靜了一會兒的人群，一下子爆發出哭聲，夾雜著撕心裂肺的叫喊。老人像被奪走自己的孩子，孩子像在死別自己的父母。手無寸鐵、痛不欲生的百姓們，胸膛對著士兵的刀尖，越過士兵的頭頂，把數不清的哈達、金銀、酥油、糌粑、針線、手鐲、玉石、乾果……不停地向倉央嘉措的馬前扔來。這奇異的雪，奇異的雨，奇異的雹子，是從他們鬱結在內心的烏雲上灑出的。倉央嘉措急忙跳下馬來，高高地舉起雙手。熱淚模糊了他的雙眼，他什麼也看不清了。千千萬萬的面容成了兩個人，一個是他的阿媽，一個是他的阿爸，他們沒有死；愛，使他們復活了。

人們刷刷地跪倒了，像潮水一層層地低落下去。各種不同的哭喊聲同時響了起來：

「求佛為我們祈福吧！」

「祝佛爺一路平安！」

「早些回來呀！」

「不能丟下我們這些可憐的人哪！」

「仁慈的佛就這樣走了嗎？」

「我們都有待鉤的圈圈，求您留下您救世的鉤子吧！」

「……」

倉央嘉措用合十著的雙手抹了一下腮邊的淚水，又一次閉緊了眼睛。

人在愛海的淹沒中也是不知所措的。

幾個人被士兵打傷之後，人群開始後退了一點，又經過一番推搡，西邊的人群閃出了一條窄縫，押送六世的隊伍好不容易從窄縫中擠出去，緩慢地向西前進。成千上萬的百姓跟在隊伍的後面，躬著腰，低著頭，抹著淚，像是望不到盡頭的送葬行列。各大寺院的房頂上響起了皮鼓和法號，道路兩旁燃起了松枝。場面的盛大，氣氛的莊嚴，遠遠超過了九年前他來布達拉宮坐床時的情景。

隊伍行進到拉薩西郊哲蚌寺南面的大道上，送行的人群才慢慢停下了腳步，陸陸續續地散去。這條道路是從拉薩經青海去北京所必須通過的。它沿著拉薩西北郊連綿山嶺的南側向前延伸，到羊八井以後轉向北去。哲蚌寺是這條路邊的最大的寺院，始建於明成祖永樂十四年（西元一四一六年），是人所共知的拉薩三大寺和全國六大黃教寺院之一，住著幾千名喇嘛。它坐落在東西北三面環山的巨大馬蹄形的崖坳裏，居高臨下，氣勢雄偉，十分險要。當初，宗喀巴的弟子嘉樣曲節在選擇寺址的時候，是頗有地理眼光和審美水平的。

押送倉央嘉措的隊伍，剛轉過哲蚌寺下東側的山腳，早就埋伏在那裏的上千名武裝喇嘛突然衝下山來，以迅雷不及掩耳之勢分割阻擋了拉藏汗的士兵，一陣旋風般地把六世達賴「劫」走了。

拉藏汗聽到倉央嘉措被喇嘛們搶入哲蚌寺的消息後，十分震怒。他命令各路重兵將哲蚌寺團團圍住，準備向喇嘛們發起殲滅性的攻擊。因為他絕不允許達賴落入他人之手，更不能容忍任何人藐視他的權威。

哲蚌寺的教徒們是不會將達賴交還給拉藏汗的。他們誓死也要把佛爺留在拉薩，並且不惜一切代價來改變達賴面臨的厄運。他們不是孤立的，在西藏，確實有不少人願意為達賴流血。熱振寺早就決心同拉藏汗的軍隊打一場大仗，這已經不是秘密了。

拉藏汗向哲蚌寺發出了最後通牒，三日之內不交出「假達賴」，他就發動進攻，直到把倉央嘉措搶回為止，死的活的都可以。

哲蚌寺向拉藏汗作了回絕。他們聲稱：乃穹護法神已經明確顯示，六世達賴是真的，不是假的。他們既然冒死把他搶上山來，就甘願冒死保衛他！

形勢異常險惡。上萬名喇嘛和士兵的死亡與傷殘是不可避免的了。

三天，在緊張相持中緩慢地度過了。雙方列開陣勢，佛門內外的土地即將灑滿無辜的鮮血。除了遠在萬里之外的皇帝，是沒有第二個人能夠制止得了的；但康熙皇帝此刻正在批閱奏章，對這裏的事情並不知曉。

拉藏汗怒視著嚴陣以待的武裝喇嘛，舉起了指揮進攻的戰刀。他的士兵齊聲吶喊著剛邁出前進的腳步，一個年輕的喇嘛從寺門外的小路上跌跌撞撞地跑下來，來到兩軍陣前，站下喘息了一會兒，望了望準備拼殺的雙方，大步向拉藏汗的軍中走去……

他來到拉藏汗的面前，坦然地說：「帶我走吧。」然後回身朝著哲蚌寺的一方高喊：「不要為我流血！」馬蹄形的山谷，發出了不間斷的回聲。

他，就是倉央嘉措。

押送他的隊伍又繼續前進了。

二十四 茫茫的青海湖

藏北草原的春天比拉薩來得更晚。六月間，從唐古拉雪峰上吹下來的風還有些寒意。押送倉央嘉措的隊伍，在陰沉的雲天下，踏著還未消盡的殘雪，緩慢地向北移動。

席柱不時地望著天空，尋找雲層的裂縫，希望太陽能露出臉來，驅趕一點冷氣。只有戴著刑枷的倉央嘉措感到渾身汗涔涔的。

拉藏汗雖然對於倉央嘉措願意犧牲自己來避免戰鬥的行為公開表示了敬意，達木丁蘇倫還是遵照他私下的暗示，在遠離了拉薩之後給倉央嘉措戴上刑枷。既然聖旨上寫的是「執獻」，被執獻者當然就得像個朝廷命犯的樣子。這樣，沿途的僧俗人等也就不敢前來朝拜或迎送了，可以省掉許多的麻煩。當然，有這類麻煩也不可怕，因為藏北和青海有著忠於拉藏汗的強大的軍隊。不過，還是以沒有麻煩為好。

倉央嘉措拖著沉重的腳步，回憶自己走過的生活道路。一種類似羞愧的東西在他的心中萌動……作為達賴喇嘛我做了些什麼呢？既沒有像湯東傑布那樣到處修橋，也沒有像開明的長官那樣減免賦稅……聊可自慰的只是制止了哲蚌寺前的流血。喇嘛們為此淌了不少的眼淚，他們因未能保護自己的教主而捶胸頓足。但是，流淚總比流血要好啊。這些喇嘛，為什麼偏偏要把我搶到哲蚌寺裏去呢？僅僅由於我從寺前經過嗎？甘丹頗章就設在寺中，那是西藏的行政首腦機關，是不是有人要我去主持政務來同拉藏汗抗衡呢？那我可是不會，不願，不能！任誰的工具我也不能再當了！

倉央嘉措一行緩緩地向北走著。春色也在緩緩地變濃。在一個晴朗的日子，他們來到一處地勢低窪的牧場。秀麗壯闊的景色使倉央嘉措停下了腳步，他久久地站在那裏不忍離去。

藍得像松耳石一樣的天空裏飄浮著哈達一樣的白雲，比瑪瑙還綠的草原上移動著潔白的羊群；一叢叢黃的、紅的野花中臥著烏黑的犛牛，像一幅奇妙的會動的彩畫。陽光把大朵小朵的雲影投到草原的各個角落，在給大地印花。溫暖而又強勁的風一陣陣將草尖抹低，戲弄著牧羊女的髮辮，撩撥著她粉紅的衣衫。連偷偷跑過的狐狸的尾巴都吹瘦了。遠處，每一道山溝都伸出一道閃光的溪流，那是山頂的積雪送來的，在無數的窪地形成無數的湖泊，對誰都轉動著秋波。

這樣的景色，倉央嘉措作為西藏人也是第一次見到。他深深地愛這個地方，如果能在這裏架一頂帳篷，做一個牧民該有多好！但卻不能了，連做一棵長在這裏的小草的權利也沒有了。也許再也不會從這裏走過了。

他們繼續向北走。倉央嘉措望見前面的雪峰越升越高，太陽越降越低，陽光因積雪的反光而更亮，積雪因陽光的照射而更白，這大自然造就的情人是何等地相親相愛呀。

他問過了席柱，才知道這就是唐古拉的主峰。

天黑了，他們宿營在山腰的一個小小的驛站。倉央嘉措又一次失眠了，他索性起身，走到沒有院子的門外，仰望夜空。他驚奇地發現，這裏的星星比別處多一倍，比別處大一倍，比別處亮一倍。夜空像閃光的珍珠簾子一直垂掛到地面上，似乎伸手一撩就能夠把它掀開，他就可以走進另外一個世界，那裏沒有爭鬥，沒有煩惱，沒有不幸，當是極樂世界。他真想伸手去撩那簾子。正在這時，衛兵一聲呵斥，把他推回到屋內，反鎖了屋門。

過了崑崙山口，席柱指著山腰間一個不大的洞子說：「你們看，這個地方叫納赤台，當年文成公主進藏的時候，從長安帶來釋迦牟尼佛像，差夫走到此處實在抬不動了，就把佛像的底座留在了這裏。」大家停下來，在洞口看了一會兒，這個一眼就能看到底的佛龕式的小洞裏什麼也沒有，只好讚歎了一番，又繼續前行。席柱知道，在西藏和青海的藏族地區，到處都流傳著文成公主曾經路過的故事，並且把她神化了。其實，文成公主入藏時到底走的哪條路，他也並不清楚。

倉央嘉措心想，文成公主和西藏人民和睦地生活了三十九年才去世，她的墓就在瓊結……自己的肉身將會葬在何處呢？還是不必計較吧，只要是華夏大地，隨處都可以容納他的骸骨。他感到悲憤的，是作為「罪人」被迫離開西藏。在短短的年月裏，一些人硬把他捧到天上，另一些人又硬把他踩到地下；一會兒是歡呼朝拜，一會兒是武裝押送，真是不可理解！地上的風雲比天上的風雲還要多變，還要迅猛。而他不過是個普通的青年，詩歌上有功，政治上無辜，生活上多情，宗教上寡趣，最終得到一副刑枷。

他回望著莽莽的崑崙，跨過清澈的通天河。大自然的誘人反而增添了他的傷感。詩人心底的詩情已被重壓在大山之下，他像一個歌手被扼住了喉嚨……

他們進入了一望無際的戈壁，一個叫格爾木的地方出現在面前。從那裏蕩出了一串塵土，迎過來的是另一隊蒙古騎兵。

策妄阿喇布坦似乎完全忘記了他曾經發表過的六世是假達賴的聲明，派人前來迎駕了。看來也正如康熙皇帝的預料，他懷著政治目的，想試探一下能不能把倉央嘉措弄到準噶爾去。席柱和達木丁蘇倫當然是不允許的，他們用堂堂正正的無可辯駁的理由，很有分寸地拒絕了對方的迎接。為了防止意外，立即從格爾木折向東行。其實，即便是絕無意外，他們也都不願在此久留，因為附近的水草中有一種蚊子，只要無風，就不分晝夜地到處咬人。它飛起來沒有聲音，比普通的蚊子小得多，卻能叮透人的衣服。除了來自北京的二位使臣，其他人都很少見過蚊子，更難忍受這種使他們無力抵擋的圍攻。

長途跋涉的疲累，被稱為「秋老虎」的炎熱，使這支已經走了幾個月的隊伍行進得一天比一天更緩慢了。雖說有皇命在身，卻沒有明確的到達期限。他們像無槳的小舟，一會兒遊蕩，一會兒擱淺。這也正如倉央嘉措的心境，他一會兒知道自己是在向京城走，一會兒又似乎不清楚到底去什麼地方。沒有目的，沒有嚮往，也沒有了好奇心。停也罷，走也罷，快也好，慢也好，對他全都一樣。他只是希望能結束這樣的生活，但未來的生活又會是什麼樣呢？他更是無從知曉。現在，只有皇帝能夠決定他的命運了。

康熙皇帝接到了駐紮西寧的喇嘛商南多爾濟的奏報，說拉藏汗已經起解假達賴赴京了。事情真的「一如聖算」，眾大臣紛紛表示驚服，少不了說一些「天子聖明」、「料事如神」之類的話，但很少有人能猜透皇帝此時的心思。

康熙立刻下了一道聖旨，對代表他辦事的席柱、舒蘭和代表拉藏汗送人的達木丁蘇倫等人嚴加斥責。皇帝質問說：「汝等曾否思之：所迎之六世達賴喇嘛將置何處？如何供養？」是的，這些問題，他們並沒有考慮過，因為這原本就不是歸他們考慮的事。

席柱等人接讀上諭之後，個個惶恐萬分。從皇帝的措詞中，他們彷彿看到了正在大怒的「龍顏」。弄得不好，是要革職充軍的。儘管皇帝曾經下過將倉央嘉措「執獻京師」的命令，但是顯然又改變了主意。看來，皇帝是不允許真的把這位假達賴弄進京城的。他們這時才發現，押解倉央嘉措原來是一種蒙起眼睛划船的差事。

席柱意識到自己負有主要責任，急得坐臥不安。倉央嘉措成了他們手中的一團炭火，頂在頭上的石磨。既不能再把他交給皇帝，又不能退還給拉藏汗，更不敢送給第三者（比如那個策妄阿喇布坦）。怎麼辦？他想遍三十六計，最後還是選中了其中的最後一計——「走為上」，但不是他走，而是讓倉央嘉措走。既然京師和拉薩都容不得這位不真不假的達賴，讓他在途中一走不就了事了嗎？如今皇帝是不會向他們要這個人的了。

席柱也是個當不上官時想當官，當上了官還想越當越大的人。為此，生怕有過，只想立功。他得出一條基本的經驗：要想讓皇帝了解自己的忠誠和才幹，首先就得體會出皇帝的心思和意圖。對於倉央嘉措的處理，如果能不使皇帝為難，就會逢凶化吉，加官晉爵。否則，可就凶多吉少了！

席柱請來了倉央嘉措，命手下人取掉他的刑枷，叫左右一律退下。

「您受苦了。」席柱非常客氣地對倉央嘉措說，「事已至此，無須多言了。我也是個信佛的人……我勸您，我懇求您，逃走吧！只要您逃走之後永不暴露身分，一切後果由我一人承擔！」他拍了拍自己的頂戴，等待倉央嘉措的回答。

倉央嘉措一聽這些話，感到非常意外。事情發生了什麼變化呢？他一時無法回答。他想：是拉藏汗要暗害我，這位好心人要搭救我嗎？不是的，拉藏汗已經得了勢，我也離開了西藏，他何必再背個殺我的名聲？皇帝不是叫我進京嗎？席柱怎麼敢於違抗聖意呢？逃走？即使是應該逃走，可以逃走，又能逃到哪裏去呢？回西藏，人們會認出我來；拉藏汗已經容不得我，還可能引起騷亂和爭鬥。去民間，又怎樣從頭去編造自己的歷史？去寺院吧，我早已厭倦了那種生活……

想到這裏，他主意已定，滿腔怨怒地質問席柱：「當初你們和拉藏汗到底是如何商議的？為什麼現在又要讓我逃走？在拉薩的時候，你對著成千上萬的人高聲宣布：『你們的達賴佛爺，是奉皇帝的詔請，到北京去朝覲的。』如今，我若不抵達文殊皇帝①的金殿親自覲見過皇帝，就絕不再去任何別的地方！」說罷，拂袖而去，一頭鑽進自己的帳房。

倉央嘉措仰臥在一塊又髒又破的氈片上，兩汪熱淚在眼眶裏打轉。

他剛才竟然說出了非見到皇帝不可的話來，自己也覺得奇怪。對於皇城北京，他有過美麗的想像，也讚歎過布達拉宮壁畫上順治皇帝接見五世達賴的隆重場面。但他的自我感覺總是一個普通的人，一個放牛的孩子，民間的歌手，酒店的顧客，佛宮的擺設。因而沒有和大人物交往的興趣，更沒有同大皇帝交談的嚮往。如今，竟然來到了赴京的途中，這是他沒有夢想到的。然而，他畢竟和當年五世達賴的境遇大不相同。東風吹過來，他是真達賴；西風吹過去，他又是假達賴。到底是什

①文殊皇帝，佛教徒常尊奉皇帝為文殊菩薩的化身。

麼原因，自己無法真正搞清。他也沒有到皇帝面前去為自己辯解的必要，他早就承認自己是不守清規的了。他也清楚，皇帝由於桑結甲措的緣故不會喜歡他，而拉藏汗的效忠於朝廷的蒙古騎兵比他更有分量。他剛才說的一定要見皇帝的話，不過是對於也來擺弄他的席柱的反抗罷了。

帳房門口罩上了一道陰影，達木丁蘇倫側身而進。

倉央嘉措沒有讓座，對方也沒有坐的意思，再說此處也沒有可供落座的地方。

達木丁蘇倫斜眼盯著帳房的一角，臉上毫無表情，告訴倉央嘉措說：「離這裏不遠，往北去有一個很大很美的湖，叫庫庫諾爾①。今天是十月十日②，月亮已經很亮了，路上並不難走。我們決定，今天晚上你可以單獨一個人去湖邊賞月。」

「什麼意思？」倉央嘉措反過來問。

達木丁蘇倫瞥了他一眼，又盯住那帳房的一角說：「大皇帝來了聖旨，說你進京之後無法供養，明白了吧？自己選擇好了，想升天，想入地，都行。」說罷，撩門而去。

……

青海湖邊。一絲風也沒有。夜，靜靜的；岸，靜靜的；水，靜靜的，都像在靜靜地等待著什麼。

---

①庫庫諾爾，蒙語。青色的湖，即青海湖。

②十月十日，此處係依蒙古曆法。

水中的月亮是虛幻的，卻能使青色的湖懷抱著一顆巨大的珍珠，沉睡在幸福的夢中。這明亮的珍珠自古至今人人喜愛，卻沒有誰能夠撈到。

水和天的遙遠距離雖然無法改變，它們卻能夠在人們視線不及的一端緊密地挨在一起。今夜，水和天又在青海湖上偷偷地擁抱了。它們在悄聲細語地說著什麼。說著什麼呢？無人聽到，大概是關於誰的命運吧。

湖心山的影子，模糊到了不存在的程度。在茫茫的青海湖中，它是一座孤島。孤島有孤島的驕傲，孤島也有孤島的淒涼。孤島的詩意在於清高。

一個身材優美的藏族婦女正向湖邊走來。

月光下，那有點兒類似舞姿的形影急速地向前移動著。湖岸上發出沙沙的足音。

她顧不得看路，不停地向遠方張望。她顯然已經用盡了最後的力氣，跌跌撞撞地、像是為了追尋什麼，從天涯來到了海角。

地面上還是沒有一絲兒風，湖面也還是那樣平靜。她的腳步更加凌亂了，像是迎著暴風雨在泥濘中拼命地奔走。

她驀地站住了，同時輕輕地「啊」了一聲。望見了！她終於望見了！是她親昵地叫過多少次「宕桑汪波」的那個人。不，他不是宕桑汪波，也不是六世達賴，他是倉央嘉措！

倉央嘉措站在湖邊的巨石上，像一隻遠征的鷹墜落在陌生的山岩。他什麼也沒有看見，什麼也沒有聽見，只有一種似夢非夢的感覺。

在人生的旅途中，他剛剛邁步不久，走了不長的一段路程，卻已經累了，累極了，麻木了。他覺得連拔一棵草的力氣也沒有了。

他的嘴角上掠過一絲淡淡的苦笑。他想，他的一切怨苦，都是由愛而生。如果心中沒愛，他今天就不會站在這裏，站在這個進退不得的地方。但他並不後悔，如果各處都沒有愛美之心在跳動，還算什麼人間！

他對山川的愛，對善良的人們的愛，對人間的愛，凝聚成了對一個人的愛。在這什麼也不准他再愛了的時刻，他突然喊出了一個人的名字：「于瓊卓嘎！」

同時，一個蒙面人從他的背後竄上來，將他狠狠地猛推了一把。

平靜的湖水裏，彷彿砸進了一座雪山，浪花驚呼著四散奔逃……

已經離他不遠的那個女人，幾乎與浪花同時發出了驚呼。已經晚了！僅僅晚到了一步，晚叫了一聲，但卻永遠無法追回，無法彌補了！

她走了那麼長的路，雪山、冰河、森林、草地、陡坡、深谷……一天一天，一步一步，滿心有燃不盡的火，渾身有使不完的勁。當聽到一個好心的衛兵悄悄指點她到湖邊來找倉央嘉措的時候，她就顫抖了。而此刻，她完全癱軟了。她跌倒在地上，用纖弱的手臂支撐著身子，怎麼也爬不起來了。

湖水又恢復了平靜。水中的月亮又露出了安詳的面容。似乎什麼也不曾發生。

月亮的周圍，星星的間隙，岸邊的草叢中，魚拱的氣泡裏，雙棲的鳥翅上……都迴盪著一個女人的心音。

天地萬物都在傾聽著她的訴說，都在收藏著她的情話。

這是于瓊卓嘎對倉央嘉措的和著熱淚的訴說——無聲的心靈的傾瀉：

我來了，你卻去了……你沒有來得及看到我的身影，我卻趕上了為你送行！你寫給我的最後的詩，是央宗阿媽送到的。她向龍夏證實了我的確是你的情人。龍夏放了我，我便直奔拉薩，你竟早已踏上了去京城的路途。我對著布達拉宮哭了一場，順著你的腳印趕來。

我知道你在想我，多謝你一直記著在遠方還有一個也想念著你的女子。

我始終喜愛詩歌，雖然不會寫，但愛聽。每聽到一首好詩，就覺得有一種火辣辣的東西在激盪著我的胸懷，衝擊著我的心靈。

這幾年，我再沒能見到你，但是常聽到人們唱你的詩歌。這是我最大的幸福，最甜美的享受。

你的詩，是清泉，是甘露。詩中跳躍著一顆像金子、像水晶一樣的心。

你的有些詩，是為我寫的，這只有我們兩人知道。

……

我們的相識，是我的榮幸。我們在一起的時間雖然短暫，但在我的心靈深處卻留下了無比美好的記憶。想到你，我就覺得我這一生沒有白過。

記得嗎？那年的此時此刻，我們在幹什麼？那是一個多麼快活的夜晚！我們一起唱著，笑著。你那開懷的笑聲，若是能始終伴隨著我，該多好啊！

……

龍夏老爺把我抓回去以後，你的心上一定長出來一棵悲哀的大樹。那飽含著苦汁的葉子是飄落不盡的。

我沒有主意，沒有辦法，只得順從命運的安排。

我已經不是純潔的姑娘了……肉體上，我們都不是純潔的……狼可以吃掉人的肉體，卻叼不去人的感情。我們的肉體可以被馱到別人的馬鞍上，被鎖上刑枷，被扔進泥塘，被強制，被霸佔，被欺騙……但我們的心總是溶合在一起，像奶和水，鹽和茶……

每到正月十六這一天，我都默默地祝賀你的生日，總想採一束野花來供奉你，從遙遠的地方獻給你。可惜你的生日太早，是一個沒有鮮花的季節。我只有在心上開一朵無形的花，鮮紅鮮紅的，悄悄地為你吐露著芳香。

你需要什麼，我都能奉給。你給了我那麼多，我能為你做點兒什麼呢？我們相隔得太遠了！

我常在夢中看見你向我走來，我對你說：「好好地看看我吧！」我向你伸開了兩臂……唉，每到這時候夢就醒了。

……

聽到你的遭遇，我忿忿不平。我時常想到確有對不住你的地方，心裏難過極了。都怪我不好，不該影響你……

好在你早已不介意個人的榮辱了。因為你知道，在這個世界上，一個晚上成為英雄，一個早上又成為「罪犯」的人，已經夠多的了。

……

讓湖水洗淨人間沾染給我們的一切污垢吧，讓這青色的聖水來解除我們愛的乾渴吧，讓我們手拉手走進湖中的月宮吧，讓倉央嘉措和于瓊卓嘎，像詩歌和民眾一樣永不分開吧！

于瓊卓嘎挺起身來，拍了拍彩色「邦典」上的塵土，走到倉央嘉措剛才站過的地方，望著湖中的明月撲了下去……

茫茫的青海湖上久久地迴盪著一個女人的聲音：「倉——央——嘉——措！」

二十五　餘波在蕩漾

青海湖面上激起的餘波在向四周蕩漾……

達木丁蘇倫、席柱、舒蘭等人聽取了蒙面人的回稟，知道倉央嘉措確已沉入青海湖中。秘密商議之後，他們決定宣布倉央嘉措「行至途中，暴病身亡」。達木丁蘇倫最後補充說：「如果有人問起是什麼病，就說是水腫病吧。」

不久，朝廷接到了來自西寧的報告。理藩院在奏摺中寫道：「駐紮西寧喇嘛商南多爾濟報稱：『拉藏汗送來假達賴喇嘛，行至西寧口外病故。』假達賴喇嘛行事悖亂，今既在途中病故，應行文商南多爾濟，將其死骸拋棄。」康熙皇帝批准了這個建議。

起初，康熙承認了第巴桑結甲措所找到的倉央嘉措是五世達賴的轉世替身，並且親自派了章嘉呼圖克圖到西藏參加這位六世達賴坐床的盛典。

而今這樣一來，倉央嘉措是假達賴這樁公案就算定了。

既然倉央嘉措是假達賴，而且已經「病」死了，連屍骸也奉旨「拋棄」，當然就需要有一個真正的六世達賴。於是，在第二年，康熙四十六年（西元一七〇七年，藏曆火豬年），拉藏汗又從博克達山醫學扎倉找來了一個名叫阿旺伊西嘉措的年輕喇嘛，把他立為六世達賴。

有人證明說，這位新六世達賴就是拉藏汗自己的兒子。不過，既然皇帝的兒子要繼位當皇帝，既然傳說偉大的五世推薦自己的私生兒子當第巴，第巴又可以指定自己的兒子代替他繼任第巴，那麼拉藏汗為何不可以讓自己的兒子當達賴呢？

儘管這位新六世達賴在兩年之後得到了康熙皇帝的冊封，不論是西藏人還是蒙古人，都普遍地只在表面上承認他。人們對倉央嘉措的思念和同情仍然有增無減。人們在談到倉央嘉措的時候，仍然稱他為「塔木介清巴」①，而對這位新六世伊西嘉措則只稱「古學」②。在人們的心目中，所謂假的倒是真的，所謂真的倒是假的。

那時的西藏上層集團為了自身的利益，利用了這種民意。你找一個，我也找一個。經過幾年的醞釀和準備，他們通過乃穹護法神的口宣布說：在東方喀木地區的理塘找到了七世達賴——六世達賴倉央嘉措的轉世替身。這是個誕生於藏曆土鼠年（西元一七〇八年）七月十九日的孩子，名叫格桑嘉措。為此，他們還正式發表了倉央嘉措的一首詩，作為這個孩子確係六世替身的鐵證。

這首詩的原文是這樣的：

白色的野鶴呀，
請你借我翅膀；
不去遙遠北方，

①塔木介清巴，意為「遍知一切」。
②古學，意為「閣下」、「先生」。

只是嚮往日當。

發表出來的文字，卻有了巧妙的改動：

白色的野鶴呀，
請你借我翅膀；
不去遙遠北方，
只去一回理塘。

改動只在最後一句，日當和理塘又是讀音相近的地名，是很容易被人接受的。倉央嘉措既然自己早就預言要飛到理塘去，而且還會回來，那麼他的轉世替身定是在理塘無疑了。

於是，僧俗民眾都心滿意足了，歡呼雀躍了。六世達賴倉央嘉措在理塘轉世的消息，迅速地傳遍蒙藏各地。人們普遍地承認那個誕生在理塘的格桑嘉措為七世達賴，並且稱呼他為「傑旺」①。

西藏人和另一些蒙古人怕引起拉藏汗對於這個孩子的戕害，在說服了孩子的父親之後，把孩子從理塘秘密地轉移到金沙江東岸的德格。後來，乾脆又轉移到青海某地。最後，為了接受宗教訓練，又把他送進了塔爾寺。

①傑旺，意為「聖王」或「佛王」。

結局之一：

藏曆火雞年（西元一七一七年），蒙古準噶爾部的大兵，在策妄阿喇布坦的弟弟策凌敦多布的統率下，以替達賴五世、達賴六世和第巴桑結報仇，趕走真正的假六世達賴，把權力交還西藏人民等一大堆名義下，於十月二十九日攻入拉薩。拉藏汗堅守著布達拉宮。十二月三日，拉藏汗衝出布達拉宮奪路突圍，在白刃戰中，他殺死了十一名敵人，最後，被砍死在宮前。他的妻兒和年邁的班禪同時被俘。

結局之二：

拉藏汗所立的六世達賴伊西嘉措也被廢黜了，關押在布達拉宮對面的藥王山上。康熙五十九年（西元一七二〇年，藏曆鐵鼠年），也被「取……歸京」了。以後死在內地。

結局之三：

康熙五十九年二月（西元一七二〇年），康熙皇帝承認了居住在青海塔爾寺的格桑嘉措「實係達賴後身」，「詔加封宏法覺眾第六世達賴喇嘛」，並送他一顆刻有滿、蒙、藏文字的金印，上面刻的是「達賴六世之印」，迴避了前兩個六世達賴到底誰真誰假的糾纏。至此，西藏先後共有了三個六世達賴。然而西藏人卻一直認為格桑嘉措是倉央嘉措的轉世，都把他算作七世達賴。

七世達賴（或第三個六世達賴）在康熙所派兵馬的護送下，於同年九月十五日到達拉薩，在布達拉宮正式坐床。

這個十二歲的孩子，踏上從塔爾寺去布達拉宮的途程，在經過茫茫的青海湖時，會想到他的「前身」嗎？對於倉央嘉措他知道些什麼呢？……

故事的尾聲：

在倉央嘉措去世若干年之後，有個名叫阿旺倫珠達吉①的喇嘛，寫成了一部書——《倉央嘉措秘傳》②，由西藏代本哲通・久美甲措刊印。書中說，倉央嘉措當時並沒有死在青海，而是匿名遁去了，並且遊歷了甘、青、康、川、衛、藏、尼泊爾、印度、蒙古等地，到處宏揚佛法，大顯神通。內容十分荒誕離奇。書中的主人公既無原有的思想、性格，也無一首新的詩作，與倉央嘉措毫無共同之處。這是無足評述的。值得一提的倒是該書作者的教訓。

作者阿旺倫珠達吉出生於阿拉善旗一個蒙古貴族家庭，是阿拉善旗第一大寺廣宗寺的第一代喇嘛坦，曾去西藏學習佛經，回到阿拉善旗以後兼任大喇嘛。他夢想著搬用西藏之法在蒙古地區炮製出政教合一的局面，以使自己的頭上罩有宗教權威與政治領袖的雙重光環。他利用人們對倉央嘉措的尊崇，迎合著人們「好人終應有好報」的正直心理，編製出一套倉央嘉措雲遊八方的神話。他自

①阿旺倫珠達吉，全名額爾德尼諾門罕阿旺倫珠達吉，又名拉尊・阿旺多爾濟。

②《倉央嘉措秘傳》，藏文全名為《一切知語自在法稱祥妙本生記殊異聖行妙音天界琵琶音》。

稱是倉央嘉措的親授弟子，拋出《秘傳》作為實現其政治野心的輿論和資本，結果遭到蒙古王爺的反對。因為王爺們認為《秘傳》之類可以存世，而政教合一的制度是不能接受的，於是就把阿旺倫珠達吉殺掉了，並把他的頭顱埋在定遠營南門的石檻下。自那以後，廣宗寺的喇嘛在進出城門時都不敢跨邁石檻，寧可從兩邊繞行。

附錄一

第五、第六世達賴喇嘛大事年表

一六一七年（明萬曆四十五年，藏曆火蛇年），第五世達賴喇嘛羅桑嘉措出生於西藏瓊結。

一六二二年（天啟二年），在四世班禪主持下，五世達賴由三大寺僧眾迎至哲蚌寺供養。

一六四一年（崇禎十四年），五世達賴與其師四世班禪派人赴青海密召蒙古和碩特部首領固始汗派兵入藏。

一六四二年（藏曆水馬年），噶瑪王朝覆滅。噶丹頗章政權建立。

一六四五年（藏曆木雞年），五世達賴下令重修布達拉宮。

一六四八年（清順治五年），五世達賴迫令其他教派改信黃教。

一六五二年（順治九年），三月初七，五世達賴率眾三千人啟程，十二月十六日到達北京。

一六五三年（順治十年），五世達賴二月十七日離京，途中，順治帝派人送去冊封「西天大善自在佛所領天下釋教普通瓦赤喇怛喇達賴喇嘛」金印。十月二十四日返抵拉薩。同年，桑結甲措出生。

一六五五年（順治十二年），十二月七日，固始汗病故於拉薩，終年七十三歲。其子達延汗留藏主持藏事。

一六六二年（康熙元年），四世班禪病故，終年九十一歲。
一六六五年（康熙四年），羅桑意西被確立為四世班禪的轉世靈童，是為五世班禪。
一六六八年（康熙七年），達延汗病故。
一六七一年（康熙十年），達延汗之子達賴汗繼位。
一六七四年（康熙十三年），吳三桂在雲南發動政變，其子吳世璠致信五世達賴請兵援助。該信被康熙帝截獲，但未加置問。
一六七六年（康熙十五年），噶爾丹自立為汗，五世達賴贈徽號。
一六七七年，噶爾丹吞併厄魯特諸部落。
一六七八年，噶爾丹吞併南疆四部。
一六七九年（康熙十八年），五世達賴任命桑結甲措為第巴。
一六八二年（康熙二十一年），二月二十五日，五世達賴病逝於布達拉宮，終年六十六歲。第巴桑結甲措秘不發喪。
一六八三年（康熙二十二年），正月十六，倉央嘉措誕生。
一六八五年，第巴桑結甲措（以下簡稱桑結）確定倉央嘉措為五世達賴的轉世靈童。
一六九五年（康熙三十四年），桑結向康熙聲稱五世達賴年邁，國事取決於他，乞討封號。同年，布達拉宮重建完工。
一六九六年（康熙三十五年），康熙第二次督師征伐噶爾丹，大獲全勝。期間，得知五世達賴早已去世。桑結被迫公布五世達賴圓寂。八月，康熙敕諭桑結。

一六九七年（康熙三十六年），桑結派人抵京報告五世達賴圓寂之事。九月初七，六世達賴倉央嘉措在浪卡子受格楚戒。十月二十五日，六世達賴倉央嘉措在布達拉宮坐床。

同年，康熙第三次督師征討準噶爾，噶爾丹兵敗服毒自殺。

一七〇一年（康熙四十年），達賴汗去世，其子拉藏汗繼任和碩特部首領。

一七〇二年，六世達賴到扎什倫布寺回格楚戒。

一七〇四年，桑結卸職。

一七〇五年（康熙四十四年），桑結被拉藏汗捕殺。

一七〇六年（康熙四十五年），五月初一，拉藏汗面斥六世達賴。五月二十七日，六世達賴動身啟程被押解京師。途中去世。享年二十四歲。

一七〇七年，七月十七日，拉藏汗與第巴素隆另立伊西嘉措為六世達賴。

一七〇八年（藏曆土鼠年），未來的七世達賴格桑嘉措出生於理塘。

一七一六年（康熙五十六年），應桑結部下之請，盤踞伊犁自立為汗的噶爾丹的侄子策旺阿喇布坦派兵入藏。

一七一七年（藏曆火雞年），準噶爾蒙古軍圍攻布達拉宮，十一月初一拉藏汗被殺。囚第二個六世達賴伊西嘉措於藥王山。

一七二〇年（藏曆鐵鼠年），清軍攻陷拉薩。九月十五日，立格桑嘉措為七世達賴。

一七五七年（藏曆火牛年），九月，阿旺多爾濟的《倉央嘉措秘傳》成書，聲稱六世達賴倉央嘉措並未故於青海，曾在一七一六年收他為徒。

附錄二

《那一世》絕不是六世達賴的情詩

最近在互聯網上流傳著一首題為《那一世》（有的題為《那一天》《那一夜》）的詩，標明是六世達賴喇嘛倉央嘉措的作品，而且說是他的「被奉為經典」的「傳世情詩」。還有人為它譜了曲進行演唱。據我所見到的有各種不同的版本，轉錄一種於下：

那一瞬，
我飛升成仙，
不為長生，
只為佑你平安喜樂；

那一刻，
我升起風馬，
不為乞（祈）福，

只為守候你的到來；

那一日，
壘起瑪尼堆，
不為修福，
只為投下心湖的石子；

那一夜，
我聽了一宿梵唱，
不為參悟，
只為尋你的一絲氣息；

那一天，
閉目在經殿香霧中，
驀然所見，
你頌經中的真言；

那一月，

我搖動所有的經筒，
不為超度，
只為觸摸你的指尖（紋）；

那一年，
磕長頭匍匐在山路，
不為覲見，
只為貼著你的溫暖；

那一世，
轉山轉水轉佛塔，
不為修來世，
只為途中與你相見。

我不想否定這首詩，總體來說寫的是不錯的，在章法上也有一定得構思，層層遞進地表白感情。它之所以被許多人相信就是倉央嘉措的作品，是因為它使用了許多與藏傳佛教活動有關的辭彙和意象，也比較符合倉央嘉措追求常人的愛情生活而又深受地位與環境困擾的心境。總之這首詩弄得有些像。但我認為它絕對不是倉央嘉措的作品，而是當代人假託六世達賴之名的偽作。

我的理由如下：

第一，形式不對。倉央嘉措的詩作所採用的形式，是藏族群眾普遍喜愛的諧體民歌，一般每首是四句，間或有六句或八句的；每一句是六音三頓。在所有已經發現的倉央嘉措的詩作中，六句的只有三首，八句的則只有一首，其餘的全都是四句一首。而《那一世》在句式和長度上都遠遠超過了倉央嘉措的其他所有的詩作，其結構與諧體相去甚遠。

第二，內容不對。倉央嘉措是在十四歲時被迎往拉薩當了第六世達賴喇嘛的。這首詩顯然不像一個十三歲以前的少年的作品。如果是他當了達賴以後寫的，可疑之點就更多了。他身為達賴，不可能像普通群眾一樣地去壘瑪尼堆，去扯經幡，去轉經，更不會去磕長頭。再說，藏傳佛教只講轉世、前世、來世，哪裏會使用「成仙」「長生」之類的辭彙？這顯然是道教的觀念。

也許有人會說這是一種虛構。在文學體裁中，抒情詩可以比喻，可以誇張，可以想像，但從來沒有虛構的品格。通觀倉央嘉措的詩歌都是直抒胸臆的，寫實的，他不必要對自己的情人虛構一些作為達賴喇嘛根本不會有的行為。

第三，出處不對。倉央嘉措詩歌的漢文譯本很多，無論是上世紀三〇年代於道泉譯的六十二首，劉家駒譯的一百首，曾緘譯的六十六首，劉習武譯的六十首；五〇年代王沂暖譯的五十七首，蘇朗甲措、周良沛譯的三十二首；八〇年代王沂暖譯的七十四首，莊晶譯的一百二十四首，其中都沒有所謂《那一世》這首詩。

我在西藏工作生活了八年，接觸（不敢說研究）倉央嘉措的詩歌與生平事蹟五十餘載。最近我在互聯網上看到有的讀者朋友注意到了我的長篇小說《六世達賴喇嘛倉央嘉措》中沒有提到這首詩，因為我幾十年來不知道倉央嘉措有過這麼一首詩。

這樣一首被稱為傳世經典的詩，能夠突然從天上掉下來嗎？

我希望最先「發現」了它的人，能夠把它的出處講清楚，把藏文原文拿出來，把考證論文寫出來，有力地證實它確是倉央嘉措的作品。

二〇〇八・十一・十五於蘭州

附錄三

不滅的詩魂

——關於六世達賴倉央嘉措的結局

藏族偉大詩人、第六世達賴喇嘛倉央嘉措的逝世，距今已經三百多年了。我們知道，這位天才只活了二十四歲，他是不幸被捲在西藏、蒙古和清廷的政治鬥爭漩渦中夭折的。

倉央嘉措出生在藏南門隅宇松地方的一個信仰密宗佛教的平民家庭。當時西藏的主政者第巴·桑結甲措在五世達賴喇嘛逝世後，一面秘不發喪，一面將他選定為五世達賴的轉世靈童。十五年後，事情敗露，桑結甲措在受到清廷嚴厲追究時，將他正式立為六世達賴，但又得不到代表清廷在西藏駐軍首領拉藏汗的認可。拉藏汗上報皇帝說他是假達賴。康熙皇帝下詔將他送來北京。結果在青海湖「病故」，結束了悲劇的、短暫的，而又不平凡的詩人的一生。

多年來，我在研究倉央嘉措的生平和詩歌的過程中不時發現，對於他的結局，一直有著各種不同的說法，總起來說主要是他在康熙四十六年（西元一七〇七年）死與未死的問題。即有些人認為他在奉詔進京的途中英年早逝了，有些人則認為他在途中走脫了。前一種說法可以稱為「早逝說」，後一種說法可以稱為「遁去說」。下面分別摘引這兩種說法的部分例證資料。

一、《清史稿‧列傳‧藩部（八）西藏》：（康熙）「四十四年桑結以拉藏汗終為己害，謀毒之，未遂，欲以其逐之。拉藏汗集眾討誅桑結。詔封為翊法恭順拉藏汗。因奏廢桑結所立達賴，詔送京師。行至青海道死，依其俗，行事悖亂者拋棄屍骸。卒年二十五。時康熙四十六年。」

二、《清聖祖實錄‧卷二二七》：「康熙四十五年十二月庚戌，理藩院題：『駐紮西寧喇嘛商南多爾濟報稱：拉藏汗送來假達賴喇嘛，行至西寧口外病故。假達賴喇嘛行事悖亂，今既在途病故，應行文將其屍骸拋棄。』從之。」

三、釋妙舟《蒙藏佛教史》第四篇第三章第七節：（倉央嘉措）「年至二十有五，敕入覲。於康熙四十六年行至青海工噶洛地方圓寂。」

四、于道泉《第六代達賴喇嘛倉央嘉措情歌》：「拉藏汗乃取得皇帝之同意，決以武力廢新達賴而置之死地。即以皇帝詔，使倉央嘉措往北京。而以蒙古衛兵及一心腹大臣伴行。路過哲蚌寺前，寺中喇嘛出衛兵之不意，將倉央嘉措劫去。衛兵遂與寺中喇嘛開戰，攻破哲蚌寺復將倉央嘉措奪回，帶往納革舒喀。康熙四十五年倉央嘉措二十五歲，在納革舒喀被殺。而依照漢文的記載則說他到納革舒喀與青海之間患水腫病而死。」

五、洪滌塵《西藏史地大綱》：「假達賴行至青海，病死，時年二十五歲，康熙四十六年也。」

六、王輔仁、索文清《藏族史要》：「西元一七〇六年（康熙四十五年），倉央嘉措在解送途中，病死在青海湖畔。」

七、葛桑喇《一個宗教叛逆者的心聲》：「行至青海湖畔，被拉藏汗派去的人殺害。」

八、王堯《第巴·桑結甲措事蹟考》：「當第巴·桑結甲措被殺的第二年，倉央嘉措便緊跟著斷送在和碩特拉藏汗的手中，死在青海湖畔遂解的途中，……被弄死在青海。」

九、曾文瓊在《歷史知識》（一九八一年第2期）上撰文說：「六世達賴在戒備森嚴的蒙古包中，一時一刻也沒有忘記他的詩歌朋友們和情人仁增汪姆……感慨地寫道：『在東山的高峰，雲煙繚繞的山上，是不是仁增汪姆，又為我燒起神香！』一七〇六年六月二十七日，六世達賴被押送北京。行前他還通過一個藏兵把他寫給仁增汪姆的詩交給她，他又寫了一首離別的詩：『白色的野鶴呀，請你借給我翅膀，我不去遠方久住，只去理塘一趟。』……據說，行至青海湖畔，被拉藏汗謀害。」

十、杜齊《西藏中世紀史》：「在黑河附近，倉央嘉措喪命。」

十一、伯戴煦（L.PITEEH）《SHINA AND TIBET IN THE EARLY 18TH CENTARY》：（倉央嘉措）「於一七〇六年十一月十四日死於公噶瑙湖附近。雖然按義大利傳教士的說法，傳聞他是被謀害的，但漢、藏的官方記載都說他死於疾病。而沒有什麼充分的理由可以懷疑他的真實性。」

另外，貝爾（C. BELL），柔克義（W.W. ROOKHILL）等人，也均持此種看法。

由於倉央嘉措的詩歌成就巨大，在西藏流傳甚廣甚久，又由於他的遭遇直接關係到當時西藏的政教歷史，所以也成為許多國外學者的關注和研究的對象，對他的結局也有種種記載。

綜上所述，一致認為倉央嘉措是在赴京途中死去的，略有不同的是死亡的具體地點，他們分別記述為「青海道」「西寧口外」「工噶洛」「青海」「青海湖」「黑河附近」「公噶瑙湖」等處，總之未超出西寧以西那曲以北的地域範圍。再一個不同之點就是，倉央嘉措到底是怎樣死的，他們分別使用的是「死」「病故」「圓寂」「喪命」「被弄死」「被謀害」等詞句。其實不是病故就是被謀害，只有這兩種可能，而沒有第三種可能，因為藏族人的觀念和習俗是不贊成自殺的，何況倉央嘉措也完全沒有自殺的必要和理由。

對於倉央嘉措的享年，有的說二十四歲，有的說二十五歲。他誕生於西元一六八三年，逝世於一七〇七年，應當是二十四周歲，二十五歲時按虛歲說的。

持「遁去說」的有：

一、法尊《西藏民族政教史》卷六第六節：「次因藏王佛海與蒙古拉桑王不睦，佛海遇害。康熙命欽使到藏調解辦理，拉桑復以種種雜言謗毀，欽便無可如何，乃迎大師進京請旨。行至青海地界時，皇上降旨責欽使辦理不善，欽使進退維艱之時，大師乃捨棄名為，決然遁去。周遊印度、尼泊爾、康、藏、甘、青、蒙古等處。宏法利生，事業無邊。爾時欽差只好呈報圓寂，一場公案，乃告結束。」

二、《倉央嘉措秘傳》（藏文全名是《一切知語自在法稱妙本生記殊異聖行妙音天界琵琶音》），作者名叫額爾德尼諾門罕阿旺倫珠達吉，又名拉尊·阿旺多爾濟，是阿拉善旗的蒙古人。書成於西元一七五七年，以第一人稱記敘倉央嘉措親口的講述，說倉央嘉措在去北京途中行至更瑙爾，施展法術，於夜間向東南方向遁走。去過打箭爐、峨眉山，又回到西藏的拉薩、山南，還去了尼泊爾、印度，再返回西藏及西寧，最後在今內蒙古的阿拉善旗圓寂。

三、《倉央嘉措秘傳》一書中漢文譯者莊晶先生「認為他在袞噶瑙出走後，最後歸宿於阿拉善旗的可能性極大」。他還介紹說：賈敬顏先生曾在阿拉善旗考察，「文革」前廣宗寺還保存著六世達賴的肉身塔，五〇年代，寺內主持還出示過六世達賴的遺物，其中有女人的青絲等。我所認識的次旦夏茸活佛也曾認為：「倉央嘉措開始不信佛，經過一番波折而相信了，後半生弘揚佛法。」

四、全國人民代表大會民族委員會編《內蒙古自治區巴彥爾盟阿拉善旗情況》中說：行扺衮噶瑙後，六世達賴於風雪夜中倏然遁去。先往青海，復返西藏，最後來到阿拉善旗班自爾扎布台吉家，時為康熙五十五年（一七一七年）。六世達賴倉央嘉措三十四歲以後收班自爾扎布台吉的兒子阿旺多爾濟為徒，並在當地弘揚佛法。於乾隆十一年（一七四六年），六十四歲時坐化。阿拉善旗有八大寺廟，據說其中著名的廣宗寺（建成於一七五七年，位於賀蘭山中）即阿旺多爾濟遵六世達賴的遺願所建。內有六世達賴的遺體，供於廟中七寶裝成的切爾拉（塔式金龕）內。遵倉央嘉措為該寺的第一代格根（上師），名德頂格根。阿旺多爾濟任第一代「喇嘛坦」。另傳甘肅中衛的一個漢人，因敬奉六世而得子，便替他修了一座廟，廟名朝克圖庫勒（藏語名班第扎木吉陵），即八大寺的昭化寺，六世達賴坐化後，遺體也曾浮厝於此廟。

五、瑪·烏尼烏蘭在發表於一九八二年四月二十四日《阿拉善報》的《再見了，歌的海洋，歌手之鄉》一文中說：阿拉善宗教中心廣宗寺遺址賽因希日格（在三尾峰與牧仁峰之間），山口有一股清泉，叫拉先泉，是這裏的五大泉之一，據說是六世達賴倉洋扎木蘇用手杖捅出的一口清泉，飲了吉祥如意。

六、有民間傳說講，倉央嘉措帶著刑具行至青海扎什其地方，忽然失蹤，用大法力從刑具中脫身，即往五臺山住了幾年，後到阿拉善旗為蒙人牧羊。羊被狼吃，大師受主人責斥，乃把狼領到主人面前說：「羊是它吃的，你同它理論吧。」蒙人大奇，始知為仙，終知為達賴。

七、尹明舉在他搜集整理的《達賴六世情歌．小序》中說：「據說他還到過雲南，這組情歌也就採自雲南迪慶藏族自治州的中甸縣。」

八、牙含章《達賴喇嘛傳》上編．六：「另據藏文十三世達賴傳所載：『十三世達賴到山西五臺山朝佛時，曾親去參觀六世達賴倉央嘉措閉關坐禪的寺廟。』根據這一記載來看，六世達賴倉央嘉措被送到內地後，清帝即將其軟禁在五臺山，後來即死在那裏，較為確實。」

綜上所述，都認為倉央嘉措在青海途中走脫了，而且去了內地和國外許多地方。只是對於圓寂的地點有阿拉善旗和五臺山兩種說法。

關於倉央嘉措的結局雖然眾說紛紜，看來，其消息來源和文字根據並不複雜。顯然，「早逝說」的根據主要是清史的官方記載，「遁去說」的根據則主要是阿旺多爾濟的那本《秘傳》，其他多屬於輾轉抄引或者借題發揮。

我是同意「早逝說」的。理由如下：

第一，清史的官方記載雖非絕對準確，一般說來都是依據正式的文摺檔案作出，不同於道聽塗說或稗官野史，是比較可信的。而《秘傳》的許多情節是玄虛的，有些類似神話小說，可信性的程度顯然較差。總之，說倉央嘉措並未死於青海的證據不足，說服力不強。而且，既然說他後來信佛了，到處弘揚佛法，為什麼又說在他的遺物中還有女人的青絲？（這一點倒是很符合他這位癡情詩人的人物性格！）矛盾是明顯的。

第二，我們考察一下人們的心理便會發現，歷史上有個常見的現象，即人們普遍恐懼、仇恨的和普遍愛戴、同情的這兩種人死去之後，往往會有「沒死」的傳說出來。這種傳說的產生無疑是感情方面的原因，對於前者是基於怕，實質上是擔心他沒有真正死掉，是心有餘悸的反映。對於後者是基於愛，實質上是希望他依然活著，是痛惜懷念的表現。前者如希特勒，「二戰」後人們對他死與未死的說法就持續了許多年。後者如楊貴妃，有的說她並未死在馬嵬坡，而是去了日本，現在日本還有她的墳墓。因此，人們對於所敬愛的詩人、所同情的弱者倉央嘉措，當然極其不願接受他早逝的事實，產生出「遁去」的傳說是非常可能的，合理的。然而，也只是個傳說而已。

第三，倉央嘉措作為一個二十四歲的孱弱青年，在強悍的蒙古軍隊的押送下，在冬季冰天雪地的青藏高原上，在遠離家鄉舉目無親的荒灘野嶺中，能夠走得脫嗎？即使僥倖逃出，也得凍餓而死。

第四，持「遁去說」者說倉央嘉措於六十四歲圓寂。那麼，他作為一個創作欲望旺盛的詩人，在二十四歲以前就寫了大量的好詩，而在以後的四十年間，竟然再沒有一首詩歌流傳下來，不能不是一個很大的疑點。

第五，第巴．桑結甲措因對五世達賴之死秘不發喪，勾結向清廷鬧分裂的噶爾丹，企圖武力驅逐蒙古駐軍等問題，久已獲罪於康熙皇帝和拉藏汗，倉央嘉措作為第六世達賴喇嘛正是他主持選定的，在他戰敗被殺以後，倉央嘉措就成了使各方都感到燙手的人物，實際上，拉藏汗很想除掉這個同桑結是一夥的「假達賴」，而康熙皇帝也沒有理由給予保護，所以，倉央嘉措被謀害在進京途中是必然的結局，上報他「病故」並毀棄其遺體也是必然會採取的做法。政治鬥爭是非常無情的，我很強調我的這一分析。

倉央嘉措英年早逝了，他的肉身也已無處可尋。但是，他的詩歌活著，他的精神活著。他的詩魂不滅，他的詩魂永在，在西藏的雪山冰河上閃亮，在浩瀚的青藏高原上飄揚，在中華民族的詩壇上飛翔，在中外讀者的心中歌唱。謹以此文紀念倉央嘉措誕生三百二十周年。他誕生在西藏門隅地方，時間是清康熙廿二年，藏曆第十一繞迴水豬年正月十六日，西元一六八三年。

參考書目

聖相實錄
東華錄
衛藏通志
西藏圖考（皇家輿地叢書）
大清一統志
綱鑒易知錄續編・清鑒・清紀
清史記事本末（上海進步書局）
清史稿・藩部八・西藏
清代藏事輯要（張其勤原稿　吳豐培增輯）
清史通俗演義
聖武記
西藏史地大綱（洪滌塵編著）
西藏問題（陳健夫著）
西藏問題（王勤堉）

倉央嘉措情歌（趙元任記錄　于道泉注釋譯文）
倉央嘉措情歌（王沂暖譯）
西藏短詩集（王沂暖譯）
倉央嘉措及其情歌研究（黃顥　吳碧雲編）
西藏歌謠
西南民歌・康藏之部
藏族情歌（蘇郎甲措　周良沛譯）
藏族情歌（莊晶　開斗山搜集整理）
民間音樂研究論文集・第一集
門巴族民間文學資料（于乃昌整理）
西藏地方歷史資料選輯
藏族簡志（中國科學院民族研究所少數民族社會歷史調查組編）
達賴喇嘛傳（牙含章編著）
西藏見聞（蔡賢盛著）
藏族古典文學（佟錦華著）
藏族文學講稿（中央民族學院藏語文系教研室）
藏族史要（王輔仁　索文清編著）
西藏佛教史略（王輔仁編著）

第巴・桑結甲措事蹟考（王堯著）
中國歷史簡表（遼寧人民出版社）
西藏風土志（赤烈曲扎著）
倉央嘉措情歌及秘傳（阿旺・倫珠達吉著）
趣聞選・黃金穗傳
六世達賴秘傳
七世達賴傳
青海秘史（松巴堪布著）
松巴堪布年表
松巴堪布全集
列隆吉仲日記
西藏喇嘛事例
嘉木樣謝貝多吉年表
噶倫傳
隆多喇嘛全集
西藏政教史（夏格巴・汪秋德丹著）
西藏——歷史・宗教・人民（土登・晉美諾布　柯林・特尼布林著）
一個宗教叛逆者的心聲——略論六世達賴倉央嘉措及其情歌（葛桑喇）

西藏中世紀史（［義］杜齊著）
西藏志（［英］查理・柏爾著）
藏文文法（［印］達斯著）
闖入世界屋脊的人（［英］彼得・霍普柯克著）
西藏的歷代達賴喇嘛（［印］英德・馬立克著）

後記

歷史上，有些很有成就的詩人只活了二十幾歲。人們熟知的如中國唐代的李賀、匈牙利的裴多菲、英國的濟慈、俄國的萊蒙托夫……他們的生命雖然像流星般短暫，但其詩歌藝術的光輝，卻歷久不熄地閃亮在一代又一代讀者的心中，清代康熙年間的藏族詩人倉央嘉措，也是這個特殊行列中的一員。

李白詩才橫溢，飄逸不群，被人稱為「詩仙」；杜甫詩風嚴謹，質高量多，被人稱為「詩聖」；而具有西藏佛主身分，又頭戴藏詩王冠的倉央嘉措，較之王維，更是名副其實的「詩佛」了。

我第一次看到倉央嘉措的詩作，是在進藏初期的一九五一年，是由趙元任記錄、于道泉注譯、題名為《倉央嘉措情歌》的那一本。到達拉薩以後，經常見有人在街頭擺著地攤兒，出售一種黃紙木刻的印刷品。起初以為是佛經，後來才知道是倉央嘉措的詩歌。我在西藏農村和牧區搜集藏族民歌的時候，不少歌詞一經翻譯，竟都是倉央嘉措的作品。至今在拉薩被叫作「雪」（「下面」的意思，指布達拉宮下面）的地方和市區，還有幾處房子特意被刷成黃色。我起初迷惑不解，向藏族人士請教，有的說是倉央嘉措住過的地方，有的則說是住過倉央嘉措喜歡的女人。真實情況雖不可考，但總是紀念著這位詩人，以此來寄託和延續對他的敬仰與同情。

半個世紀以來，我對倉央嘉措的詩歌及其生平的興趣有增無減，一直注意收集和閱讀有關他的史料、傳說，他的詩歌的各種版本，以及對他的考證研究文章。我對他的詩歌、他的身世、他所處的歷史環境的興趣越來越濃厚了。

一九八五年春，我作為中國作家代表團的一員應邀去匈牙利訪問，在布達佩斯驚喜地得到了一本匈牙利文的西藏詩歌集，其中收有署名「倉央嘉措達賴喇嘛」的詩歌六十四首。可見他的詩歌流傳之廣。我為中國藏族詩人能夠走向世界而感到驕傲和欣慰。

在中華民族的文化史上，倉央嘉措的詩歌具有無可爭辯的地位，那人文精神的濃厚色彩，那真摯感情的率直吐露，那樸素清新的語言魅力，使之在藏族詩歌的寶庫中形同一顆最大最亮的珍珠。是他，第一個拋棄了格律過於嚴謹甚至近於文字遊戲的「年阿」詩體，在藏族書面文學中第一個用民歌體進行創作並有所發展，從而開創了新的詩風。

倉央嘉措的一生充滿戲劇性。他出身窮鄉僻壤，卻突然登上了尊貴顯赫的寶座；他無意於政治角逐，卻被捲入了權力鬥爭的漩渦；他居於佛教領袖的地位，卻做了許多與教義相悖的事情；他渴望愛情，卻有個不能戀愛不准結婚的黃教喇嘛的身分；他熱愛生活，卻被高牆大寺和怒雹狂風摧折了青春。他不斷地遭受打擊，像一隻終不得自由飛翔的鷹。如他自己所憤怒控訴的：「岩石夥同風暴，散亂了鷹的羽毛。」他是個在權力鬥爭的夾縫中生存的悲劇人物。

從民間到佛宮，從西藏到青海，倉央嘉措走過的路途不長，但他在曲折歷程上的沉重的腳步聲，震動了西藏和蒙古的王公貴族，震動了皇帝和朝廷，震動了宗教界和文學界，也震動了千百萬藏族和各兄弟民族人民的心靈，使他們不得不發出各自不同的回聲。

我很早就想將這位文學人物寫成一部文學作品。我原以為自己寫詩比寫小說擅長，想寫成長篇敘事詩（因為我已經出版過《大雪紛飛》、《古堡》、《冬雷》、《帥星初升》等長篇敘事詩集），但是眾多的人物，錯綜的事件，複雜的情節，實在不宜用詩表現。是題材決定了體裁，使我寫了我的第一部長篇小說。如果它不大像小說家的小說，比較接近於詩的話，那正說明我未離「本行」。

一九八三年——倉央嘉措誕生三百周年之際，我集中四個月時間完成了本書初稿。之後又在徵求意見中作過修改。有的章節先後在《歷史文學》、《西藏文學》、《通俗文學選刊》發表過。

書中的主要人物和主要事件，我都盡可能地保持了歷史的真實。一來，想使它具有傳記文學的性質。二來，倉央嘉措的詩歌本身，就提供了他的生活遭遇和心靈歷程。我所要著重做的只是努力尋找它們產生的軌跡，合理地進行推測和設想，並把這些感人詩作的誕生恰當地安排到故事情節中去。三來，倉央嘉措這個人，幾乎用不著進行多少虛構，就是老黑格爾所說的藝術中的「這一個」。

「這一個」很有價值的人物被毫無價值地犧牲了，「這一個」最有情意的人物被無情地毀滅了，而且毀滅得那樣早，那樣無聲無息，那樣無可挽救。仔細想來，倒也是一種歷史的必然。好在他的真正價值不但不會毀滅，而且時間相隔越久，越能看清他的光芒。

藉此機會，我衷心感謝本書的責任編輯李燁同志為我進行審改；感謝副總編兼漢文編輯部主任高淑芬、中國藏學出版社的總編輯張羽新等有關領導，能從史料和學術參考價值的角度予以付梓；還要感謝曾經閱讀、幫助、討論、支持過這部書稿的李覺、陰法唐、張均、夏川、牙含章、阿沛·

阿旺晉美、牟耕、貢唐倉·丹貝旺旭、降邊嘉措、益希丹增、王沂暖、楊植霖、李士非、羅念一、曹克己、邢樹義、安可君、李銳夫、張雪衫……等同志（他們中有幾位已經辭世了，順表懷念之忱）。

此書的出版，可以說為我的西藏情結既解了一結，又添了一結。

我對西藏的感情，永無了結。

高平

二〇〇二年十一月二十七日

於蘭州了然齋

大地好書推薦

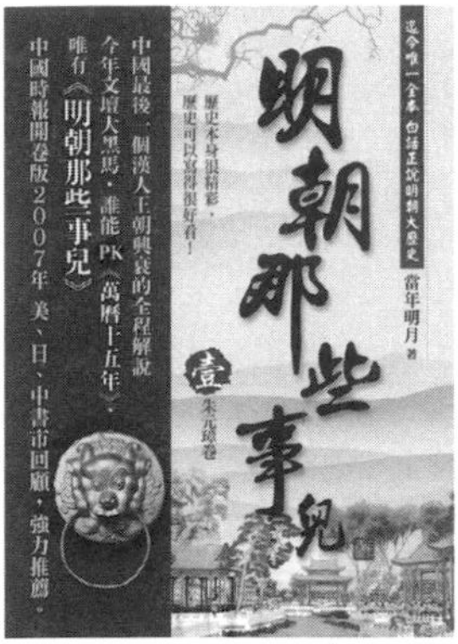

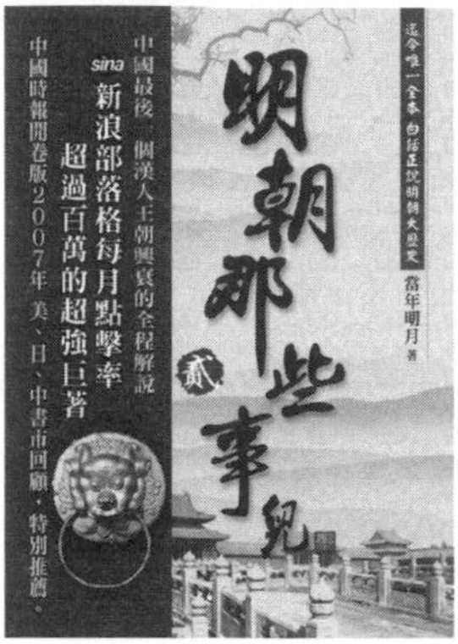

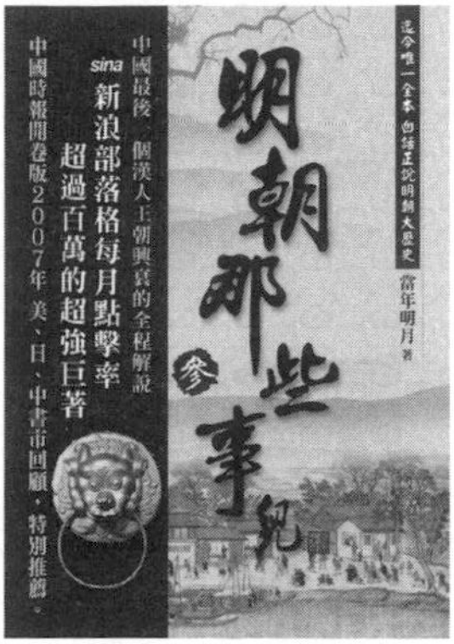

書名：明朝那些事兒(壹)
作者：當年明月　著
定價：250 元

從朱元璋的出身開始寫起，到永樂大帝奪位的靖難之役結束為止，敘述了明朝最艱苦卓絕的開國過程，朱元璋PK陳友諒，誰堪問鼎天下？戰太平、太湖大決戰。臥榻之側埋惡虎，鏟除張士誠。徐達、常遇春等名將乘勝逐北，大破北元。更有明朝最大的謎團—永樂奪位，建文帝失蹤的靖難之役，高潮迭起，欲罷不能！

書名：明朝那些事兒(貳)
作者：當年明月　著
定價：250 元

《明朝那些事兒》，在第一冊朱元璋卷中，我們一直談到朱棣在驚濤駭浪中，終於排除萬難登上皇帝的寶座，史稱「靖難之役」，第二冊一開始的主角就是朱棣，也就是中國史上赫赫有名的明成祖—永樂大帝。

朱棣登基，一個輝煌絢麗的王朝就此揭開序幕，五度揮軍北上遠征蒙古，派鄭和下西洋足跡遠達非洲東岸，南下平定安南；編撰一部光耀史冊，留芳千古的偉大書籍—《永樂大典》，文治武功達到顛峰，明帝國進入空前盛世，朱棣後來於北伐蒙古歸來途中病逝。

明朝在經歷了比較清明的「仁宣之治」後開始近入一個動盪的時期，大宦官王振把持朝政胡作非為，導致二十萬精兵命喪土木堡，幸虧一代忠臣于謙力挽狂瀾，挽救了明帝國，但隨即在兩位皇帝爭奪皇位的「奪門之變」中被害身亡。 這一連串的事件和人物都精彩無比，可說是高潮迭起，讓人目不暇接，欲罷不能。

書名：明朝那些事兒(參)
作者：當年明月　著
定價：250 元

《明朝那些事兒》第三部接續上篇，從明英宗朱祁鎮成功復辟的「奪門之變」後寫起，敘述了忠奸不分的朱祁鎮聽信讒言，殺害曾救其於危難之際的大功臣于謙，而這也成為他繼「土木堡之變」後在歷史上留下的另一大污點。而在他病逝後，相繼繼位的兩位皇帝，憲宗和孝宗，一個懦弱不堪無所作為，一個心有餘而力不足，撂下的這副重擔落在了明代三百年中最能鬧的一個皇帝—「朱厚照」身上，寵八虎、建豹房、自封威武大將軍，朝廷中充斥著一幕幕荒唐的鬧劇，局勢更是動盪不安，也就在這種情勢之下，一位亙古罕有的文武奇才，踏上了歷史舞台中央，一生傳奇的經歷就此開始，他的光芒將冠絕當代，映照千古，他就是—「王守仁」，清剿盜寇，平定叛王，勇鬥奸宦，給後人留下許多近乎神話的不朽傳奇。

同時，本書本書中仍然不乏大量描寫精彩的權謀之術，戰爭之術，詭詐之術，相信必能一如既往般深深吸引您的目光。

大地好書推薦

書名：明朝那些事兒(肆)
作者：當年明月 著
定價：250 元

《明朝那些事兒》第四部，1521年正德皇帝朱厚照駕崩，無子嗣，兄終弟及，興獻王之子朱厚熜即位是為嘉靖皇帝，嘉靖皇帝借「議禮之爭」清除了一批前朝舊臣，總攬大權。此後他的生活日見腐化，一心想得道成仙，國家大事拋諸腦後，奸相嚴嵩因此得以長期把持朝政。同時大明王朝財政空虛，兵備廢弛，東南沿海的倭寇和北方的蒙古不時入侵成為明朝的心腹大患，抗倭名將戚繼光躍上歷史的舞台。本書主要講述嘉靖一朝，朝廷的權力鬥爭，和邊疆的抗倭戰爭，驚心動魄的歷史故事，波瀾壯闊的戰爭場面，值得您一讀再讀。

書名：明朝那些事兒(伍)
作者：當年明月 著
定價：280 元

《明朝那些事兒》第五冊內容包括兩大部分。第一部分是內爭。寫嚴嵩倒臺後徐階、高拱、張居正三個傑出的政治家各施手段，你方唱罷我登場。三人都是實幹家，為中興朝廷嘔心瀝血；同樣又都是陰謀家，剷除異己心狠手辣。而這兩點又均以張居正為最：一條鞭法和考成法的改革措施遺惠萬民、澤及百代；順我者昌，逆我者死，雖殺門生亦不眨眼。第二部分是外戰，亦即援朝抗日戰爭。從廟算到外交，從戰爭到和平，帷幄運籌神鬼莫測、驚心動魄。戰爭場面波瀾壯闊、殺聲震天。更描繪了一系列栩栩如生、呼之欲出的英雄人物，如「不世出之英雄」李如松，臨危受命、甘當大任的朝鮮名將李舜臣，誓死不退、以身殉國的老將鄧子龍等。本冊內爭部分寫盡爾虞我詐，波譎雲詭，讀來毛骨悚然；外戰部分極言金戈鐵馬，盪氣迴腸，讓你如臨其境。

大地好書推薦

書名：明朝那些事兒(陸)
作者：當年明月　著
定價：280 元

魏忠賢粉墨登場，東林黨高調出鏡，黨爭不休，是非何分？

探尋晚明三大著名疑案「打悶棍」、「妖書」及「紅丸」的歷史真相。

《明朝那些事兒》第六冊主要講述了晚明由「三大案」引發的黨爭，魏忠賢興起及袁崇煥之奮戰。

自張居正去世後，便無人敢管萬曆，為爭國本，萬曆與大臣們展開拉鋸戰，三十年不上朝。東林黨趁機興起，與齊、楚、浙三黨明爭暗鬥，藉國本之爭，扶持明光、熹二帝即位，成功掌握朝政。魏忠賢以貧民出身，利用熹宗昏愚，又傍上皇帝乳母客氏，與東林黨展開對決。

在外，援朝抗日戰爭後，明防禦線轉至遼東。沒落貴族之後李成梁打蒙古、滅女真，成為一代梟雄，卻養虎為患，努爾哈赤藉機興起，統一後金。為抗金、守城、奪失地，在帝師孫承宗的帶領下，袁崇煥從一介文人成長為邊疆大將，堅守孤城，最終擊敗努爾哈赤。

綿延半個世紀的文官爭鬥，見證輝煌帝國的由盛至衰，邊疆民族乘勢壯大，戍邊軍隊節節告退，說不盡的權謀之術、戰爭之策，道不盡的人性善與劣……

書名：明朝那些事兒(柒)
作者：當年明月　著
定價：280 元

明朝最後一位皇帝，自來有一些傳說。關於崇禎究竟是一個昏庸無能的皇帝，還是一個力圖奮起的人，一直眾說紛紜。不管怎麼說，這是一個殘酷的時代，也是一個精彩的時代。本書對這一段歷史進行了分析梳理，引人思索。

在這一時期，北方的後金勢力崛起，經過努爾哈赤的經營，勢力急劇壯大。努爾哈赤死後，皇太極即位。袁崇煥就在這一時期邁上了歷史的舞台。本文作者告訴我們，袁崇煥這個民族英雄，在歷史上不過是二流角色。為什麼這樣評價？因為我們所了解的歷史是遠遠不夠的，在這背後，還隱藏許多不為人知的祕密，關於袁崇煥的死因，更是與我們知道的歷史大不一樣：一場與他無關的爭權奪利，把他送上了死刑台。

大明的動亂此時才不過剛剛開始，隨後陝西等地爆發了各路義軍。也許你知道闖王高迎祥、闖將李自成、八大王張獻忠，但你知道「薛仁貴」、「曹操」和「劉備」也到明末來了麼？這絕對不是穿越小說裡的場景。而你又知道竟有義軍隊伍叫「逼上路」、「鞋底光」、「一塊雲」，甚至「三隻手」這樣的名字嗎？

本文作者當年明月一如既往的用詼諧的筆調，告訴你歷史的真相，以及糾纏在歷史背後那些洶湧澎湃的暗流。

國家圖書館出版品預行編目資料

倉央嘉措：六世達賴喇嘛／高平著. -- 一版. -- 臺北市：大地, 2011. 09
面：　公分. --（大地叢書：35）
ISBN 978-986-6451-32-4（平裝）

1. 達賴喇嘛六世　2. 藏傳佛教　3. 佛教傳記

226.969　　100016939

倉央嘉措：六世達賴喇嘛

大地叢書 035

作者	高平
創辦人	姚宜瑛
發行人	吳錫清
主編	陳玟玟
出版者	大地出版社
社址	114台北市內湖區瑞光路358巷38弄36號4樓之2
劃撥帳號	50031946（戶名　大地出版社有限公司）
電話	02-26277749
傳真	02-26270895
E-mail	vastplai@ms45.hinet.net
網址	www.vasplain.com.tw
美術設計	普林特斯資訊股份有限公司
印刷者	普林特斯資訊股份有限公司
一版一刷	2011年9月

大地

定　價：320元